十四运会和残运会期间西安赛区气象条件及气象风险分析报告

毕 旭 金丽娜 曲 静等 著

气象出版社
China Meteorological Press

内 容 简 介

2021年十四运会和残运会西安赛区的比赛项目分布在西安市区、长安、灞桥、鄠邑、临潼等地体育场馆举办。西安市气象局利用历史气象资料，分析了8—10月西安赛区各地气候背景及各类高影响天气的气象风险、比赛场馆气象条件及比赛项目气象适宜性，为比赛的顺利进行提供完善的气象服务。

本书可为气象部门及政府决策部门提供决策，也可为气象、生态等领域的业务科研工作提供参考。

图书在版编目（CIP）数据

十四运会和残运会期间西安赛区气象条件及气象风险分析报告 / 毕旭等著 . —北京：气象出版社，2021.7

ISBN 978-7-5029-7476-3

Ⅰ. ①十… Ⅱ. ①毕… Ⅲ. ①全国运动会—气象—研究报告—西安 ②残疾人体育—全国运动会—气象—研究报告—西安 Ⅳ. ① G812.20

中国版本图书馆 CIP 数据核字（2021）第 126425 号

十四运会和残运会期间西安赛区气象条件及气象风险分析报告

Shisiyunhui he Canyunhui Qijian Xi'an Saiqu Qixiang Tiaojian ji Qixiang Fengxian Fenxi Baogao

毕 旭 金丽娜 曲 静 等 著

出版发行：气象出版社

地　　址：北京市海淀区中关村南大街46号　　**邮政编码**：100081

电　　话：010-68407112（总编室）　010-68408042（发行部）

网　　址：http: //www.qxcbs.com　　**E-mail**：qxcbs@cma.gov.cn

责任编辑：隋珂珂　　**终　　审**：吴晓鹏

设　　计：楠竹文化　　**责任技编**：赵相宁

印　　刷：北京建宏印刷有限公司

开　　本：787 mm × 1092 mm　1/16　　**印　　张**：11.75

字　　数：300千字

版　　次：2021年7月第1版　　**印　　次**：2021年7月第1次印刷

定　　价：95.00元

前言

全国运动会是我国规格最高、规模最大、竞技水平最高、辐射带动作用最强的综合性运动会，经国务院批准，第十四届全国运动会及第十一届全国残运会（以下简称“十四运会”和“残运会”）将于 2021 年 9—10 月在陕西省举行，西安市作为十四运会和残运会主要赛场，分别有 29 个十四运会项目和 16 个残运会项目在此举行。

众所周知，天气变化对于体育比赛，特别是户外项目及其场地会造成很大的影响，轻者导致比赛推迟、取消，重者导致运动员的伤亡。因此，良好的气象条件和完善的气象服务，是大型体育盛会成功举办的关键因素之一。西安市作为主赛场，8—9 月期间平均气温 23.3 ℃，极端最高气温 40.0 ℃（1994 年 8 月 4 日），极端最低气温 4.8 ℃（1952 年 9 月 26 日），平均降水量 174.2 mm，平均降水日数为 20 d，最大日降水量为 92.5 mm（1986 年 9 月 8 日）。全运会期间的气候条件总体上适宜举办大型体育比赛，但近年来暴雨、大风、雷电、高温、雾、霾等极端天气事件时常发生，高影响天气对赛事组织工作的不利影响不容忽视。提供准确的气象服务将成为决定比赛是否推迟、延期、重新安排比赛时间，甚至取消的重要依据。

十四运会和残运会西安市的比赛项目分布在五个赛区，分别为西安市区、长安区、临潼区、鄠邑区以及灞桥区，针对这五个赛区开展了气候背景分析及气象风险评估；根据比赛场馆附近气象站点的距离及数据完整性优先级别选取了比赛场馆精细化天气气候评估参考气象站点进行气象要素分析；根据比赛项目进行气象适宜性分析。本书分为两部分：第一部分主要介绍赛区气候背景、气象条件风险分析（金丽娜、曲静、王瑞英编写）；第二部分主要介绍赛场气象条件分析（曲静、郭庆元、杜萌萌、翟园、杨睿、杨亦典、薛荣、刘峰、金丽娜编写）。全书由金丽娜、曲静、杨晓春校对，金丽娜统稿，毕旭审稿。

作者

2021 年 2 月

目录

综　述

2021 年十四运会和残运会西安市比赛项目分布在五个赛区，分别为西安市区赛区、长安赛区、灞桥赛区、鄠邑赛区以及临潼赛区。总体看来，五个赛区的年平均气温为 13.5 ～ 14.9 ℃；年极端最低气温 -19.0 ℃（鄠邑赛区，1977 年 1 月 30 日）；年极端最高气温 43.4 ℃（长安赛区，1966 年 6 月 21 日）；年降水量 522.8 ～ 663.1 mm；一日最大降水量 130.4 mm（鄠邑赛区，1991 年 7 月 28 日）；年日照时数 1795.0 ～ 2053.7 h；年平均风速 1.1 ～ 2.4 m/s；西安市区、灞桥、临潼赛区盛行东北风，长安、鄠邑赛区盛行西风。各赛区 8—10 月可能出现雷暴、闪电、大风、强降水、高温、大雾、霾等高影响天气。

西安市区赛区（8—10 月）平均气温依次为 25.6 ℃、20.1 ℃、14.3 ℃，极端最高气温 40.0 ℃（1994 年 8 月 4 日），极端最低气温 -1.9 ℃（1978 年 10 月 29 日），8 月平均高温日数最多（5.0 d），9 月仅为 0.4 d，10 月无高温日。9 月平均降水量最大（101.5 mm），一日最大降水量 92.5 mm（1986 年 9 月 8 日），最多平均雨日 11.9 d（9 月）。平均风速 1.4 ～ 1.9 m/s，极大风速 24.5 m/s（1971 年 8 月 2 日）。平均相对湿度 73% ～ 78%。8—10 月高影响天气：8 月上、中旬雷暴、闪电概率较高；8 月上、中旬出现五级及以上大风概率较大；8 月气温较高，对运动员影响较大；9 月上旬—10 月上旬降雨概率较大；大雾、霾随时间推移出现概率增加，10 月增加显著。

长安赛区（8—10 月）平均气温依次为 25.1 ℃、19.5 ℃、13.7 ℃，极端最高气温 41.4 ℃（1994 年 8 月 4 日），极端最低气温 -1.9 ℃（1986 年 10 月 29 日），8 月平均高温日数最多（5.2 d），9 月仅为 0.4 d，10 月无高温日。9 月平均降水量最大（119.5 mm），一日最大降水量 87.8 mm（1962 年 8 月 15 日），最多平均雨日 12.6 d（9

月）。平均风速 1.2 ～ 1.4 m/s，极大风速 25.5 m/s（2018 年 8 月 7 日）。平均相对湿度 76% ～ 81%。8—10 月高影响天气：8 月上、中旬雷暴、闪电概率较高；8 月出现五级及以上大风概率较大；8 月气温较高，对运动员影响较大；9 月降雨概率较大，8 月末—9 月上半月大雨及以上降雨概率较大；大雾、霾随时间推移出现概率增加，10 月相对较多。

灞桥赛区（8—10 月）平均气温依次为 26.0 ℃、20.7 ℃、15.1 ℃，极端最高气温 39.3 ℃（2015 年 8 月 2 日），极端最低气温 3.5 ℃（2005 年 10 月 31 日），8 月平均高温日数最多（4.9 d），9 月仅为 0.1 d，10 月无高温日。9 月平均降水量最大（101.3 mm），一日最大降水量 117.3 mm（2007 年 8 月 9 日），最多平均雨日 14.0 d（9 月）。平均风速 2.1 ～ 2.6 m/s，极大风速 19.7 m/s（2015 年 8 月 2 日）。平均相对湿度 70% ～ 81%。8—10 月高影响天气：8 月上旬—9 月中旬雷暴概率较高；8 月上旬—9 月上旬出现五级及以上大风概率较大；8 月气温较高，对运动员影响较大；9 月降雨概率较大；大雾、霾随时间推移出现概率增加，霾的出现概率远远大于大雾。

鄠邑赛区（8—10 月）平均气温依次为 25.3 ℃、19.9 ℃、14.2 ℃，极端最高气温 40.1 ℃（1994 年 8 月 4 日），极端最低气温 –1.9 ℃（1986 年 10 月 29 日），8 月平均高温日数最多（3.8 d），9 月仅为 0.3 d，10 月无高温日。9 月平均降水量最大（116.5 mm），一日最大降水量 90.7 mm（1986 年 9 月 8 日），最多平均雨日 14.9 d（9 月）。平均风速 0.9 ～ 1.1 m/s，极大风速 16.9 m/s（2013 年 8 月 1 日）。平均相对湿度 75% ～ 80%。8—10 月高影响天气：8 月上、中旬雷暴、闪电概率较高；8 月上、中旬出现五级及以上大风概率较大；8 月气温较高，对运动员影响较大；9 月大雨及以上降雨概率较大；大雾、霾随时间推移出现概率增加，但波动较大。

临潼赛区（8—10 月）平均气温依次为 25.3 ℃、19.8 ℃、14.0 ℃，极端最高气温 40.4 ℃（1994 年 8 月 4 日），极端最低气温 –3.5 ℃（1991 年 10 月 28 日），8 月平均高温日数最多（4.7 d），9 月仅为 0.3 d，10 月无高温日。9 月平均降水量最大（103.0 mm），一日最大降水量 116.1 mm（2015年8月3日），最多平均雨日 11.6 d（9 月）。平均风速 1.9 ～ 2.2 m/s，极大风速 17.7 m/s（2005 年 8 月 13 日）。平均相对湿度 75% ～ 79%。8—10 月高影响天气：8 月雷暴、闪电概率较高；8 月上、中旬出现五级及以上大风概率较大；8 月气温较高，对运动员影响较大；8 月下旬—9 月中旬大雨及以上降雨概率较大；大雾、霾随时间推移出现概率增加，大雾的出现概率远远大于霾。

根据 2021 年十四运会和残运会赛事安排，西安作为主要赛场，有 29 个十四运会项目和 16 个残运会项目在此举行，主要涉及 24 个比赛场馆。根据各个场馆位置及附近的区域气象站位置，结合气象资料的完整性，选取 15 个区域气象站近 3 年 8—10 月的逐日、逐小时数据及所在赛区的高影响天气相关资料开展了西安主要赛场比赛项目气象条件适宜时段及高影响天气影响时段的分析（表 1）。

表 1　比赛项目气象条件适宜时段及高影响天气影响时段

比赛场地	比赛项目		比赛适宜时段	高影响天气				
	十四运会	残运会		中雨以上降水	雷暴、闪电	五级及以上大风	大雾	霾
西安城市运动公园	篮球	轮椅篮球	9月中旬中期—10月上旬下午	8月下旬、9月中旬	8月上中旬	8月上中旬、10月上中旬	9月中旬、10月上旬、10月下旬	10月中下旬
西安中学体育馆	排球		10月下旬下午	8月上旬、8月下旬、9月中旬	8月上中旬	8月上中旬、10月上中旬	9月中旬、10月上旬、10月下旬	10月中下旬
		聋人篮球	9月中旬中期—10月上旬后期下午					
西安电子科技大学体育馆	羽毛球	羽毛球	8月下旬—9月上旬、9月下旬下午	8月上旬、8月下旬、9月中旬、10月上旬	8月上中旬	8月上旬—9月上旬	9月中旬、10月上旬、10月下旬	10月中下旬
陕西省体育场	足球		9月中旬—10月初	8月和9月	8月上中旬	/	9月中旬、10月上旬、10月下旬	10月中下旬
	马拉松	马拉松	10月上旬中后期下午、10月下旬中午					
陕西省体育训练中心	马术		9月上旬、下旬下午	8月上旬、9月中旬	8月上中旬	8月中下旬、10月上旬	9月中旬、10月上旬、10月下旬	10月中下旬
	击剑		10月下旬下午					
	射击		10月上旬					
	游泳		9月上旬、下旬下午					
	越野跑		10月下旬下午					
西咸新区	小轮车、马术		9月上旬、下旬下午	8月上旬、8月下旬—9月中旬	8月上中旬	8月上旬—9月上旬	9月中旬、10月上旬、10月下旬	10月中下旬
西北大学长安校区体育馆	蹦床	硬地滚球、盲人门球	9月下旬—10月初下午	8月上旬、8月下旬、9月中旬	8月上中旬	8月中旬	9月中旬、10月中下旬	8月上旬、10月中下旬
	体操		10月上旬中期—10月下旬下午					
	足球		9月中下旬白天					
长安常宁生态体育比赛基地	射击、击剑	射击、击剑	10月上旬中期—10月下旬下午	8月上旬、8月下旬、9月中旬、10月上旬	8月上中旬	8月中旬	9月中旬、10月中下旬	8月上旬、10月中下旬

续表

比赛场地	比赛项目		比赛适宜时段	高影响天气				
	十四运会	残运会		中雨以上降水	雷暴、闪电	五级及以上大风	大雾	霾
西北工业大学翱翔体育馆	排球	坐式排球	10月上旬中期—10月下旬下午	8月上旬、8月下旬、9月中旬	8月上中旬	8月中旬	9月中旬、10月中下旬	8月上旬、10月中下旬
	高尔夫		9月上旬、下旬下午					
西安奥体中心体育馆	击剑、排球、径赛	轮椅击剑、乒乓球、径赛	10月中下旬下午	8月上旬、8月下旬、9月中旬	8月上中旬	8月上旬—9月上旬	10月下旬	8月下旬、10月中下旬
	游泳、跳水、田赛	游泳、田赛	9月下旬—10月初下午					
	体操		10月下午					
	足球	盲人足球	9月中下旬					
	皮划艇、赛艇		9月上旬中期—10月下旬					
阎良区富阎综合户外运动滑板场地	攀岩、滑板		9月下旬—10月初下午	8月上旬、8月下旬、9月上中旬、9月末—10月中旬	8月上中旬	8月上旬—9月上旬	10月下旬	8月下旬、10月中下旬
西安体育学院新校区	手球、曲棍球、橄榄球、棒球		9月中旬—10月上旬白天	8月下旬、9月中旬	8月上中旬	8月上旬—9月上旬	10月上、下旬	10月中下旬
	垒球		10月下旬白天					
西安工程大学临潼校区	空手道	跆拳道、盲人柔道	10月上旬中期—10月下旬下午	8月下旬、9月中旬	8月上中旬	8月上中旬、10月下旬	10月上、下旬	10月

1.1 赛区气候背景分析

赛区比赛场馆分布见图 1.1。

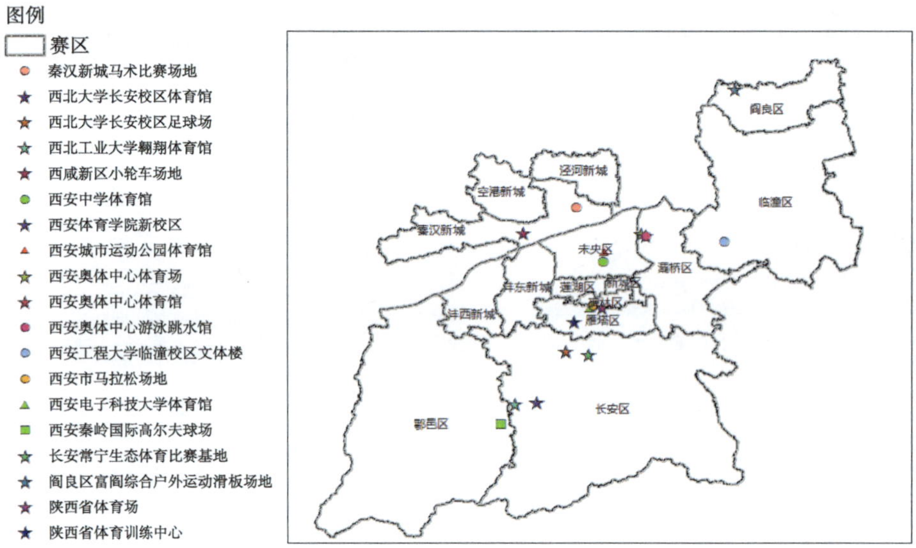

图 1.1　十四运会和残运会比赛场馆分布图

1.1.1 西安市区赛区气候特征

西安市区赛区选取西安国家气象观测站（站号 57036）1961—2013 年和（站号 57131）2014—2019 年的数据进行分析。年平均气温 14.1 ℃，年极端最低气

温 –18.7 ℃（1969 年 2 月 5 日），年极端最高气温 42.9 ℃（2006 年 6 月 17 日）。年降水量 561.4 mm，日最大降水量 110.7 mm（1991 年 7 月 28 日）。年日照时数 1795.0 h，年平均风速 1.7 m/s，盛行东北风。

最冷 1 月平均气温 0.1 ℃，平均最低气温为 –4.0 ℃（1977 年）；最热 7 月平均气温 27.1 ℃，平均最高气温达 30.5 ℃（2017 年）。市区降水量表现出明显的“双峰型”特征，7 月、9 月为两个明显降水高峰（7 月平均降水量 91.4 mm；9 月平均降水量 101.5 mm），12 月为全年降水最少的月份（平均降水量为 5.6 mm）（图 1.2）。

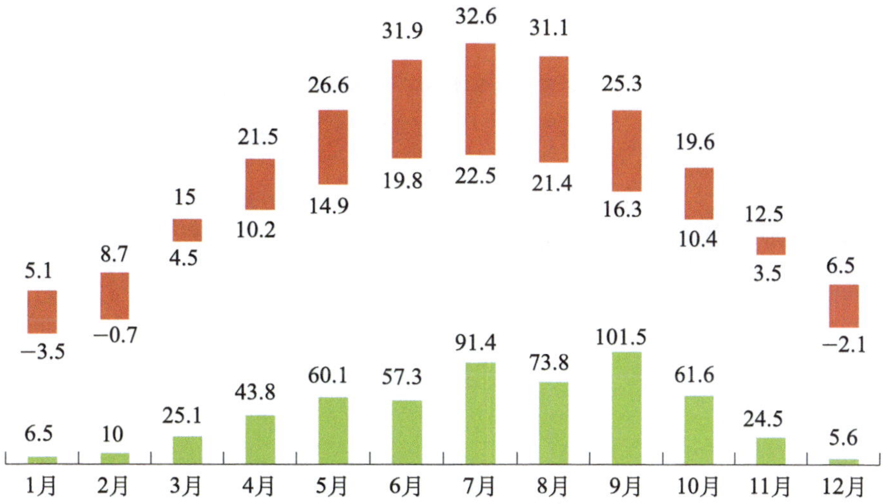

图 1.2　西安市区赛区 1961—2019 年逐月平均气温（单位：℃，红色）及平均降水量（单位：mm，绿色）

西安市区赛区赛期：8 月平均气温 25.6 ℃，极端最高气温 40.0 ℃（1994 年 8 月 4 日），极端最低气温 12.5 ℃（1972 年 8 月 31 日），平均高温日数 5.0 d；平均降水量 73.8 mm，日最大降水量 75.5 mm（2007 年 8 月 9 日），平均雨日 8.9 d；平均风速 1.9 m/s，盛行东北风，极大风速 24.5 m/s（1971 年 8 月 2 日）；平均气压 961.2 hPa，极端最高气压 974.9 hPa（1993 年 8 月 30 日），极端最低气压 948.4 hPa（2016 年 8 月 17 日）；平均相对湿度 73%。9 月平均气温 20.1 ℃，极端最高气温 38.5 ℃（2002 年 9 月 1 日），极端最低气温 5.4 ℃（1970 年 9 月 30 日），平均高温日数 0.4 d；平均降水量 101.5 mm，日最大降水量 92.5 mm（1986 年 9 月 8 日），平均雨日 11.9 d；平均风速 1.6 m/s，盛行东北风，极大风速 18.6 m/s（1970 年 9 月

7 日）；平均气压 968.4 hPa，极端最高气压 985.4 hPa（2004 年 9 月 30 日），极端最低气压 951.2 hPa（1995 年 9 月 5 日）；平均相对湿度 78%。10 月平均气温 14.3 ℃，极端最高气温 33.7 ℃（1977 年 10 月 1 日），极端最低气温 –1.9 ℃（1978 年 10 月 29 日），无高温日；平均降水量 61.6 mm，日最大降水量 57.0 mm（2017 年 10 月 3 日），平均雨日 10.0 d；平均风速 1.4 m/s，盛行东北风，极大风速 19.1 m/s（1978 年 10 月 26 日）；平均气压 974.4 hPa，极端最高气压 977.0 hPa（1993 年 10 月 29 日），极端最低气压 955.6 hPa（2016 年 10 月 3 日）；平均相对湿度 77%（表 1.1、图 1.3、图 1.4）。

表 1.1　西安市区赛区 1961—2019 年 8—10 月气象数据

	8 月	9 月	10 月
平均气温（℃）	25.6	20.1	14.3
极端最高气温（℃）	40.0（1994–08–04）	38.5（2002–09–01）	33.7（1977–10–01）
极端最低气温（℃）	12.5（1972–08–31）	5.4（1970–09–30）	–1.9（1978–10–29）
降水量（mm）	73.8	101.5	61.6
日最大降水量（mm）	75.5（2007–08–09）	92.5（1986–09–08）	57.0（2017–10–03）
相对湿度（%）	73	78	77
平均风速（m/s）	1.9	1.6	1.4
极大风速（m/s）	24.5（1971–08–02）	18.6（1970–09–07）	19.1（1978–10–26）
平均雨日（d）	8.9	11.9	10.0
平均大风日数（d）	0.2	0.1	0.1
平均高温日数（d）	5.0	0.4	0.0
平均雷暴日数（d）	3.3	0.6	0.3
平均大雾日数（d）	0.6	2.6	3.6
平均霾日数（d）	4.6	4.5	7.7

注：大风日数为极大风速≥ 17.2 m/s（8 级以上）的日数；高温日数为日最高气温≥ 35.0 ℃的日数。

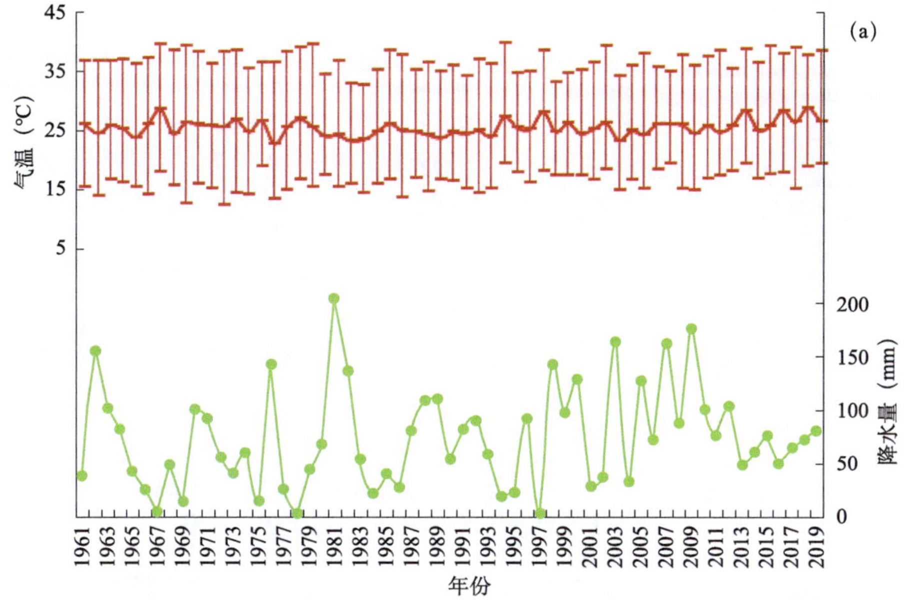
(a)
气温（℃）
降水量（mm）
年份

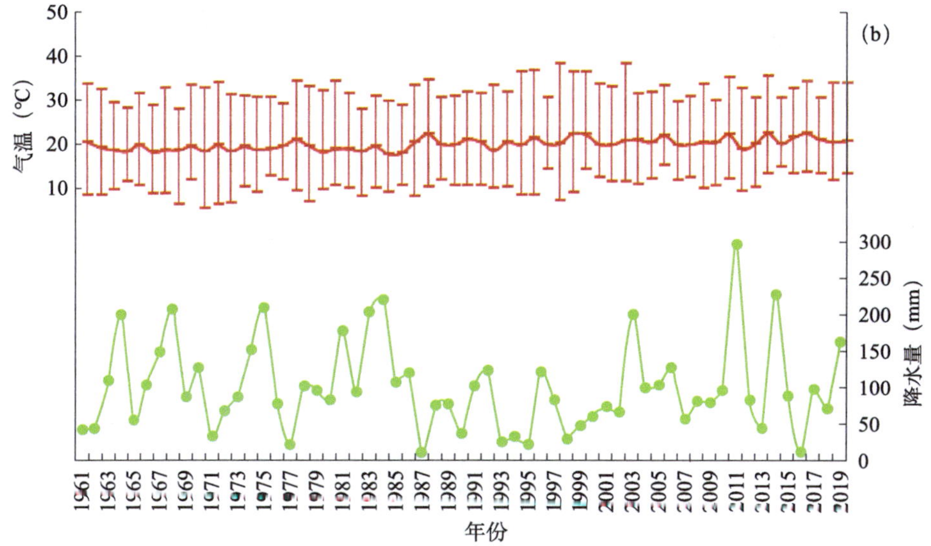
(b)
气温（℃）
降水量（mm）
年份

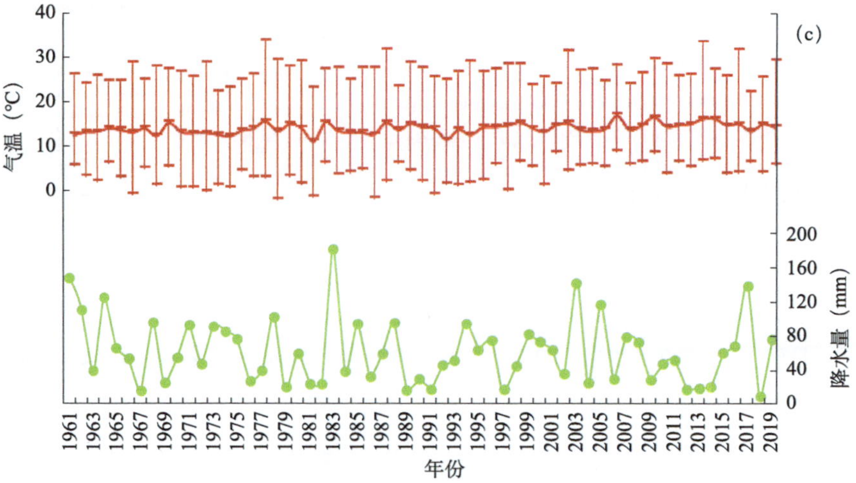

图 1.3　西安市区赛区逐年 8 月（a）、9 月（b）、10 月（c）气温（平均、极端最高、极端最低）、降水量情况

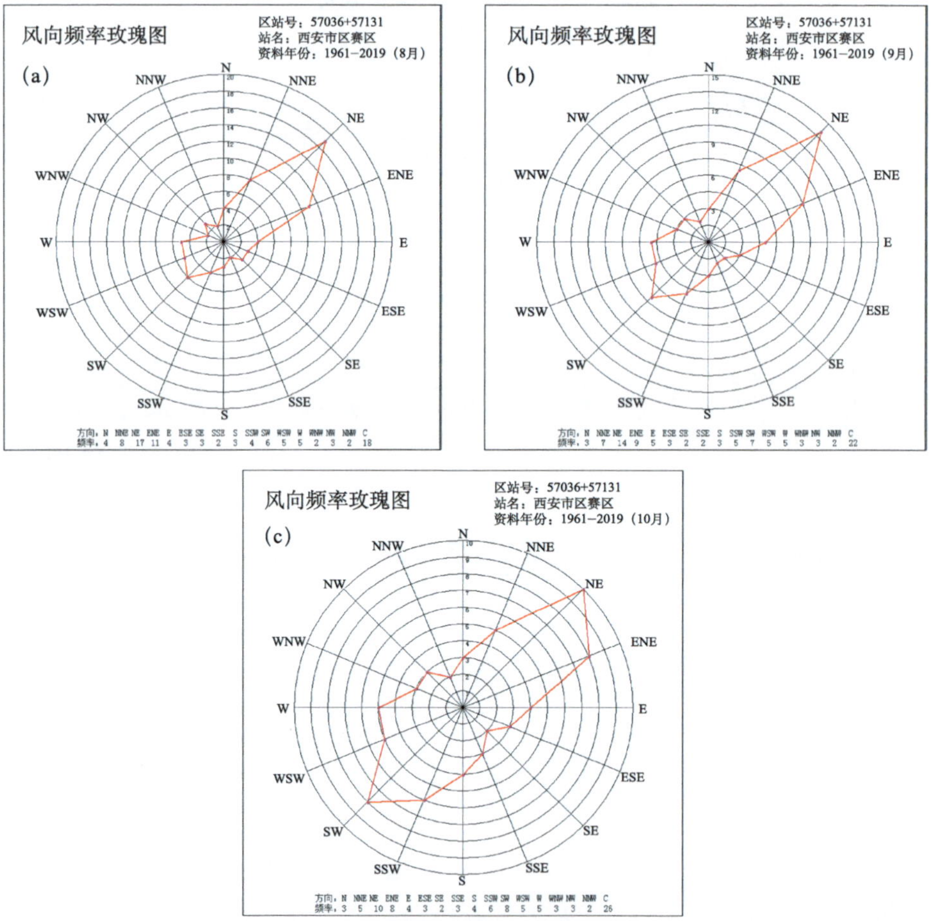

图 1.4　西安市区赛区 1961—2019 年 8 月（a）、9 月（b）、10 月（c）风向频率玫瑰图

1.1.2 长安赛区气候特征

长安赛区选取长安国家气象观测站（站号 57039）1961—2019 年的数据进行分析。年平均气温 13.5 ℃，年极端最低气温 −17.5 ℃（1977 年 1 月 30 日），年极端最高气温 43.4 ℃（1966 年 6 月 21 日）。年降水量 663.1 mm，日最大降水量 122.7 mm（2004 年 6 月 29 日）。年日照时数 1948.5 h。年平均风速 1.5 m/s，盛行西风。

最冷 1 月平均气温 −0.6 ℃，平均最低气温为 −2.8 ℃；最热 7 月平均气温 26.6 ℃，平均最高气温达 30.5 ℃。7 月、9 月为两个明显降水高峰，12 月为全年降水最少月份（图 1.5）。

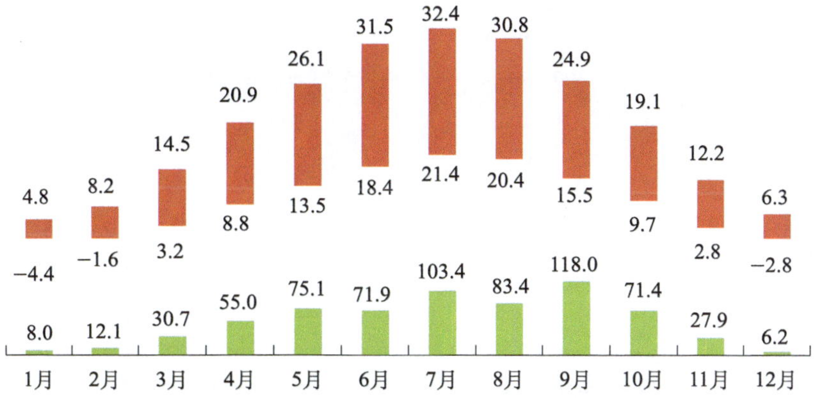

图 1.5 长安赛区逐月平均气温（单位：℃，红色）及平均降水量（单位：mm，绿色）

长安赛区赛期：8 月平均气温 25.1 ℃，极端最高气温 41.4 ℃（1994 年 8 月 4 日），极端最低气温 11.4 ℃（1972 年 8 月 31 日），平均高温日数 5.2 d；平均降水量 84.6 mm，日最大降水量 87.8 mm（1962 年 8 月 15 日），平均雨日 10.2 d；平均风速 1.4 m/s，盛行西南偏西风，极大风速 25.5 m/s（2018 年 8 月 7 日）；平均相对湿度 76%。9 月平均气温 19.5 ℃，极端最高气温 39.3 ℃（1997 年 9 月 5 日），极端最低气温 5.7 ℃（1970 年 9 月 30 日），平均高温日 0.4 d；平均降水量 119.5 mm，日最大降水量 87.6 mm（2003 年 9 月 19 日），平均雨日 12.6 d；平均风速 1.2 m/s，盛行东南风，极大风速 17.1 m/s（1998 年 9 月 19 日）；平均相对湿度 81%。10 月平均气温 13.7 ℃，极端最高气温 32.7 ℃(1977 年 10 月 1 日），极端最低气温 −1.9 ℃(1986

年 10 月 29 日），无高温日；平均降水量 71.1 mm，日最大降水量 55.0 mm（2005 年 10 月 1 日），平均雨日 11.0 d；平均风速 1.3 m/s，盛行东南风，极大风速 15.8 m/s（1997 年 10 月 3 日）；平均相对湿度 80%（表 1.2、图 1.6、图 1.7）。

表 1.2　长安赛区 1961—2019 年 8—10 月气象数据

	8 月	9 月	10 月
平均气温（℃）	25.1	19.5	13.7
极端最高气温（℃）	41.4（1994-08-04）	39.3（1997-09-05）	32.7（1977-10-01）
极端最低气温（℃）	11.4（1972-08-31）	5.7（1970-09-30）	-1.9（1986-10-29）
降水量（mm）	84.6	119.5	71.1
日最大降水量（mm）	87.8（1962-08-15）	87.6（2003-09-19）	55.0（2005-10-01）
相对湿度（%）	76	81	80
平均风速（m/s）	1.4	1.2	1.3
极大风速（m/s）	25.5（2018-08-07）	17.1（1998-09-19）	15.8（1997-10-03）
平均雨日（d）	10.2	12.6	11.0
平均大风日数（d）	0.1	0	0
平均高温日数（d）	5.2	0.4	0
平均雷暴日数（d）	2.1	0.3	0.3
平均大雾日数（d）	0.7	1.5	2.3
平均霾日数（d）	2.9	2.5	3.7

注：大风日数为极大风速≥ 17.2 m/s（8 级及以上）的日数；高温日数为日最高气温≥ 35.0 ℃的日数。

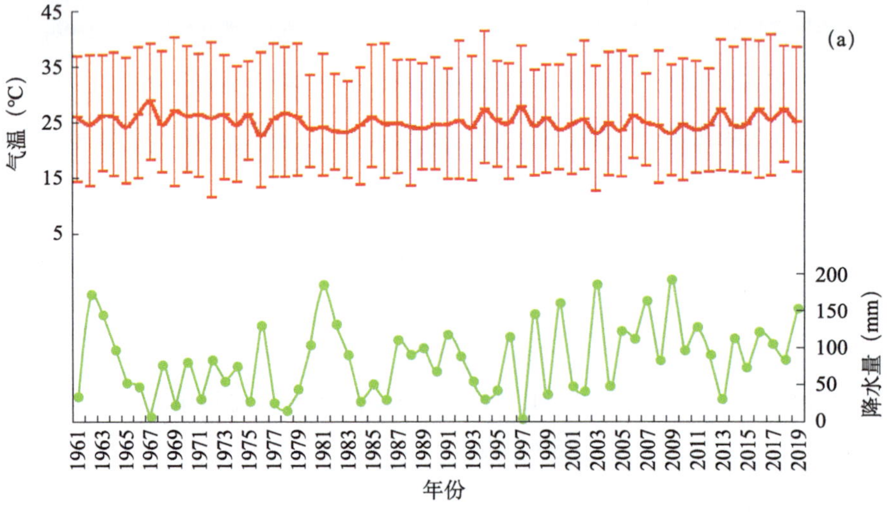

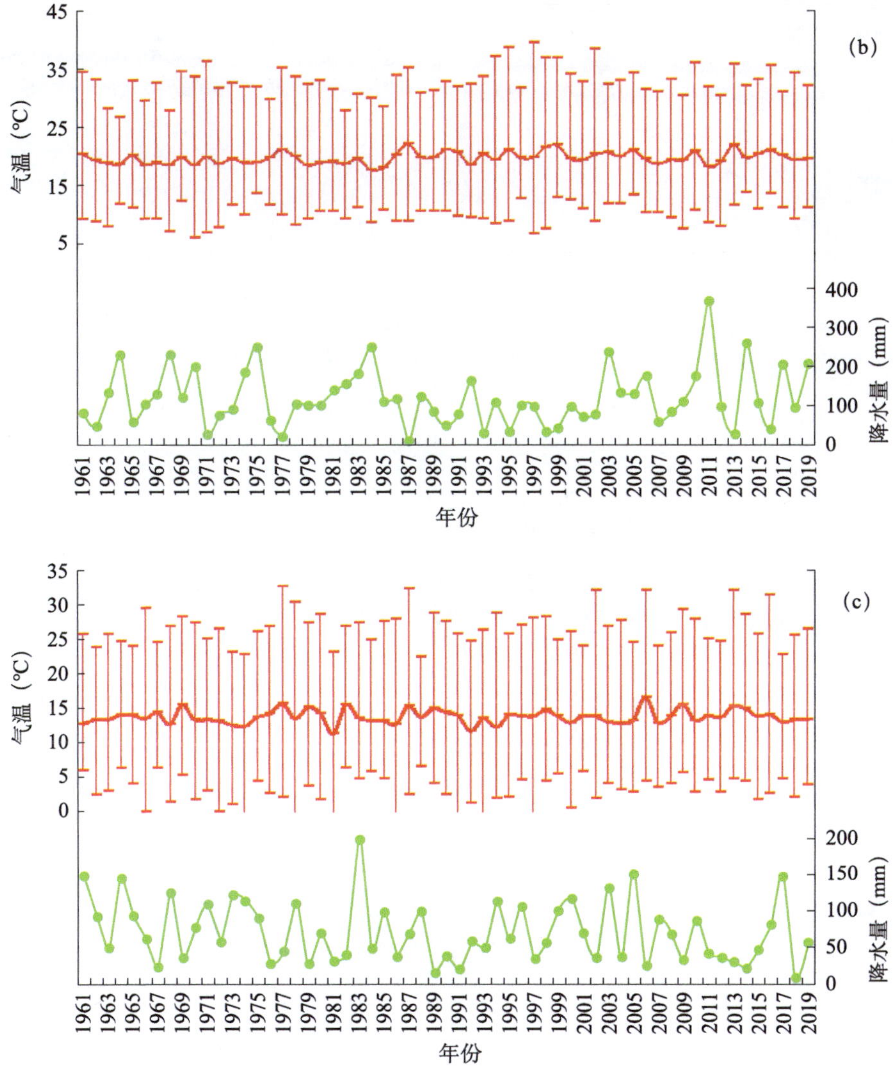

图 1.6 长安赛区 8 月（a）、9 月（b）、10 月（c）逐年气温（平均、极端最高、极端最低）、降水量情况

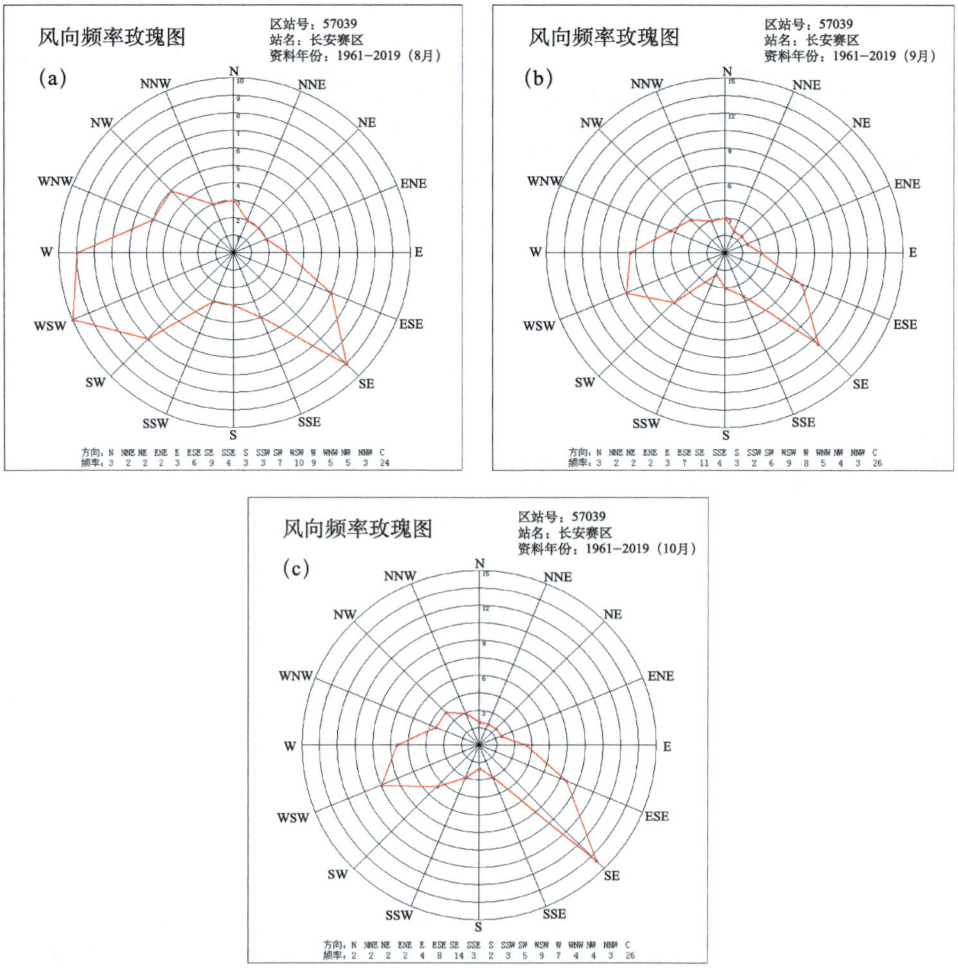

图 1.7　长安赛区 1961—2019 年 8 月（a）、9 月（b）、10 月（c）风向频率

1.1.3　灞桥赛区气候特征

灞桥赛区选取泾河国家气象观测站（站号 57131）有记录以来至 2019 年的数据（2005—2019 年）进行分析。年平均气温 14.9 ℃，年极端最低气温 –11.5 ℃(2016 年 1 月 25 日)，年极端最高气温 41.8 ℃(2005 年 6 月 23 日、2017 年 7 月 24 日)。年降水量 522.8 mm，日最大降水量 117.3 mm（2007 年 8 月 9 日），年日照时数 1876.0 h。年平均风速 2.4 m/s，盛行东北风。

最冷 1 月平均气温 0.3 ℃，平均最低气温为 –2.8 ℃；最热 7 月平均气温

27.7 ℃，平均最高气温可达 30.5 ℃。9 月是灞桥赛区全年降水最多的年份（降水量 101.3 mm），12 月为全年降水最少的月份（降水量 2.9 mm）（图 1.8）。

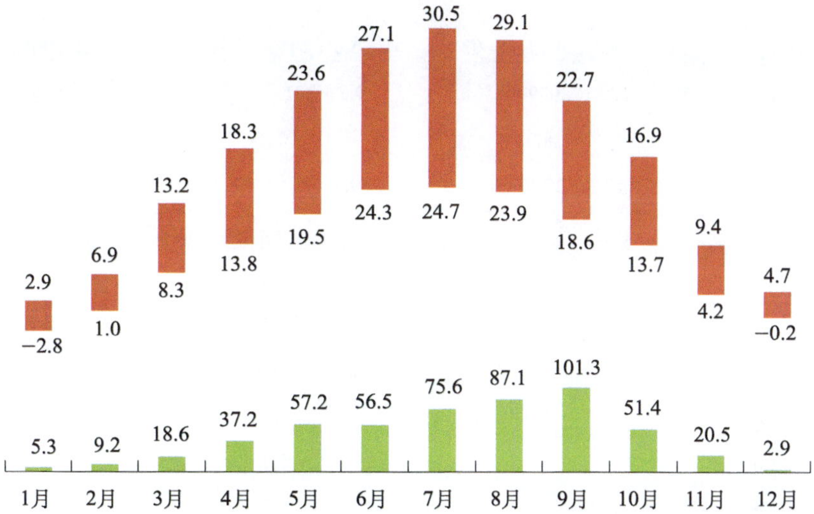

图 1.8　灞桥赛区 2005—2019 年逐月平均气温（单位：℃，红色）及平均降水量（单位：mm，绿色）

灞桥赛区赛期：8 月平均气温 26.0 ℃，极端最高气温 39.3 ℃（2015 年 8 月 2 日），极端最低气温 13.8 ℃（2009 年 8 月 30 日），平均高温日数 4.9 d；平均降水量 87.1 mm，日最大降水量 117.3 mm（2007 年 8 月 9 日），平均雨日 10 d；平均风速 2.6 m/s，盛行东北风，极大风速 19.7 m/s（2015 年 8 月 2 日）；平均相对湿度 70%。9 月平均气温 20.7 ℃，极端最高气温 35.5 ℃（2013 年 9 月 16 日），极端最低气温 9.2 ℃（2011 年 9 月 19 日），平均高温日数 0.1 d；平均降水量 101.3 mm，日最大降水量 69.8 mm（2019 年 9 月 14 日），平均雨日 14 d；平均风速 2.4 m/s，盛行东北风，极大风速 15.1 m/s（2008 年 9 月 8 日）；平均相对湿度 75%。10 月平均气温 15.1 ℃，极端最高气温 34.1 ℃（2013 年 10 月 12 日），极端最低气温 3.5 ℃（2005 年 10 月 31 日），无高温日；平均降水量 51.4 mm，日最大降水量 57.0 mm（2017 年 10 月 3 日），平均雨日 11 d；平均风速 2.1 m/s，盛行东北风，极大风速 16.4 m/s（2006 年 10 月 31 日）；平均相对湿度 74%（表 1.3、图 1.9、图 1.10）。

表 1.3　灞桥 2005—2019 年 8—10 月气象数据

	8 月	9 月	10 月
平均气温（℃）	26.0	20.7	15.1
极端最高气温（℃）	39.3（2015-08-02）	35.5（2013-09-16）	34.1（2013-10-12）
极端最低气温（℃）	13.8（2009-08-30）	9.2（2011-09-19）	3.5（2005-10-31）
降水量（mm）	87.1	101.3	51.4
日最大降水量（mm）	117.3（2007-08-09）	69.8（2019-09-14）	57.0（2017-10-03）
相对湿度（%）	70	75	74
平均风速（m/s）	2.6	2.4	2.1
极大风速（m/s）	19.7（2015-08-02）	15.1（2008-09-18）	16.4（2006-10-31）
平均雨日（d）	10.0	14.0	11.0
平均大风日数（d）	0.1	0	0
平均高温日数（d）	4.9	0.1	0
平均雷暴日数（d）	1.3	0.3	0
平均大雾日数（d）	0.3	1.4	2.1
平均霾日数（d）	2.5	1.5	4.0

注：大风日数为极大风速≥ 17.2 m/s（8 级以上）的日数；高温日数为日最高气温≥ 35.0 ℃的日数。

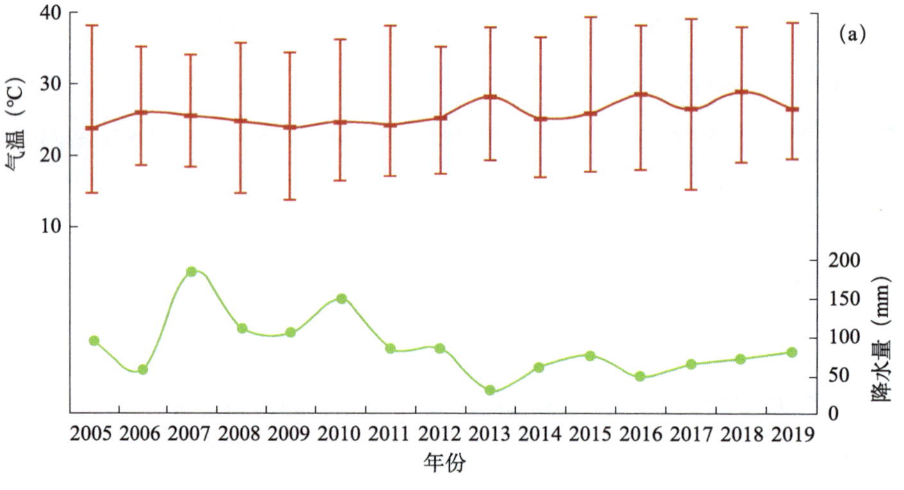

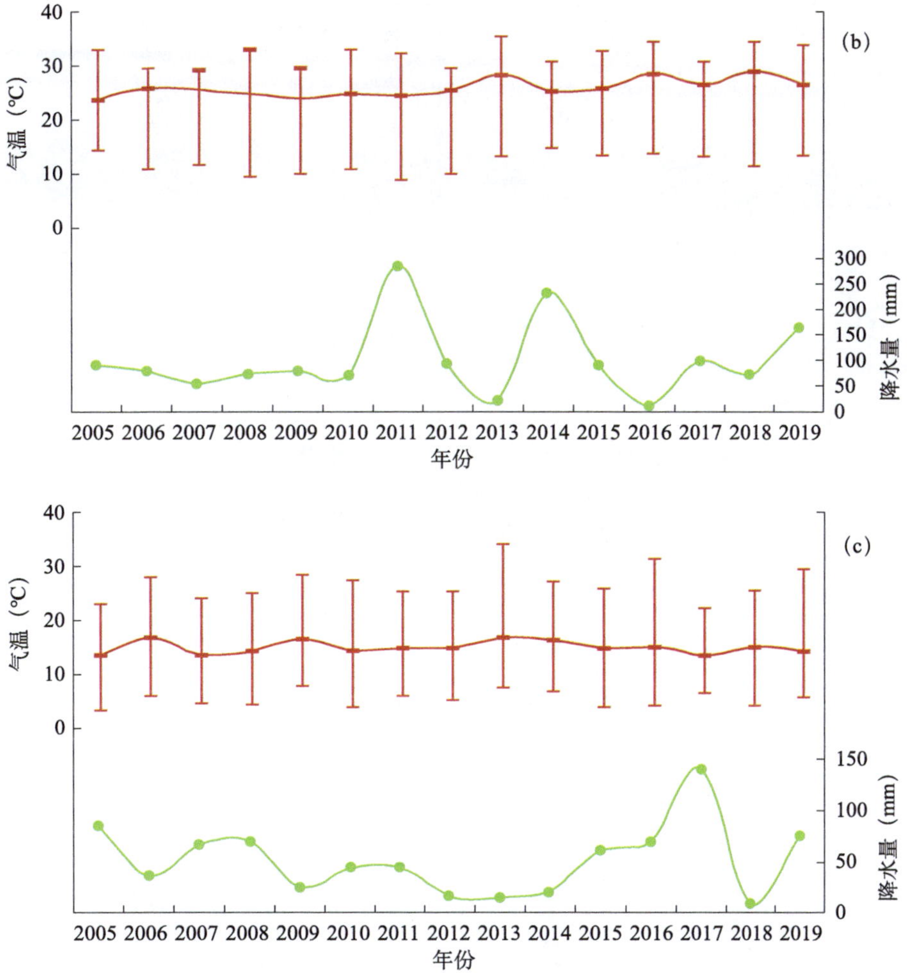

图 1.9　灞桥赛区逐年 8 月（a）、9 月（b）、10 月（c）气温（平均、极端最高、极端最低）、降水量情况

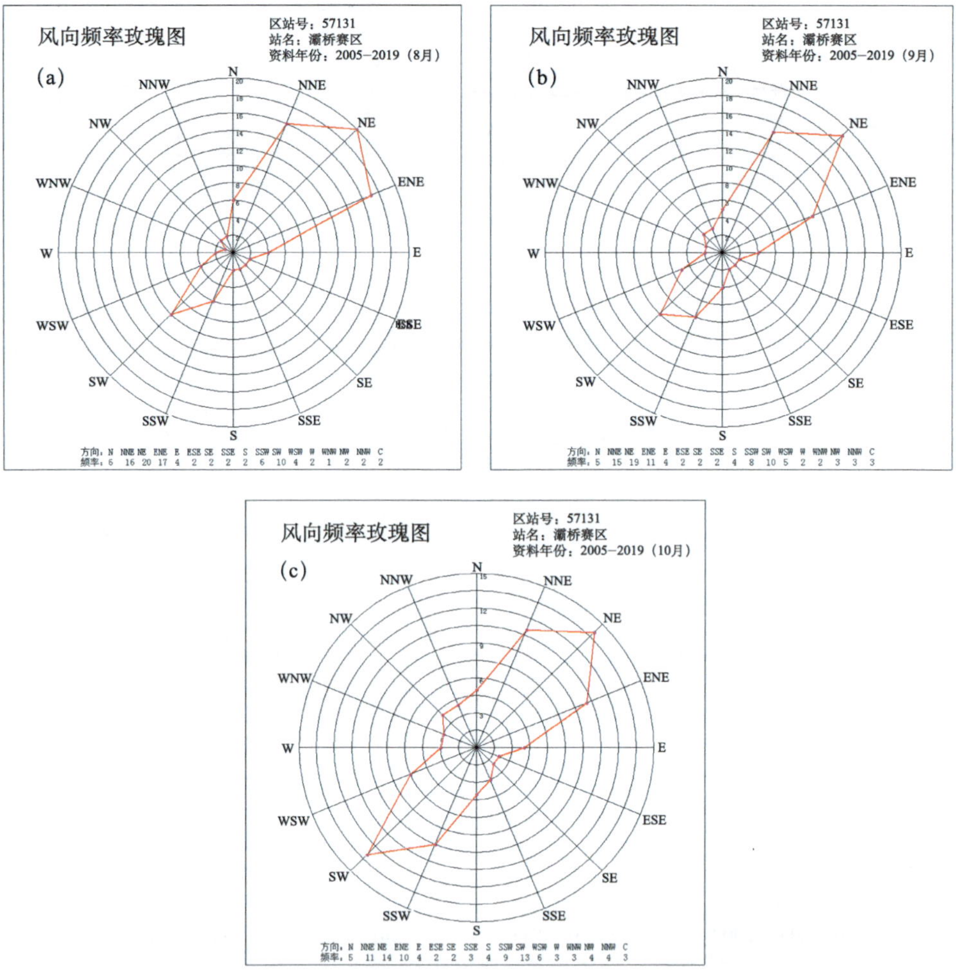

图 1.10　灞桥赛区 2000—2019 年 8 月（a）、9 月（b）、10 月（c）风向频率

1.1.4　鄠邑赛区气候特征

鄠邑赛区选取鄠邑国家气象观测站（站号 57132）1961—2019 年的数据进行分析。年平均气温 14.0 ℃，年极端最低气温 -19.0 ℃（1977 年 1 月 30 日），年极端最高气温 43.0 ℃（1966 年 6 月 21 日）。年降水量 636.9 mm，日最大降水量 130.4 mm（1991 年 7 月 28 日），年日照时数 1897.4 h。年平均风速 1.1 m/s，盛行西风。

最冷 1 月平均气温 0.1 ℃，平均最低气温为 -3.5 ℃；最热 7 月平均气温

26.9 ℃，平均最高气温可达 32.3 ℃。9 月是鄠邑赛区全年降水最多的月份（降水量 116.5 mm），12 月为全年降水最少的月份（降水量 5.7 mm）（图 1.11）。

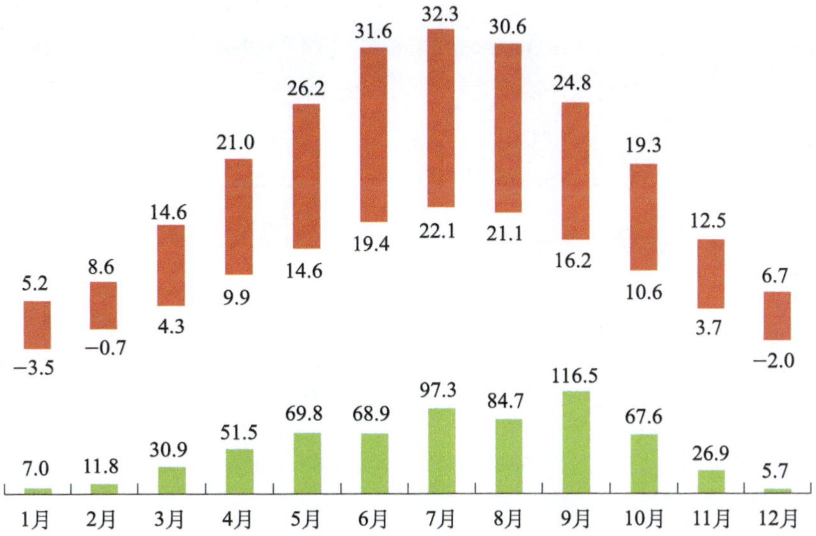

图 1.11 鄠邑赛区 2005—2019 年逐月平均气温（单位：℃，红色）及平均降水量（单位：mm，绿色）

鄠邑赛区赛期：8 月平均气温 25.3 ℃，极端最高气温 40.1 ℃（1994 年 8 月 4 日），极端最低气温 13.2 ℃（1969 年 8 月 27 日），平均高温日数 3.8 d；平均降水量 84.7 mm，日最大降水量 82.4 mm（2006 年 8 月 15 日），平均雨日 12.6 d；平均风速 1.1 m/s，盛行西风，极大风速 16.9 m/s（2013 年 8 月 1 日）；平均相对湿度 75%。9 月平均气温 19.9 ℃，极端最高气温 37.7 ℃（1997 年 9 月 5 日），极端最低气温 5.5 ℃（1970 年 9 月 30 日），平均高温日数 0.3 d；平均降水量 116.5 mm，日最大降水量 90.7 mm（1986 年 9 月 8 日），平均雨日 14.9 d；平均风速 0.9 m/s，盛行西风，极大风速 15.6 m/s（2013 年 9 月 13 日）；平均相对湿度 80%。10 月平均气温 14.2 ℃，极端最高气温 34.3 ℃（1977 年 10 月 11 日），极端最低气温 -1.9 ℃（1986 年 10 月 29 日），无高温日；平均降水量 67.6 mm，日最大降水量 72.5 mm（2005 年 10 月 1 日），平均雨日 13.3 d；平均风速 0.9 m/s，盛行西风，极大风速 14.4 m/s（2015年10月26日）；平均相对湿度 79%。（表 1.4、图 1.12、图 1.13）

表 1.4　鄠邑赛区 1961—2019 年 8—10 月气象数据

	8 月	9 月	10 月
平均气温（℃）	25.3	19.9	14.2
极端最高气温（℃）	40.1（1994-08-04）	37.7（1997-09-05）	34.3（1977-10-11）
极端最低气温（℃）	13.2（1969-08-27）	5.2（1970-09-30）	-1.9（1986-10-29）
降水量（mm）	84.7	116.5	67.6
日最大降水量（mm）	82.4（2006-08-15）	90.7（1986-09-08）	72.5（2005-10-01）
相对湿度（%）	75	80	79
平均风速（m/s）	1.1	0.9	0.9
极大风速（m/s）	16.9（2013-08-01）	15.6（2013-09-13）	14.4（2015-10-26）
平均雨日（d）	12.6	14.9	13.3
平均大风日数（d）	0.4	0.1	0
平均高温日数（d）	3.8	0.3	0
平均雷暴日数（d）	3.0	0.7	0.3
平均大雾日数（d）	0.4	1.2	1.9
平均霾日数（d）	1.1	0.7	1.6

注：大风日数为极大风速≥ 17.2 m/s（8 级以上）的日数；高温日数为日最高气温≥ 35.0 ℃的日数。

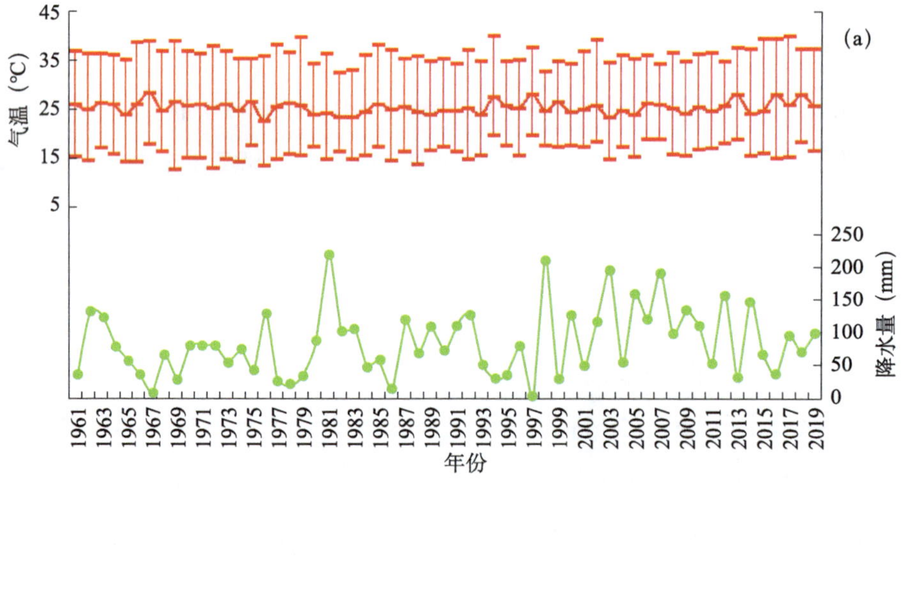

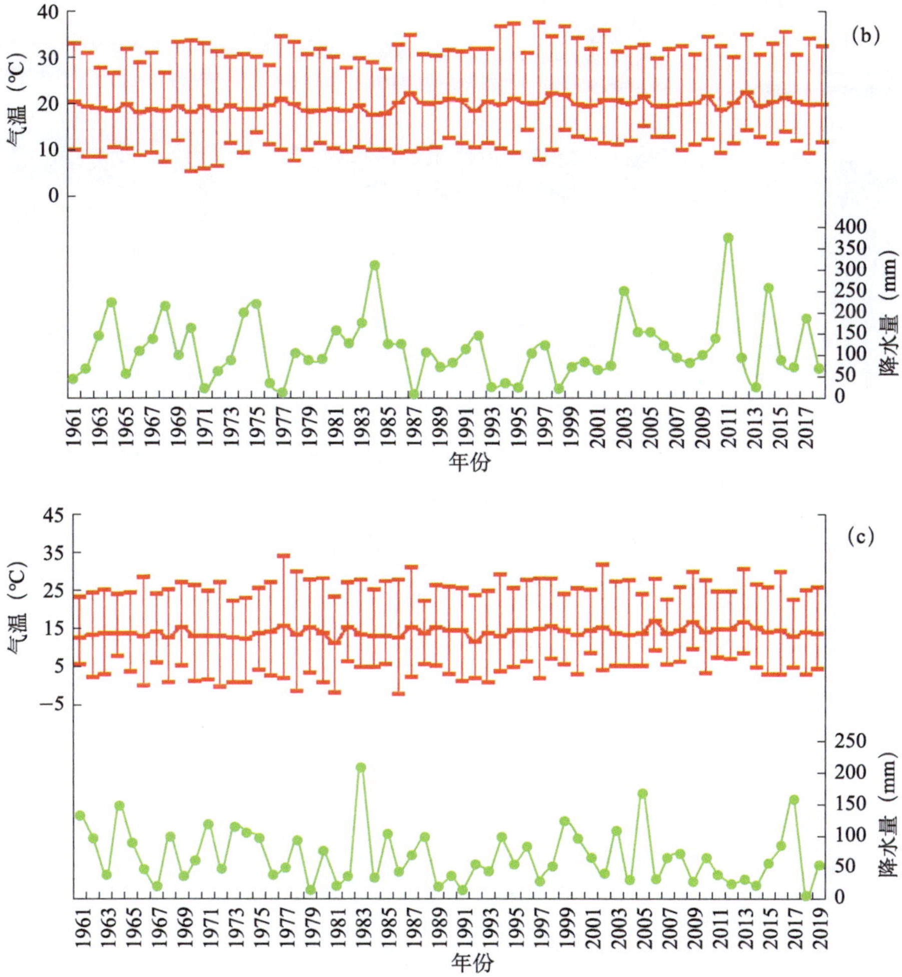

图 1.12 鄠邑赛区逐年 8 月（a）、9 月（b）、10 月（c）气温（平均、极端最高、极端最低）、降水量情况

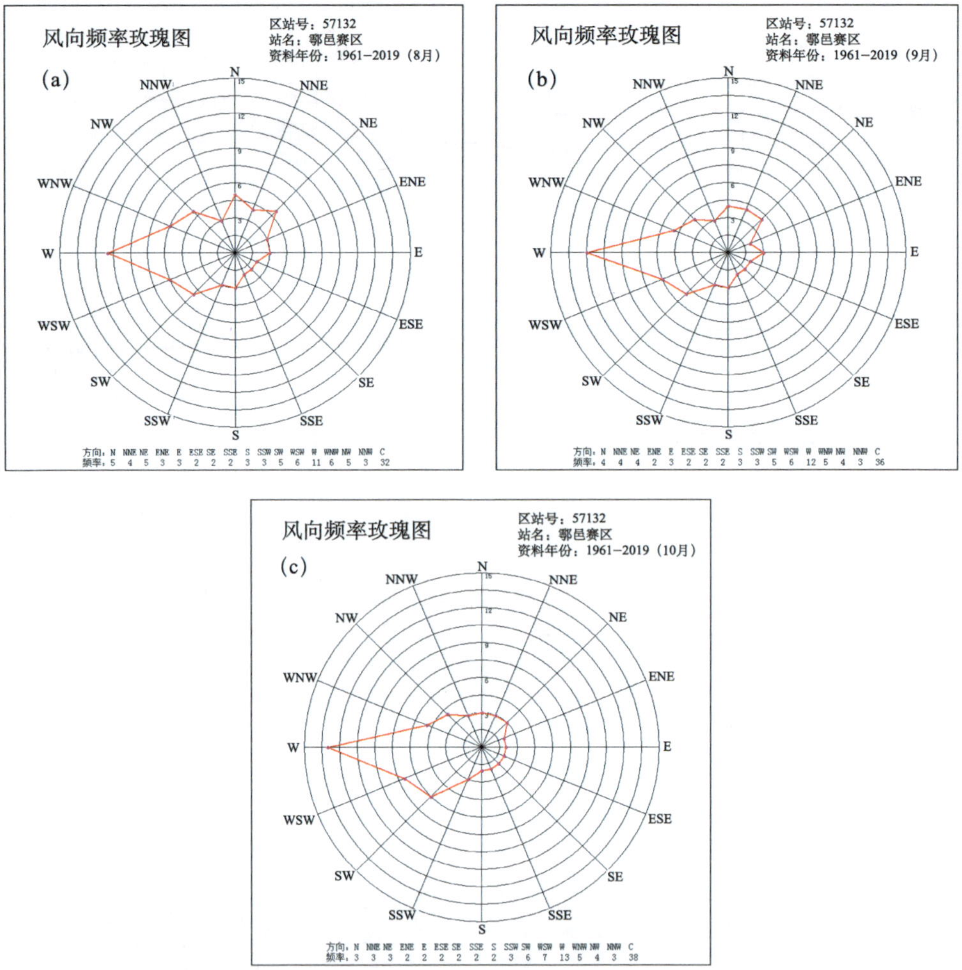

图 1.13　鄠邑赛区 1961—2019 年 8 月（a）、9 月（b）、10 月（c）风向频率玫瑰图

1.1.5　临潼赛区气候特征

临潼赛区选取临潼国家气象观测站（站号 57044）1961—2019 年的数据进行分析。临潼年平均气温 13.8 ℃，年极端最低气温 –17.0 ℃（1969 年 2 月 5 日），年极端最高气温 42.2 ℃（2006 年 6 月 17 日）。年降水量 587.2 mm，日最大降水量 116.1 mm（2015 年 8 月 3 日）。年日照时数 2053.7 h。年平均风速 2.0 m/s，盛行东北风。

最冷 1 月平均气温 –0.4 ℃，平均最低气温为 –4.1 ℃（1977 年 1 月）；最热

7 月平均气温 26.9 ℃，平均最高气温可达 30.1 ℃（2017 年 7 月）。9 月是临潼赛区全年降水最多的月份（降水量 107.0 mm），12 月为全年降水最少的月份（降水量 4.9 mm）（图 1.14）。

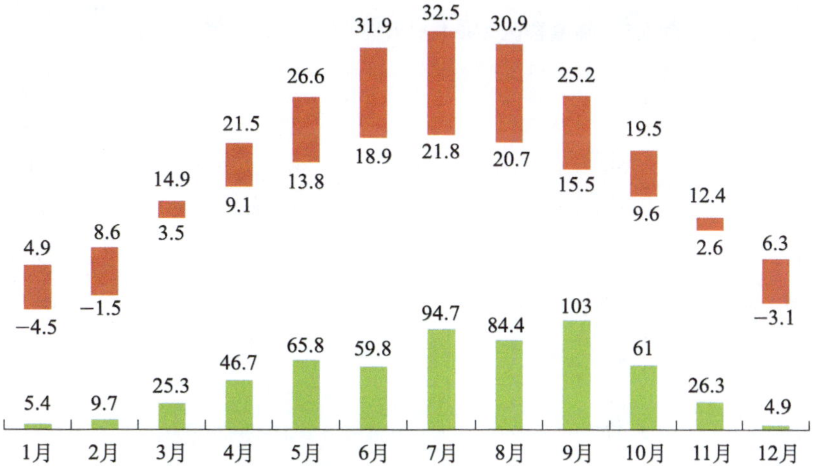

图 1.14　临潼赛区 1961—2019 年逐月平均气温（单位：℃，红色）及平均降水量（单位：mm，绿色）

临潼赛区赛期：8 月平均气温 25.3 ℃，极端最高气温 40.4 ℃（1994 年 8 月 4 日），极端最低气温 12.0 ℃（2003 年 8 月 16 日），平均高温日数 4.7 d；平均降水量 84.4 mm，日最大降水量 116.1 mm（2015 年 8 月 3 日），平均雨日 8.9 d；平均风速 2.2 m/s，盛行东北风和东北偏东风，极大风速 17.7 m/s（2005 年 8 月 13 日）；平均气压 959.0 hPa，极端最高气压 971.7 hPa（1993 年 8 月 30 日），极端最低气压 946.3 hPa（2016 年 8 月 17 日）；平均相对湿度 75%。9 月平均气温 19.8 ℃，极端最高气温 38 ℃（1997 年 9 月 5 日），极端最低气温 3.8 ℃（1970 年 9 月 30 日），平均高温日数 0.3 d；平均降水量 103.0 mm，日最大降水量 89.8 mm（1986 年 9 月 8 日），平均雨日 11.6 d；平均风速 1.9 m/s，盛行东北风，极大风速 14.2 m/s（2004 年 9 月 30 日）；平均气压 966.0 hPa，极端最高气压 982.2 hPa（2004 年 9 月 30 日），极端最低气压 947.9 hPa（1995 年 9 月 6 日）；平均相对湿度 79%。10 月平均气温 14.0 ℃，极端最高气温 33.3 ℃（2013 年 10 月 12 日），极端最低气温 −3.5 ℃（1991 年 10 月 28 日），无高温日；平均降水量 61.0 mm，日最大降水量 66.2 mm（1978 年 10 月 26 日），平均雨日 9.6 d；平均风速 1.9 m/s，盛行东北风和东北偏东风，极大风速 13.3 m/s（2010 年 10 月 10 日）；平均气压 972.0 hPa，极端最高气压 990.9 hPa（1993 年 10 月 29 日），极端最低气压 953.6 hPa（2016 年 10 月 3 日）；平均相对湿度 77%（表 1.5、图 1.15、图 1.16）。

表 1.5　临潼赛区 1961—2019 年 8—10 月气象数据

	8 月	9 月	10 月
平均气温（℃）	25.3	19.8	14.0
极端最高气温（℃）	40.4（1994-08-04）	38.0（1997-09-05）	33.3（2013-10-12）
极端最低气温（℃）	12.0（2003-08-16）	3.8（1970-09-30）	-3.5（1991-10-28）
降水量（mm）	84.4	103.0	61.0
日最大降水量（mm）	116.1（2015-08-03）	89.8（1986-09-08）	66.2（1978-10-26）
相对湿度（%）	75	79	77
平均风速（m/s）	2.2	1.9	1.9
极大风速（m/s）	17.7（2005-08-13）	14.2（2004-09-30）	13.3（2010-10-10）
平均雨日（d）	8.9	11.6	9.6
平均大风日数（d）	0.2	0.0	0.0
平均高温日数（d）	4.7	0.3	0.0
平均雷暴日数（d）	3.2	0.8	0.3
平均大雾日数（d）	0.8	1.9	2.8
平均霾日数（d）	0.0	0.1	0.3

注：大风日数为极大风速≥ 17.2 m/s（8 级以上）的日数；高温日数为日最高气温≥ 35.0 ℃的日数。

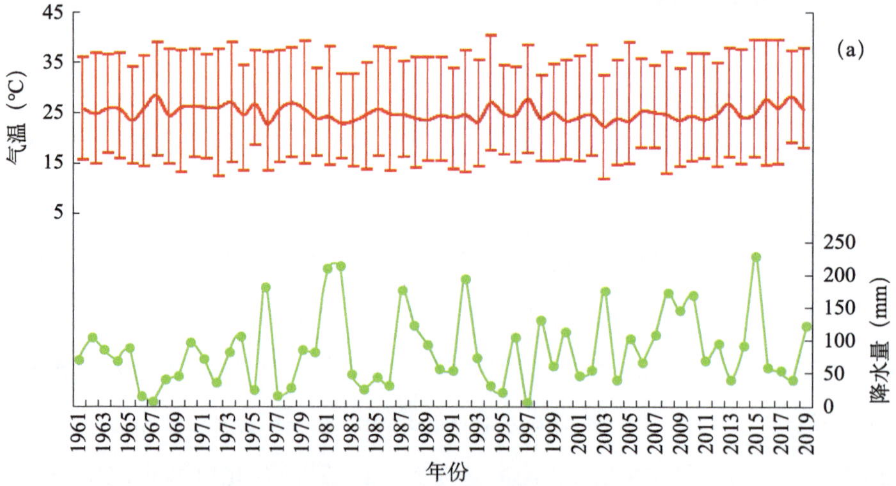

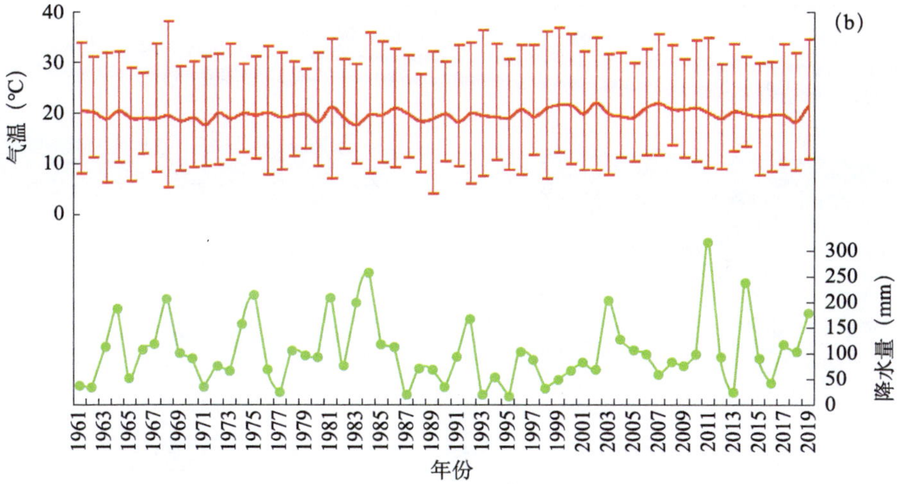

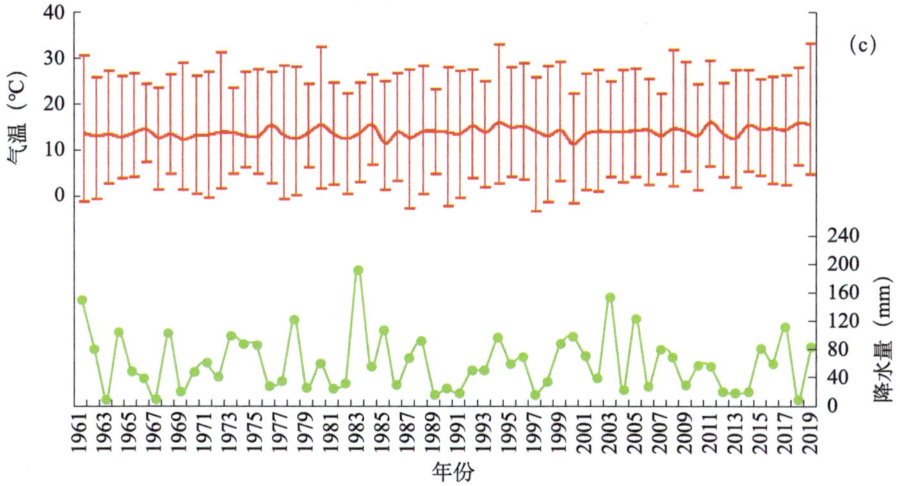

图 1.15　临潼赛区逐年 8 月（a）、9 月（b）、10 月（c）气温（平均、极端最高、极端最低）、降水量情况

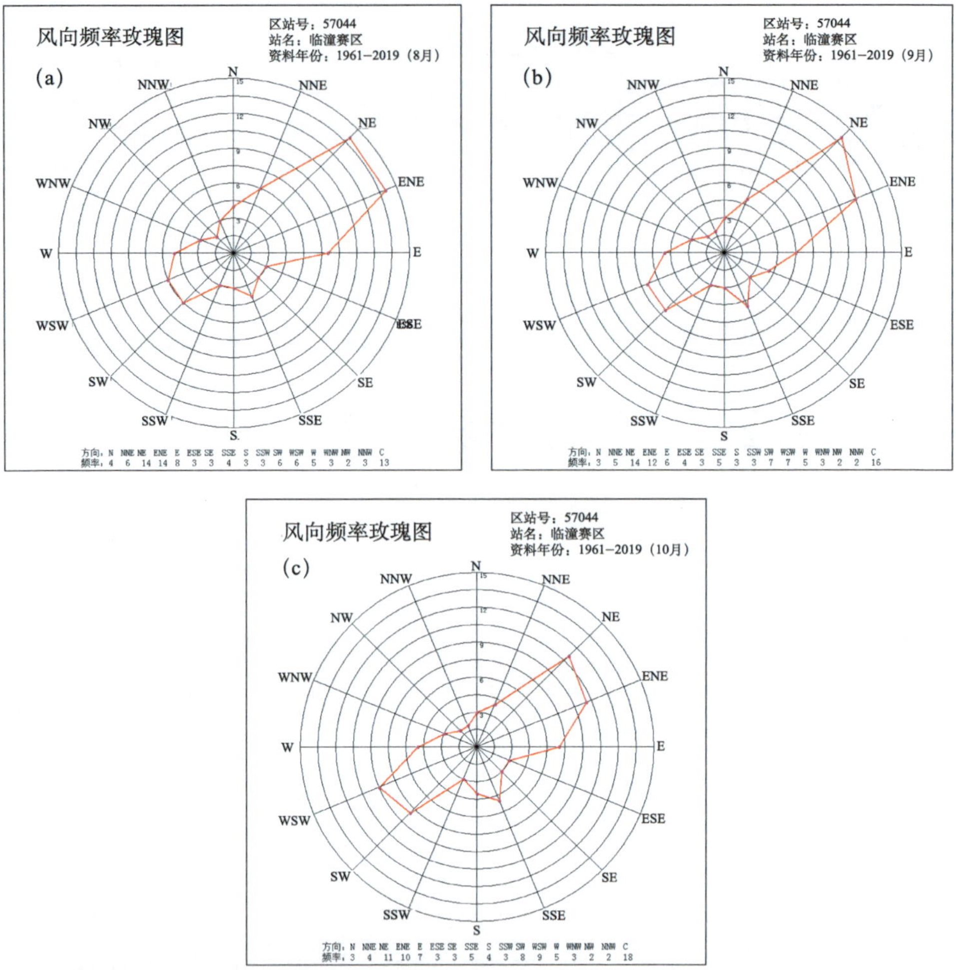

图 1.16　临潼赛区 1961—2019 年 8 月（a）、9 月（b）、10 月（c）风向频率

1.2　赛区气象条件风险分析

根据历史气象资料分析统计，西安市区、长安区、临潼区、灞桥区及鄠邑区 8—10 月均存在多种气象风险，包括雷暴、闪电、大风、高温、强降水、大雾、霾，任何一种极端天气的发生都将给比赛顺利进行带来重大影响。

资料说明与标准：

（1）各赛区气候风险分析选取气象数据站点及时间段规定与赛区气候特征分析

规定一致。

（2）因为从 2014 年起，雷暴、闪电取消人工观测，故雷暴、闪电分析数据时间段为 1961—2013 年；2003 年之前无大风观测记录，故大风分析数据时间段为 2004—2019 年。

（3）各级降水量级标准——小雨：24 h 降雨量＜ 10 mm；中雨：10 mm ≤ 24 h 降雨量＜ 25 mm；大雨：25 mm ≤ 24 h 降雨量＜ 50 mm；暴雨及以上：24 h 降雨量 ≥ 50 mm。

（4）五级及以上大风概率为极大风速≥ 8.0 m/s 的概率；八级及以上大风概率为极大风速≥ 17.2 m/s 的概率；高温日数为日最高气温≥ 35.0 ℃的日数。

1.2.1 西安市区赛区气候风险分析

1.2.1.1 雷暴、闪电

（1）雷暴

8 月 1 日—10 月 31 日，雷暴多出现在 8 月，并且雷暴出现概率随时间推后而逐渐减小（图 1.17），8 月上、中旬出现雷暴的平均概率为 14.5%，最大为 8 月 1 日（28.3%），最小为 18 日（5.6%），8 月 17 日以前，除 8 月 3 日和 5 日外，雷暴概率均在 10% 以上；8 月下旬后雷暴出现的平均概率较上、中旬减少，平均为 7.0%。9 月起雷暴出现的概率明显减小，9 月为 2.4%，10 月仅为 1.0%。

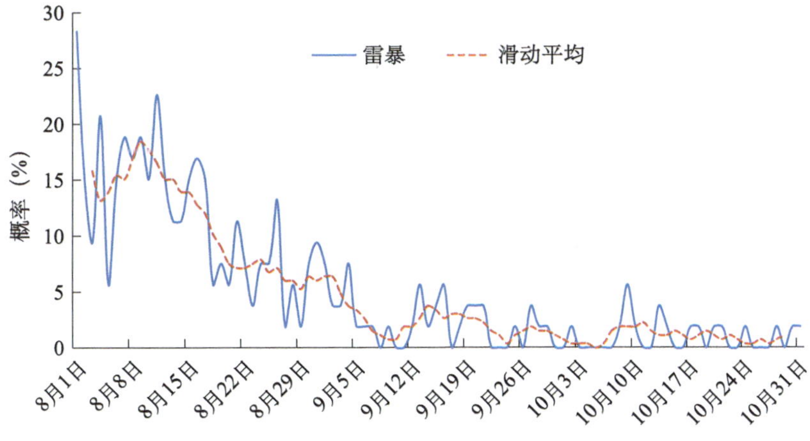

图 1.17 西安市区赛区 8 月 1 日—10 月 31 日雷暴概率变化曲线

（2）闪电

8 月 1 日—10 月 31 日，闪电出现的概率随时间推后而减小（图 1.18），8 月上、中旬出现概率平均为 15.8%，最大为 8 月 4 日、12 日（24.5%），最小为 15 日、19 日和 20 日（9.4%），除了这三天外，8 月上、中旬闪电出现概率均在 10% 以上；8 月下旬闪电出现概率减少，为 8.4%。9 月为 1.7%，10 月仅 0.8%。

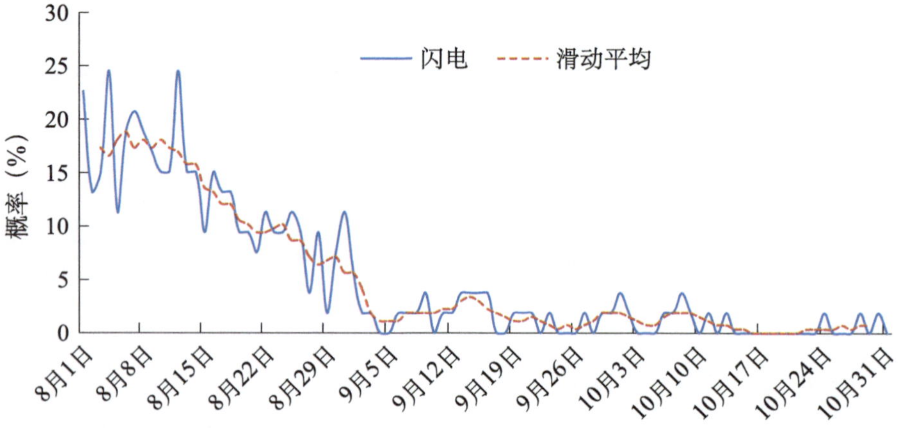

图 1.18　西安市区赛区 8 月 1 日—10 月 31 日闪电概率变化曲线

（3）小结

西安市区赛区 8 月上、中旬雷暴、闪电概率较高，各项赛事应做好雷暴天气的防御工作；8 月下旬—10 月下旬，雷暴、闪电出现概率较低，对赛事影响较小。

1.2.1.2　大风

（1）平均风速分析

西安市区赛区 8 月、9 月、10 月平均风速分别为 1.9 m/s、1.6 m/s、1.4 m/s，8 月 1 日—10 月 31 日，平均风速 0.5 ～ 3.3 m/s，随时间推后减小。

（2）大风气候概率分析

8 月、9 月、10 月五级及以上（极大风速 8.0 m/s 及以上）大风出现平均概率分别为 39.4%、26.1%、22.9%，从五级及以上大风出现概率及滑动平均看出（图 1.19），8—10 月五级及以上大风出现概率随时间推后减小，整体上 8 月上、中旬大风出现概率较高，平均为 42.2%，8 月下旬平均为 34.4%，9 月中旬后，大风出现的概率波动变化较小，基本维持在 20% ～ 30% 之间。

西安市区赛区 8 月、9 月、10 月八级及以上（极大风速 17.2 m/s 及以上）大风出现平均概率分别为 1.0%、0.4%、0.3%，最大出现在 1971 年 8 月 2 日，极大风速达 24.5 m/s。

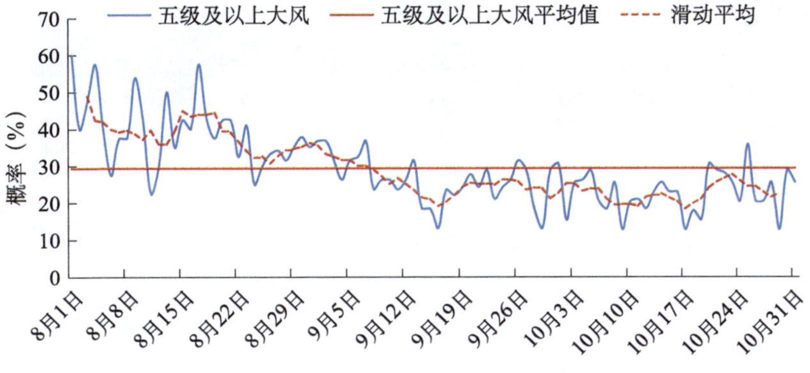

图 1.19　西安市区赛区 8 月 1 日—10 月 31 日五级及以上大风概率变化曲线

（3）小结

西安市区赛区 8 月上、中旬出现五级及以上大风概率较大，各项赛事应做好大风天气的防御工作。8 月下旬—10 月下旬，五级及以上大风概率较低，对赛事影响较小。

1.2.1.3　高温

（1）平均气温分析

西安市区赛区 8 月 1 日—10 月 31 日日平均气温为 11 ～ 27 ℃，日最高气温平均为 16 ～ 33 ℃，日最低气温平均为 7 ～ 23 ℃，均随时间推后而逐渐下降。

人体感觉较为舒适的气温范围一般在 16 ～ 25 ℃，可见夏季高温对于运动员身体舒适度的影响较大，因而在赛事期间我们重点关注日最高气温的演变。西安市区赛区 8 月 16 日—10 月 4 日日平均气温为 16 ～ 25 ℃，这一时段内日最高气温平均为 21 ～ 31 ℃，日最低气温平均为 12 ～ 21 ℃，极端最高气温为 31 ～ 39 ℃。

（2）高温气候概率分析

西安市区赛区 8 月 1 日—9 月 17 日均出现过 35 ℃以上高温天气（图 1.20）。8 月 1 日—8 月 15 日出现 35 ℃以上高温天气的概率主要集中在 20% ～ 30% 之间，8 月 16 日—8 月 31 日出现高温概率主要在 5% ～ 10% 之间，9 月上、中旬出现高温的概率很小，多在 5% 以下。9 月 17 日后无高温天气。近 20 年（2000—2019 年）

高温概率波动较大，高温风险增大。

8 月 1 日—10 月 31 日极端最高气温在 25 ～ 40 ℃之间，最大值为 40.0 ℃，出现在 1994 年 8 月 4 日。

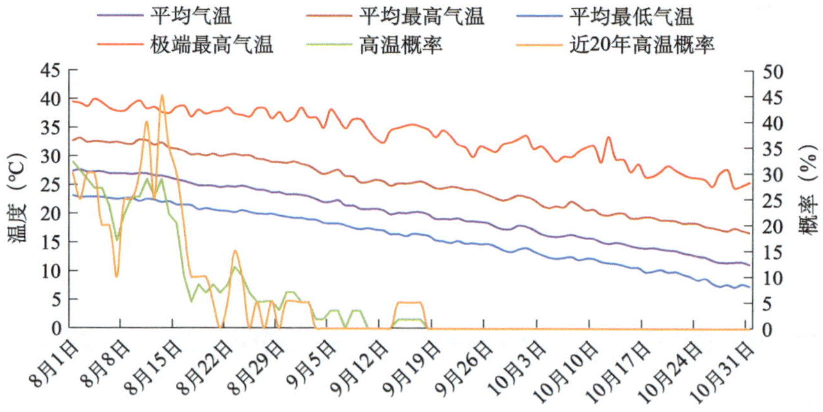

图 1.20　西安市区赛区 8 月 1 日—10 月 31 日气温（平均、最高、最低、极端最高）和高温概率变化曲线

（3）小结

8 月气温较高，对运动员身体影响较大，应做好相应的防暑工作；后期气温逐渐降低，尤其是从 9 月下旬开始，即使是最热的中午，气温也一般不会超过 25 ℃。8 月 16 日—10 月 4 日西安市区赛区日平均气温为 16 ～ 25 ℃，这一时段高温概率相对较低，9 月 17 日后无高温天气，适宜各项体育运动的开展。

1.2.1.4　降水

（1）降水概率分析

西安市区赛区 8 月降水量为 73.8 mm，降水概率为 28.5%（小雨 20.6%，中雨 5.7%，大雨 1.9%，暴雨 0.3%）；9 月降水量为 101.5 mm，降水概率为 39.5%（小雨 28.2%，中雨 7.6%，大雨 3.1%，暴雨 0.5%）；10 月降水量为 61.6 mm，降水概率为 32.2%（小雨 25.3%，中雨 5.6%，大雨 1.3%，暴雨 0.1%）。

8 月 1 日—10 月 31 日逐日降水概率为 13% ～ 51%，最大出现在 9 月 7 日，最小出现在 8 月 10 日（图 1.21）。从五日滑动平均来看，8 月 1—13 日、21—26 日这 2 个时段降水概率较小，在 30% 以下；9 月 3 日—10 月 4 日降水概率较大，基本保持在 38% 以上，是降水的高发时段。10 月初以后降水概率总体呈波动下降趋势，

10 月下旬平均降水概率已降至 25% 上下。

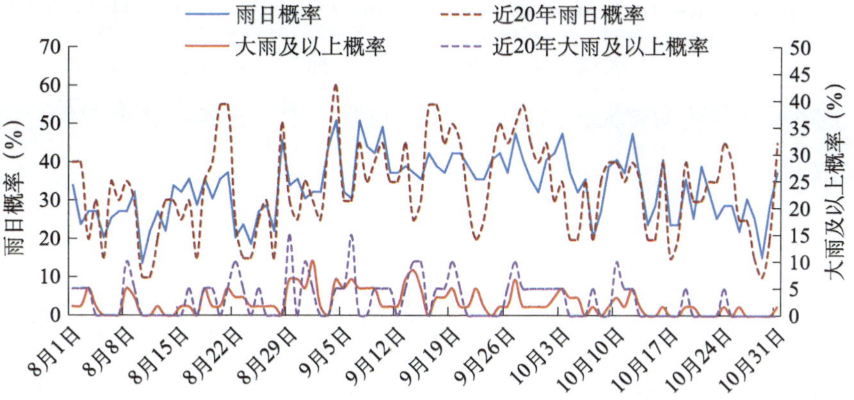

图 1.21　西安市区赛区 8 月 1 日—10 月 31 日雨日、大雨及以上概率变化曲线

（2）大雨以上降水概率分析

西安市区赛区 8 月 1 日—10 月 31 日出现大雨和暴雨的概率基本在 10% 以内，平均为 2.4%，最大出现在 9 月 1 日。8 月 29 日—9 月 19 日大雨和暴雨的概率相对较大，平均为 4.6%。

1961—2019 年 8 月 1 日—10 月 31 日共出现暴雨 17 次，约 3.5 年 1 次。9 月 1 日暴雨过程最多，共 3 次（1964 年、1972 年、1988 年），概率为 5.1%。其次为 2 次，出现在 8 月 9 日（2007 年、1981 年）。

8 月 1 日—10 月 31 日逐日最大降水量为 9.9 ～ 92.5 mm（图 1.22）。8 月底—9 月上、中旬，最大日降水量较大，平均在 50 mm 左右；9 月 20 日以后，最大日降水量开始减小，在 30 mm 左右。时段内最大日降水量极值为 92.5 mm，出现在 9 月 8 日（1986 年）。

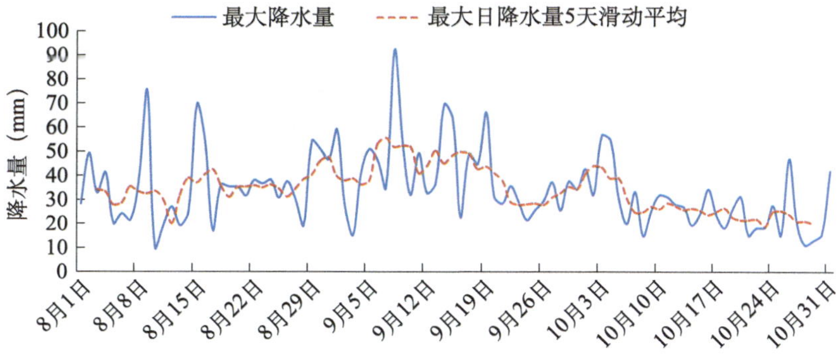

图 1.22　西安市区赛区 8 月 1 日—10 月 31 日最大日降水量时间演变曲线

（3）小结

西安市区赛区 8—10 月降水概率和降水量较大（表 1.6），8 月 1—12 日、22—26 日和 10 月中、下旬降水概率相对较小，但也都在 20% 以上，近 20 年（2000—2019 年）降水概率波动较大，出现强降水的风险在增大，各项赛事应做好降水的应对措施与安排。

1.2.1.5 大雾、霾

（1）大雾

8 月 1 日—10 月 31 日逐日大雾出现概率最大为 18.6%，出现在 10 月 8 日、10 月 20 日。8 月大雾出现概率较低，且变化平稳，均值为 2.1%；8 月末—9 月中旬，大雾出现概率增加，在这一时段内，概率基本维持在 5% ～ 15% 之间；9 月下旬，大雾出现概率略有下降，平均为 8.2%，10 月起，概率又呈现波动增加趋势，平均为 11.8%（图 1.23）。

（2）霾

8 月 1 日—9 月 12 日，霾出现概率基本维持在 10% ～ 20% 之间，平均为 14.3%，波动较小，9 月 12 日前后，霾出现概率发生明显转折，呈波动增加趋势，9 月 13 日—10 月 31 日，霾出现概率平均为 21.8%；10 月霾出现概率显著增加，特别是在 10 月中旬后，霾出现平均概率达到了 27.5%，最大为 10 月 29 日 37.3%，增加明显（图 1.23）。

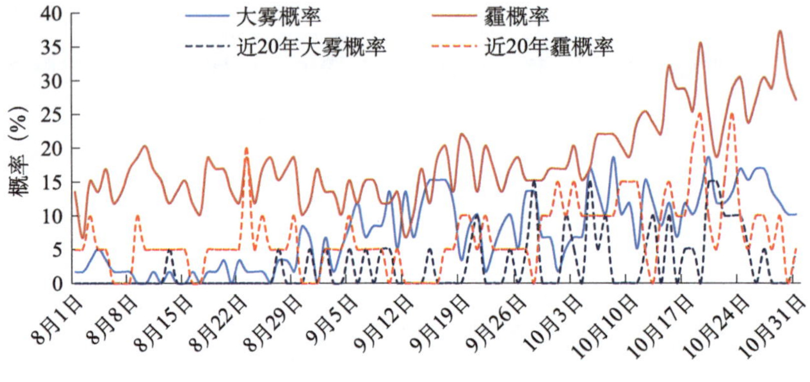

图 1.23　西安市区赛区 8 月 1 日—10 月 31 日大雾、霾概率变化曲线

（3）小结

8 月 1 日—10 月 31 日大雾出现概率平均为 7.5%，而霾出现概率平均为 18.3%，比雾的 2 倍还要多，可见，霾的出现概率远远大于大雾。近 20 年（2000—2019 年）西安市区赛区大雾、霾出现概率减小，但波动较大。

表 1.6 1961—2019 年西安市区赛区 8 月 1 日—10 月 31 日降水日数、概率和最大日降雨量

日期	暴雨及以上（d）	大雨（d）	中雨（d）	小雨（d）	雨日（d）	雨日概率（%）	大雨及以上概率（%）	最大日降雨量（mm）
8 月 1 日	0	1	3	16	20	33.9	1.7	28.4
8 月 2 日	0	1	2	11	14	23.7	1.7	49.3
8 月 3 日	0	3	6	7	16	27.1	5.1	32.9
8 月 4 日	0	1	3	12	16	27.1	1.7	41.5
8 月 5 日	0	0	2	10	12	20.3	0.0	19.9
8 月 6 日	0	0	3	12	15	25.4	0.0	24.3
8 月 7 日	0	0	2	14	16	27.1	0.0	21.4
8 月 8 日	0	3	2	11	16	27.1	5.1	37.1
8 月 9 日	2	0	5	12	19	32.2	3.4	75.5
8 月 10 日	0	0	0	8	8	13.6	0.0	9.9
8 月 11 日	0	0	3	10	13	22.0	0.0	19.4
8 月 12 日	0	1	3	12	16	27.1	1.7	27.2
8 月 13 日	0	0	5	8	13	22.0	0.0	19.3
8 月 14 日	0	0	4	16	20	33.9	0.0	24.9
8 月 15 日	1	0	5	13	19	32.2	1.7	69.8
8 月 16 日	1	0	7	13	21	35.6	1.7	54.6
8 月 17 日	0	0	5	12	17	28.8	0.0	17.2
8 月 18 日	0	3	4	14	21	35.6	5.1	36.6
8 月 19 日	0	1	2	15	18	30.5	1.7	35.5
8 月 20 日	0	1	1	19	21	35.6	1.7	35.4
8 月 21 日	0	3	5	14	22	37.3	5.1	31.7
8 月 22 日	0	2	3	7	12	20.3	3.4	38.3
8 月 23 日	0	2	4	8	14	23.7	3.4	36.8
8 月 24 日	0	1	4	6	11	18.6	1.7	38.5
8 月 25 日	0	1	4	11	16	27.1	1.7	30.9
8 月 26 日	0	1	4	12	17	28.8	1.7	37.7
8 月 27 日	0	1	2	10	13	22.0	1.7	30.4
8 月 28 日	0	0	4	23	27	45.9	0.0	19.2

续表

日期	暴雨及以上（d）	大雨（d）	中雨（d）	小雨（d）	雨日（d）	雨日概率（%）	大雨及以上概率（%）	最大日降雨量（mm）
8月29日	1	3	1	15	20	33.9	6.8	54.7
8月30日	1	3	4	13	21	35.6	6.8	51.1
8月31日	0	3	2	13	18	30.5	5.1	46.8
9月1日	3	3	3	10	19	32.2	10.2	59.3
9月2日	0	1	3	15	19	32.2	1.7	27.7
9月3日	0	0	3	23	26	44.1	0.0	15.2
9月4日	0	4	9	17	30	50.9	6.8	41.6
9月5日	1	2	7	9	19	32.2	5.1	51.1
9月6日	0	4	3	11	18	30.5	6.8	46.5
9月7日	0	3	5	22	30	50.9	5.1	34.8
9月8日	1	2	5	18	26	44.1	5.1	92.5
9月9日	1	2	8	14	25	42.4	5.1	54.1
9月10日	0	1	6	22	29	49.2	1.7	32.1
9月11日	0	1	2	19	22	37.3	1.7	49.4
9月12日	0	1	4	17	22	37.3	1.7	32.8
9月13日	0	4	7	12	23	39.0	6.8	36.7
9月14日	1	4	2	15	22	37.3	8.5	69.8
9月15日	1	2	3	15	21	35.6	5.1	63.8
9月16日	0	0	6	19	25	42.4	0.0	22.8
9月17日	0	2	3	18	23	39.0	3.4	49.3
9月18日	0	2	4	16	22	37.3	3.4	44.8
9月19日	1	2	8	14	25	42.4	5.1	66.3
9月20日	0	1	4	20	25	42.4	1.7	31.2
9月21日	0	1	6	16	23	39.0	1.7	28.5
9月22日	0	3	3	15	21	35.6	5.1	35.8
9月23日	0	1	4	16	21	35.6	1.7	29.1
9月24日	0	0	5	19	24	40.7	0.0	21.7
9月25日	0	1	3	21	25	42.4	1.7	25.9
9月26日	0	1	5	16	22	37.3	1.7	29.7
9月27日	0	4	2	22	28	47.5	6.8	37.4
9月28日	0	1	4	19	24	40.7	1.7	25.7
9月29日	0	1	3	17	21	35.6	1.7	37.8

续表

日期	暴雨及以上（d）	大雨（d）	中雨（d）	小雨（d）	雨日（d）	雨日概率（%）	大雨及以上概率（%）	最大日降雨量（mm）
9月30日	0	1	5	13	19	32.2	1.7	34.5
10月1日	0	1	7	16	24	40.7	1.7	42.9
10月2日	0	2	6	17	25	42.4	3.4	32.1
10月3日	1	2	5	20	28	47.5	5.1	57.0
10月4日	1	1	7	13	22	37.3	3.4	55.1
10月5日	0	2	2	15	19	32.2	3.4	31.3
10月6日	0	0	5	16	21	35.6	0.0	20.0
10月7日	0	1	0	11	12	20.3	1.7	33.4
10月8日	0	0	1	15	16	27.1	0.0	14.9
10月9日	0	1	5	17	23	39.0	1.7	25.5
10月10日	0	2	6	16	24	40.7	3.4	32.1
10月11日	0	1	9	12	22	37.3	1.7	31.3
10月12日	0	3	4	21	28	47.5	5.1	28.1
10月13日	0	1	3	17	21	35.6	1.7	27.2
10月14日	0	0	3	11	14	23.7	0.0	19.5
10月15日	0	0	3	14	17	28.8	0.0	24.3
10月16日	0	1	4	19	24	40.7	1.7	34.5
10月17日	0	0	6	8	14	23.7	0.0	23.6
10月18日	0	0	1	13	14	23.7	0.0	18.3
10月19日	0	1	2	18	21	35.6	1.7	26.2
10月20日	0	1	1	13	15	25.4	1.7	31.4
10月21日	0	0	2	21	23	39.0	0.0	15.1
10月22日	0	0	2	17	19	32.2	0.0	18.4
10月23日	0	0	2	13	15	25.4	0.0	18.5
10月24日	0	1	4	12	17	28.8	1.7	27.8
10月25日	0	0	1	16	17	28.8	0.0	15.2
10月26日	0	1	1	11	13	22.0	1.7	47.1
10月27日	0	0	3	15	18	30.5	0.0	20.1
10月28日	0	0	2	13	15	25.4	0.0	11.2
10月29日	0	0	1	8	9	15.3	0.0	13.1
10月30日	0	0	1	16	17	28.8	0.0	15.5
10月31日	0	1	3	18	22	37.3	1.7	42.0

表 1.7　1961—2019 年西安市区赛区 8 月 1 日—10 月 31 日各类不利天气概率、风速及日数

日期	五级及以上大风概率（%）	八级及以上大风概率（%）	极大风速（m/s）	雷暴概率（%）	闪电概率（%）	霾概率（%）	大雾概率（%）	冰雹概率（%）	高温日数（d）	高温概率（%）
8 月 1 日	60.0	0.0	16.8	28.3	22.6	13.6	1.7	0.0	19	32.2
8 月 2 日	40.0	7.5	24.5	15.1	13.2	6.8	1.7	0.0	18	30.5
8 月 3 日	47.5	0.0	16.5	9.4	15.1	15.3	3.4	0.0	17	28.8
8 月 4 日	57.5	2.5	17.5	20.8	24.5	13.6	5.1	1.7	16	27.1
8 月 5 日	40.0	2.5	17.5	5.7	11.3	17.0	3.4	0.0	16	27.1
8 月 6 日	27.5	0.0	14.8	15.1	18.9	11.9	1.7	0.0	14	23.7
8 月 7 日	37.5	0.0	12.8	18.9	20.8	13.6	1.7	0.0	10	17.0
8 月 8 日	37.5	0.0	15.2	17.0	18.9	17.0	1.7	0.0	13	22.0
8 月 9 日	53.9	0.0	16.3	18.9	17.0	18.6	0.0	0.0	15	25.4
8 月 10 日	42.5	0.0	13.2	15.1	15.1	20.3	0.0	0.0	15	25.4
8 月 11 日	22.5	2.5	19.2	22.6	15.1	17.0	1.7	0.0	17	28.8
8 月 12 日	30.0	0.0	14.4	15.1	24.5	15.3	0.0	0.0	15	25.4
8 月 13 日	50.0	0.0	13.3	11.3	15.1	11.9	1.7	0.0	17	28.8
8 月 14 日	35.0	0.0	14.1	11.3	15.1	13.6	0.0	0.0	13	22.0
8 月 15 日	42.5	0.0	13.6	15.1	9.4	15.3	0.0	0.0	12	20.3
8 月 16 日	40.0	0.0	16.9	17.0	15.1	11.9	1.7	0.0	6	10.2
8 月 17 日	57.5	0.0	13.7	15.1	13.2	10.2	0.0	0.0	3	5.1
8 月 18 日	42.5	0.0	15.0	5.7	13.2	18.6	1.7	0.0	5	8.5
8 月 19 日	37.5	0.0	14.3	7.6	9.4	17.0	1.7	0.0	4	6.8
8 月 20 日	42.5	0.0	14.5	5.7	9.4	17.0	3.4	0.0	5	8.5
8 月 21 日	42.5	0.0	14.6	11.3	7.6	13.6	0.0	0.0	4	6.8
8 月 22 日	32.5	2.5	18.5	7.6	11.3	11.9	3.4	0.0	5	8.5
8 月 23 日	41.0	0.0	14.2	3.8	9.4	18.6	1.7	0.0	7	11.9
8 月 24 日	25.0	0.0	15.2	7.6	9.4	11.9	1.7	0.0	6	10.2
8 月 25 日	30.0	0.0	17.1	7.6	11.3	17.0	1.7	0.0	4	6.8
8 月 26 日	33.3	2.6	19.7	13.2	9.4	18.6	0.0	0.0	3	5.1
8 月 27 日	34.2	2.6	17.7	1.9	3.8	15.3	3.4	0.0	3	5.2
8 月 28 日	31.6	5.3	23.6	5.7	9.4	17.0	3.4	0.0	3	5.2
8 月 29 日	35.1	0.0	13.8	1.9	1.9	18.6	1.7	0.0	2	3.5
8 月 30 日	37.8	2.7	21.0	7.6	7.6	10.2	8.5	0.0	4	6.9
8 月 31 日	35.1	0.0	13.0	9.4	11.3	11.9	6.8	0.0	4	6.9

续表

日期	五级及以上大风概率（%）	八级及以上大风概率（%）	极大风速（m/s）	雷暴概率（%）	闪电概率（%）	霾概率（%）	大雾概率（%）	冰雹概率（%）	高温日数（d）	高温概率（%）
9月1日	36.8	0.0	16.5	7.6	5.7	17.0	0.0	0.0	3	5.1
9月2日	36.8	0.0	15.1	3.8	1.9	13.6	6.8	0.0	3	5.1
9月3日	31.6	0.0	13.1	3.8	1.9	13.6	1.7	0.0	1	1.7
9月4日	26.3	0.0	11.3	7.6	0.0	10.2	5.1	0.0	1	1.7
9月5日	31.6	0.0	15.7	1.9	0.0	15.3	8.5	0.0	2	3.4
9月6日	32.4	2.7	18.5	1.9	1.9	11.9	11.9	0.0	2	3.4
9月7日	36.8	2.6	18.6	1.9	1.9	15.3	6.8	0.0	0	0.0
9月8日	23.7	0.0	10.8	0.0	1.9	15.3	8.5	0.0	2	3.4
9月9日	26.3	0.0	14.3	1.9	3.8	11.9	8.5	0.0	2	3.4
9月10日	26.3	0.0	11.5	0.0	0.0	11.9	13.6	0.0	0	0.0
9月11日	23.7	0.0	12.8	0.0	1.9	13.6	5.1	0.0	0	0.0
9月12日	26.3	0.0	13.2	1.9	1.9	6.8	13.6	0.0	0	0.0
9月13日	31.6	0.0	12.1	5.7	3.8	10.2	6.8	0.0	0	0.0
9月14日	18.4	0.0	11.8	1.9	3.8	17.0	11.9	0.0	1	1.7
9月15日	18.4	0.0	15.6	3.8	3.8	11.9	15.3	0.0	1	1.7
9月16日	13.2	0.0	11.3	5.7	3.8	18.6	15.3	0.0	1	1.7
9月17日	23.7	0.0	14.2	0.0	0.0	20.3	15.3	0.0	1	1.7
9月18日	22.2	0.0	9.7	1.9	0.0	13.6	11.9	0.0	0	0.0
9月19日	24.3	0.0	12.3	3.8	1.9	22.0	3.4	0.0	0	0.0
9月20日	27.8	0.0	11.4	3.8	1.9	20.3	8.5	0.0	0	0.0
9月21日	24.3	0.0	12.0	3.8	1.9	13.6	10.2	0.0	0	0.0
9月22日	29.0	0.0	14.4	0.0	0.0	20.3	1.7	0.0	0	0.0
9月23日	21.1	0.0	11.3	0.0	1.9	17.0	5.1	0.0	0	0.0
9月24日	24.3	0.0	15.3	0.0	0.0	13.6	8.5	0.0	0	0.0
9月25日	26.3	0.0	12.7	1.9	0.0	17.0	10.2	0.0	0	0.0
9月26日	31.6	0.0	13.1	0.0	0.0	18.6	5.1	0.0	0	0.0
9月27日	29.0	2.6	18.0	3.8	1.9	15.3	13.6	0.0	0	0.0
9月28日	18.4	0.0	13.8	1.9	0.0	15.3	13.6	0.0	0	0.0
9月29日	13.2	0.0	12.3	1.9	1.9	15.3	6.8	0.0	0	0.0
9月30日	29.0	2.6	17.9	0.0	1.9	17.0	6.8	0.0	0	0.0
10月1日	30.8	0.0	13.5	0.0	3.8	17.0	1.7	0.0	0	0.0

续表

日期	五级及以上大风概率（%）	八级及以上大风概率（%）	极大风速（m/s）	雷暴概率（%）	闪电概率（%）	霾概率（%）	大雾概率（%）	冰雹概率（%）	高温日数（d）	高温概率（%）
10月2日	15.4	0.0	13.3	1.9	1.9	17.0	5.1	0.0	0	0.0
10月3日	25.6	0.0	13.0	0.0	0.0	20.3	6.8	0.0	0	0.0
10月4日	26.3	2.6	17.3	0.0	0.0	15.3	6.8	0.0	0	0.0
10月5日	29.0	0.0	13.6	0.0	0.0	17.0	17.0	0.0	0	0.0
10月6日	20.5	0.0	10.7	0.0	1.9	22.0	13.6	0.0	0	0.0
10月7日	18.4	0.0	15.7	0.0	1.9	22.0	10.2	0.0	0	0.0
10月8日	25.6	2.6	18.1	1.9	3.8	22.0	18.6	0.0	0	0.0
10月9日	12.8	0.0	12.1	5.7	1.9	20.3	10.2	0.0	0	0.0
10月10日	20.5	0.0	12.7	1.9	0.0	18.6	11.9	0.0	0	0.0
10月11日	21.1	0.0	15.0	0.0	1.9	23.7	5.1	0.0	0	0.0
10月12日	18.4	0.0	15.4	0.0	0.0	25.4	15.3	0.0	0	0.0
10月13日	23.1	0.0	12.7	3.8	1.9	23.7	11.9	0.0	0	0.0
10月14日	25.6	0.0	14.0	1.9	0.0	22.0	8.5	0.0	0	0.0
10月15日	23.1	0.0	15.3	0.0	0.0	32.2	11.9	0.0	0	0.0
10月16日	23.1	0.0	16.3	0.0	0.0	28.8	6.8	0.0	0	0.0
10月17日	12.8	0.0	12.7	1.9	0.0	28.8	11.9	0.0	0	0.0
10月18日	18.0	0.0	13.9	1.9	0.0	25.4	10.2	0.0	0	0.0
10月19日	15.4	0.0	14.0	0.0	0.0	35.6	13.6	0.0	0	0.0
10月20日	30.8	0.0	16.6	1.9	0.0	25.4	18.6	0.0	0	0.0
10月21日	29.0	0.0	13.3	1.9	0.0	18.6	11.9	0.0	0	0.0
10月22日	28.2	0.0	15.0	0.0	0.0	23.7	11.9	0.0	0	0.0
10月23日	25.6	0.0	13.8	0.0	0.0	28.8	13.6	0.0	0	0.0
10月24日	20.5	2.6	17.6	1.9	1.9	30.5	17.0	0.0	0	0.0
10月25日	35.9	0.0	17.0	0.0	0.0	23.7	15.3	0.0	0	0.0
10月26日	20.5	2.6	19.1	0.0	0.0	27.1	17.0	0.0	0	0.0
10月27日	20.5	0.0	15.7	0.0	0.0	30.5	17.0	0.0	0	0.0
10月28日	25.6	0.0	15.0	1.9	1.9	28.8	13.6	0.0	0	0.0
10月29日	12.8	0.0	10.6	0.0	0.0	37.3	11.9	0.0	0	0.0
10月30日	29.0	0.0	12.1	1.9	1.9	30.5	10.2	0.0	0	0.0
10月31日	25.6	0.0	16.5	1.9	0.0	27.1	10.2	0.0	0	0.0

1.2.2 长安赛区气候风险分析

1.2.2.1 雷暴、闪电

（1）雷暴

8 月 1 日—10 月 31 日，长安赛区雷暴多出现在 8 月，且雷暴出现概率随时间推后而逐渐减小（图 1.24）。8 月上、中旬出现雷暴的平均概率为 16.8%；最大为 8 月 1 日、4 日、11 日（26.4%），最小为 19 日、20 日（5.7%）；8 月下旬雷暴出现的平均概率较上、中旬减少，平均为 8.2%。9 月起雷暴出现的平均概率明显减小，9 月为 2.9%，10 月仅为 1.0%。

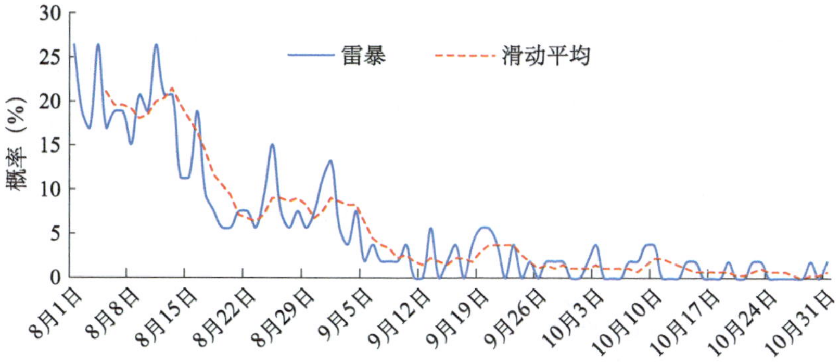

图 1.24 长安赛区 8 月 1 日—10 月 31 日雷暴概率变化曲线

（2）闪电

8 月 1 日—10 月 31 日，闪电出现的概率随时间推后而减小（图 1.25），8 月上、中旬出现的平均概率为 9.9%，最大为 8 月 9 日（20.8%），最小为 20 日（1.9%）；8 月下旬闪电出现的平均概率减少，为 3.1%，9 月为 1.3%，10 月仅 1.0%。

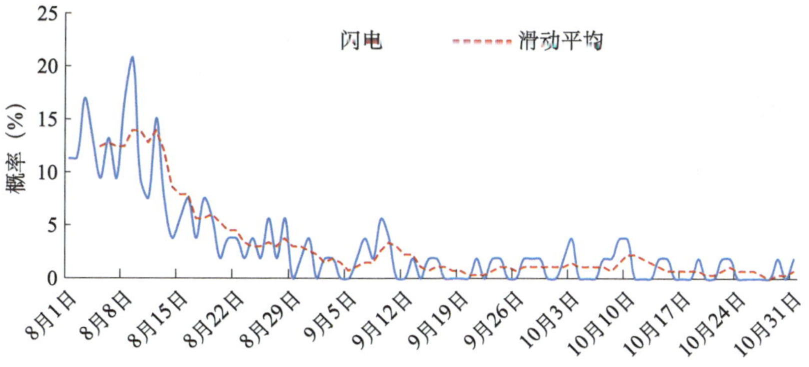

图 1.25 长安赛区 8 月 1 日—10 月 31 日闪电概率变化曲线

（3）小结

8 月长安赛区雷暴、闪电概率较高，各项赛事应做好雷暴天气的防御工作；9 月、10 月雷暴、闪电概率较低，对赛事影响较小。

1.2.2.2 大风

（1）平均风速分析

长安赛区 8 月、9 月、10 月平均风速分别为 1.4 m/s、1.2 m/s、1.3 m/s，从 8 月 1 日—10 月 31 日，长安赛区平均风速 0.9 ～ 1.5 m/s，随时间变化不大。

（2）大风气候概率分析

8 月、9 月、10 月五级及以上（极大风速 8.0 m/s 及以上）大风出现平均概率分别为 12.0%、7.3%、7.3%，从五级及以上大风出现概率及滑动平均看出（图 1.26），8 月出现概率较大，随时间推后减小，8 月 15—20 日出现概率最高，最大概率为 33.3%（8 月 20 日）。

8 月 1 日—10 月 31 日出现八级及以上大风（极大风速 17.2 m/s 及以上）仅 2 次，分别为 18.7 m/s（2013 年 8 月 1 日）和 25.5 m/s（2018 年 8 月 7 日）。

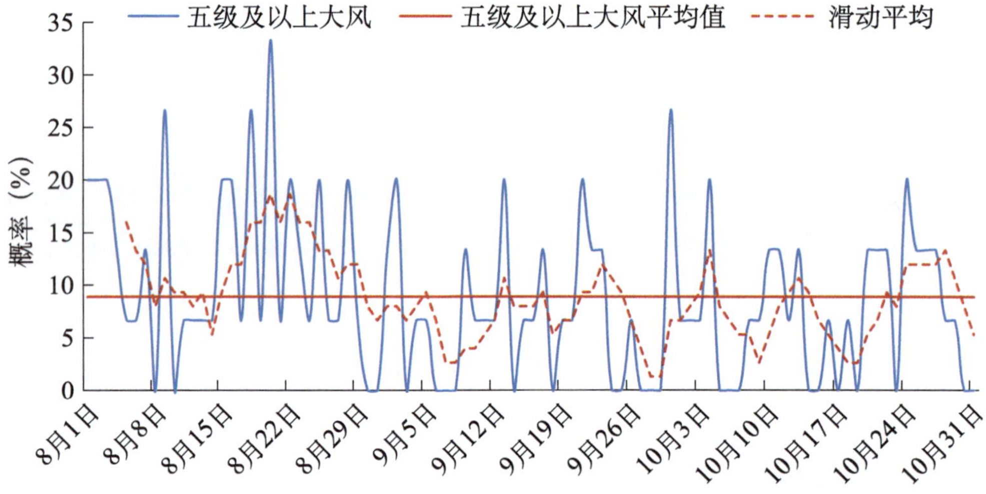

图 1.26　长安赛区 8 月 1 日—10 月 31 日五级及以上大风概率变化曲线

（3）小结

8 月长安赛区出现五级及以上大风概率较大，各项赛事应做好大风天气的防御工作。9 月、10 月，五级及以上大风概率较低，对赛事影响较小。

1.2.2.3　高温

（1）平均气温分析

长安赛区 8 月 1 日—10 月 31 日日平均气温为 11 ～ 27 ℃，日最高气温平均为 17 ～ 33 ℃，日最低气温平均为 7 ～ 22 ℃，均随时间推后而逐渐下降。

人体感觉较为舒适的气温范围一般在 16 ～ 25 ℃之间，可见夏季高温对于运动员身体舒适度的影响较大，因而在赛事期间我们重点关注日最高气温的演变：长安赛区 8 月 16 日—10 月 4 日日平均气温为 16 ～ 25 ℃，这一时段内日最高气温平均为 21 ～ 31 ℃，日最低气温平均为 12 ～ 21 ℃，极端最高气温为 31 ～ 39 ℃。

（2）高温气候概率分析

1961—2019 年，长安赛区 8 月 1 日—9 月 10 日均出现过 35 ℃以上高温天气。8 月 1 日—8 月 14 日出现 35 ℃以上高温天气的概率在 20% ～ 34% 之间，8 月 15 日—8 月 31 日出现高温概率在 5% ～ 15% 之间，9 月 3 日后出现高温的概率很小，9 月 17 日后无高温天气。近 20 年（2000—2019 年）高温概率波动较大，高温风险增大（图 1.27）。

8 月 1 日—10 月 31 日极端最高气温在 25 ～ 41 ℃之间，最大值为 41.4 ℃，出现在 1994 年 8 月 4 日。

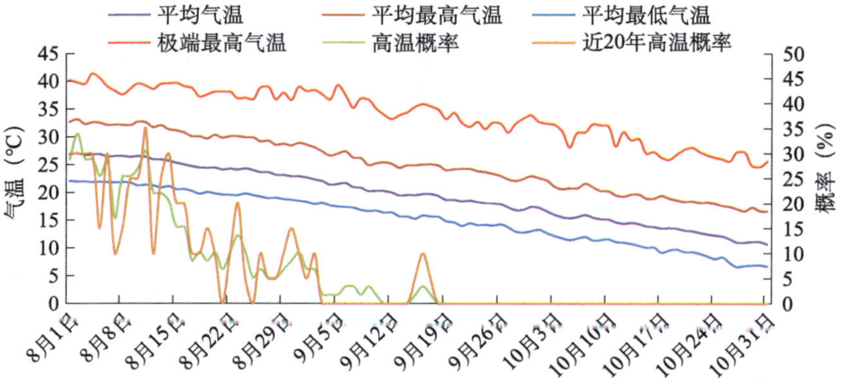

图 1.27　长安赛区 8 月 1 日—10 月 31 日气温（平均、最高、最低、极端最高）和高温概率变化曲线

（3）小结

8 月气温较高，对运动员身体影响较大，应做好相应的防暑工作；后期气温逐渐降低，尤其是从 9 月下旬开始，即使是最热的中午，气温也一般不会超过 25 ℃。8 月 16 日—10 月 4 日长安赛区日平均气温为 16 ～ 25 ℃，这一时段高温概率相对较低，9 月 17 日后无高温天气，适宜各项体育运动的开展。

1.2.2.4　降水

（1）降水概率分析

长安赛区 8 月降水量为 84.6 mm，降水概率为 33.0%（小雨 24.4%，中雨 5.5%，大雨 2.4%，暴雨 0.7%）；9 月降水量为 119.5 mm，降水概率为 42.0%（小雨 28.6%，中雨 9.2%，大雨 3.3%，暴雨 0.9%）；10 月降水量为 71.1 mm，降水概率为 35.5%（小雨 27.8%，中雨 5.9%，大雨 1.7%，暴雨 0.2%）。

8 月 1 日—10 月 31 日逐日降水概率在 19% ～ 54% 之间，最大出现在 9 月 10 日，最小出现在 10 月 29 日（图 1.28）。从五日滑动平均来看，8 月 5—10 日、8 月 22—27 日这 2 个时段降水概率较小，在 30% 以下；9 月 3 日—10 月 4 日降水概率较大，在 40% ～ 45% 之间，是降水的高发时段；8 月 1—4 日、11—21 日、8 月 28 日—9 月 2 日降水概率在 30% ～ 40% 之间，10 月 5 日以后降水概率总体减小，但波动较大。

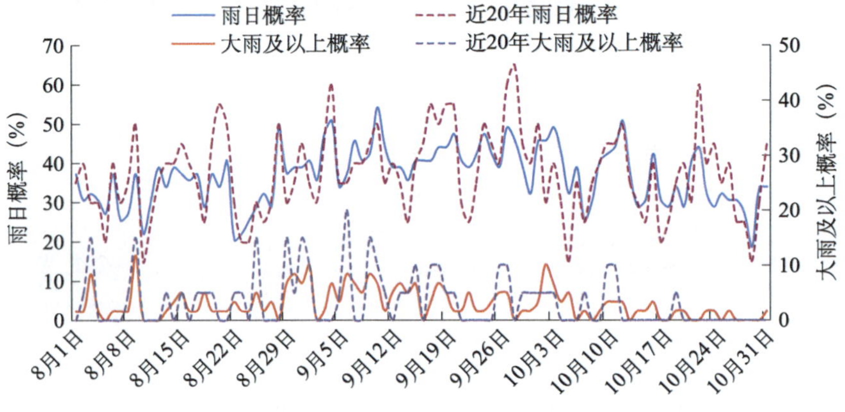

图 1.28　长安赛区 8 月 1 日—10 月 31 日雨日、大雨及以上概率变化曲线

（2）大雨以上降水概率分析

长安赛区 8 月 1 日—10 月 31 日出现大雨和暴雨的概率在 12% 以内，平均为 3.0%，最大出现在 8 月 9 日。8 月 29 日—9 月 15 日大雨和暴雨的概率相对较大，平均为 5.8%。

8 月 1 日—10 月 31 日共出现暴雨 31 次，约 2 年 1 次。9 月 1 日最多，共 4 次（1964 年、1972 年、1988 年、2006 年），概率为 6.8%。其次为 3 次，出现在 8 月

30 日（1963 年、1964 年、1970 年）。

8 月 1 日—10 月 31 日逐日最大降水量为 9.8 ～ 87.8 mm（图 1.29）。8 月 29 日—9 月 19 日，最大日降水量均较大，基本在 40 mm 以上；10 月 6 日以后，最大日降水量较小，在 30 mm 以下。时段内最大日降水量极值为 87.8 mm，出现在 8 月 15 日（1962 年）。

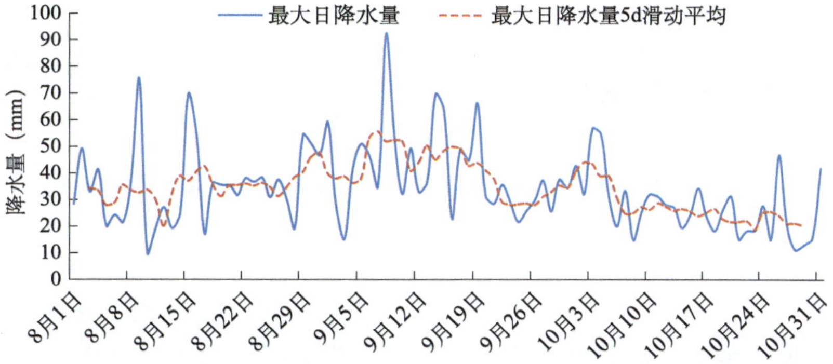

图 1.29 长安赛区 8 月 1 日—10 月 31 日最大日降水量时间演变曲线

（3）小结

长安赛区 9 月 3 日—10 月 4 日降水概率较大，8 月 29 日—9 月 15 日大雨及以上降水概率相对较大，近 20 年（2000—2019 年）降水概率波动较大（表 1.8），出现强降水的风险增大，各项赛事应做好降水的应对措施与安排。

1.2.2.5 大雾、霾

（1）大雾

8月1日—10月31日逐日大雾出现概率最大为15%，出现在9月9日、10月8日。8 月 1 日—9 月 6 日，大雾出现概率较低，为 5% 以下，9 月 7 日后大雾出现概率随时间推移增加（图 1.30）。

（2）霾

8 月 1 日—10 月 31 日（除 9 月 11 日外）均出现霾天气。霾出现概率最大为 20.3%，出现在 10 月 26 日。8 月 1—11 日霾出现概率基本在 10% ～ 17% 之间，8 月 12 日—9 月 29 日霾出现概率较低，基本在 10% 以下，9 月 30 日后霾出现概率随时间推移增加（图 1.30）。

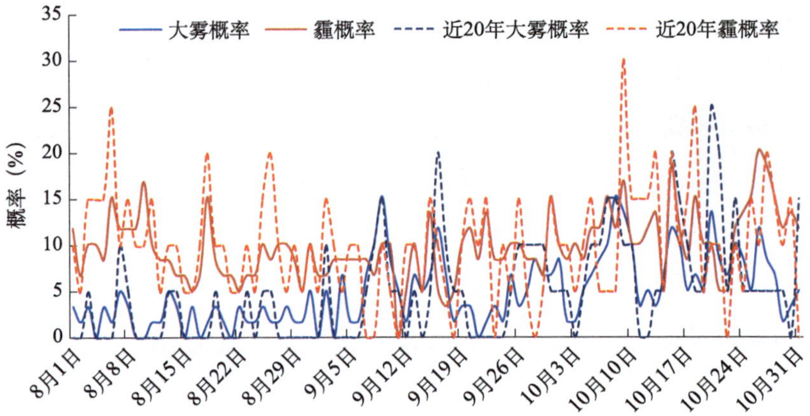

图 1.30　长安赛区 8 月 1 日—10 月 31 日大雾、霾概率变化曲线

（3）小结

8 月 1 日—10 月 31 日大雾出现概率平均为 4.9%，而霾出现概率为 9.9%，是雾的 2 倍，可见，霾的出现概率远远大于大雾。近 20 年（2000—2019 年）长安赛区大雾、霾出现概率增加，且波动较大（表 1.9）。

表 1.8　1961—2019 年长安赛区 8 月 1 日—10 月 31 日降水日数、概率和最大日降雨量

日期	暴雨及以上（d）	大雨（d）	中雨（d）	小雨（d）	雨日（d）	雨日概率(%)	大雨及以上概率（%）	最大日降雨量（mm）
8 月 1 日	0	1	5	16	22	37.3	1.7	28.0
8 月 2 日	0	1	0	17	18	30.5	1.7	40.7
8 月 3 日	0	5	3	11	19	32.2	8.5	43.4
8 月 4 日	0	1	0	17	18	30.5	1.7	26.8
8 月 5 日	0	0	2	14	16	27.1	0.0	19.4
8 月 6 日	0	1	4	17	22	37.3	1.7	32.3
8 月 7 日	0	1	4	10	15	25.4	1.7	26.9
8 月 8 日	0	1	3	12	16	27.1	1.7	26.3
8 月 9 日	2	5	3	12	22	37.3	11.9	66.9
8 月 10 日	0	0	1	12	13	22.0	0.0	17.1
8 月 11 日	0	0	4	14	18	30.5	0.0	12.5
8 月 12 日	0	0	3	20	23	39.0	0.0	24.2
8 月 13 日	1	0	3	16	20	33.9	1.7	52.0

续表

日期	暴雨及以上（d）	大雨（d）	中雨（d）	小雨（d）	雨日（d）	雨日概率（%）	大雨及以上概率（%）	最大日降雨量（mm）
8月14日	0	2	4	17	23	39.0	3.4	32.2
8月15日	2	1	4	15	22	37.3	5.1	87.8
8月16日	0	1	5	15	21	35.6	1.7	39.8
8月17日	0	1	6	15	22	37.3	1.7	27.6
8月18日	0	3	7	7	17	28.8	5.1	37.8
8月19日	1	0	4	17	22	37.3	1.7	55.0
8月20日	0	1	2	17	20	33.9	1.7	43.2
8月21日	0	1	7	16	24	40.7	1.7	30.1
8月22日	0	2	3	7	12	20.3	3.4	35.4
8月23日	0	1	3	9	13	22.0	1.7	26.8
8月24日	0	1	2	12	15	25.4	1.7	32.5
8月25日	1	2	4	10	17	28.8	5.1	59.0
8月26日	0	1	4	14	19	32.2	1.7	28.5
8月27日	0	2	2	13	17	28.8	3.4	33.5
8月28日	0	0	2	27	29	49.2	0.0	14.5
8月29日	1	3	2	16	22	37.3	6.8	85.0
8月30日	3	2	3	15	23	39.0	8.5	72.0
8月31日	1	3	2	17	23	39.0	6.8	54.0
9月1日	4	2	5	13	24	40.7	10.2	73.4
9月2日	0	0	2	19	21	35.6	0.0	21.3
9月3日	0	1	5	22	28	47.5	1.7	43.5
9月4日	1	3	8	18	30	50.9	6.8	64.7
9月5日	0	2	6	12	20	33.9	3.4	40.4
9月6日	1	4	4	13	22	37.3	8.5	60.3
9月7日	1	3	6	17	27	45.8	6.8	50.1
9月8日	1	2	5	16	24	40.7	5.1	82.6
9月9日	2	3	6	14	25	42.4	8.5	61.2
9月10日	0	4	5	23	32	54.2	6.8	40.8
9月11日	0	1	6	19	26	44.1	1.7	45.1
9月12日	0	3	4	16	23	39.0	5.1	40.3

续表

日期	暴雨及以上（d）	大雨（d）	中雨（d）	小雨（d）	雨日（d）	雨日概率（%）	大雨及以上概率（%）	最大日降雨量（mm）
9月13日	0	4	9	10	23	39.0	6.8	45.1
9月14日	1	2	7	11	21	35.6	5.1	56.4
9月15日	0	4	4	16	24	40.7	6.8	38.0
9月16日	0	0	8	16	24	40.7	0.0	24.7
9月17日	1	1	3	19	24	40.7	3.4	82.6
9月18日	1	3	3	19	26	44.1	6.8	52.2
9月19日	1	2	8	15	26	44.1	5.1	87.6
9月20日	0	1	6	21	28	47.5	1.7	34.5
9月21日	0	1	7	16	24	40.7	1.7	25.6
9月22日	0	3	4	16	23	39.0	5.1	33.6
9月23日	0	1	5	19	25	42.4	1.7	28.2
9月24日	0	1	4	23	28	47.5	1.7	27.1
9月25日	0	2	5	18	25	42.4	3.4	28.0
9月26日	0	3	6	14	23	39.0	5.1	32.8
9月27日	1	2	3	23	29	49.2	5.1	60.7
9月28日	0	0	7	20	27	45.8	0.0	20.1
9月29日	1	0	4	18	23	39.0	1.7	54.2
9月30日	0	1	7	11	19	32.2	1.7	34.1
10月1日	1	1	5	20	27	45.8	3.4	55.0
10月2日	0	6	3	18	27	45.8	10.2	41.3
10月3日	0	4	6	19	29	49.2	6.8	34.5
10月4日	1	1	5	18	25	42.4	3.4	50.5
10月5日	0	3	1	15	19	32.2	5.1	40.9
10月6日	0	0	5	18	23	39.0	0.0	22.4
10月7日	0	1	2	12	15	25.4	1.7	25.9
10月8日	0	0	3	15	18	30.5	0.0	19.5
10月9日	0	1	5	18	24	40.7	1.7	33.4
10月10日	0	2	6	17	25	42.4	3.4	29.7
10月11日	1	1	7	17	26	44.1	3.4	50.7
10月12日	0	2	7	21	30	50.9	3.4	32.0

续表

日期	暴雨及以上（d）	大雨（d）	中雨（d）	小雨（d）	雨日（d）	雨日概率（%）	大雨及以上概率（%）	最大日降雨量（mm）
10月13日	0	0	5	17	22	37.3	0.0	19.1
10月14日	0	1	2	14	17	28.8	1.7	25.7
10月15日	0	1	2	15	18	30.5	1.7	30.9
10月16日	0	2	5	18	25	42.4	3.4	35.5
10月17日	0	0	6	12	18	30.5	0.0	22.8
10月18日	0	0	1	16	17	28.8	0.0	22.0
10月19日	0	1	3	16	20	33.9	1.7	26.4
10月20日	0	1	3	13	17	28.8	1.7	30.2
10月21日	0	0	4	20	24	40.7	0.0	15.0
10月22日	0	0	4	22	26	44.1	0.0	20.3
10月23日	0	1	2	16	19	32.2	1.7	26.9
10月24日	0	1	5	11	17	28.8	1.7	28.1
10月25日	0	0	1	18	19	32.2	0.0	19.1
10月26日	0	1	0	17	18	30.5	1.7	43.9
10月27日	0	0	4	14	18	30.5	0.0	21.4
10月28日	0	0	2	14	16	27.1	0.0	15.8
10月29日	0	0	0	11	11	18.6	0.0	9.8
10月30日	0	0	1	19	20	33.9	0.0	23.8
10月31日	0	1	2	17	20	33.9	1.7	46.8

表 1.9　1961—2019 年长安赛区 8 月 1 日—10 月 31 日各类不利天气概率、风速及日数

日期	五级及以上大风概率（%）	八级及以上大风概率（%）	极大风速（m/s）	雷暴概率（%）	闪电概率（%）	霾概率（%）	大雾概率（%）	冰雹概率（%）	高温日数（d）	高温概率（%）
8月1日	20.0	6.7	18.7	26.4	11.3	11.9	3.4	1.7	6	28.8
8月2日	20.0	0.0	12.3	18.9	11.3	6.8	1.7	0.0	6	33.9
8月3日	20.0	0.0	14.2	17.0	17.0	10.2	3.4	0.0	6	28.8
8月4日	13.3	0.0	13.1	26.4	13.2	10.2	0.0	0.0	6	28.8
8月5日	6.7	0.0	8.7	17.0	9.4	8.5	3.4	0.0	3	25.4
8月6日	6.7	0.0	8.2	18.9	13.2	15.3	1.7	0.0	6	28.8
8月7日	13.3	6.7	25.5	18.9	9.4	11.9	5.1	0.0	2	17.0

续表

日期	五级及以上大风概率（%）	八级及以上大风概率（%）	极大风速（m/s）	雷暴概率（%）	闪电概率（%）	霾概率（%）	大雾概率（%）	冰雹概率（%）	高温日数（d）	高温概率（%）
8月8日	0.0	0.0	7.4	15.1	17.0	11.9	3.4	0.0	3	25.4
8月9日	26.7	0.0	14.0	20.8	20.8	11.9	0.0	0.0	5	25.4
8月10日	0.0	0.0	7.2	18.9	9.4	17.0	0.0	0.0	5	27.1
8月11日	6.7	0.0	8.1	26.4	7.6	10.2	1.7	0.0	7	30.5
8月12日	6.7	0.0	8.9	20.8	15.1	8.5	1.7	0.0	2	22.0
8月13日	6.7	0.0	8.9	20.8	7.6	8.5	5.1	0.0	5	22.0
8月14日	6.7	0.0	10.5	11.3	3.8	6.8	3.4	0.0	6	20.3
8月15日	20.0	0.0	9.9	11.3	5.7	6.8	0.0	0.0	4	15.3
8月16日	20.0	0.0	11.6	18.9	7.6	5.1	3.4	0.0	4	15.3
8月17日	6.7	0.0	11.6	9.4	3.8	6.8	0.0	0.0	2	8.5
8月18日	26.7	0.0	10.4	7.6	7.6	15.3	1.7	0.0	2	10.2
8月19日	6.7	0.0	11.6	5.7	5.7	8.5	3.4	0.0	3	8.5
8月20日	33.3	0.0	13.2	5.7	1.9	6.8	1.7	0.0	2	10.2
8月21日	6.7	0.0	10.5	7.6	3.8	6.8	0.0	0.0	0	6.8
8月22日	20.0	0.0	12.3	7.6	3.8	5.1	3.4	0.0	2	10.2
8月23日	13.3	0.0	10.7	5.7	1.9	6.8	1.7	0.0	4	13.6
8月24日	6.7	0.0	11.3	9.4	3.8	6.8	1.7	0.0	1	10.2
8月25日	20.0	0.0	15.0	15.1	1.9	10.2	3.4	1.7	0	5.1
8月26日	6.7	0.0	13.5	7.6	5.7	8.5	1.7	0.0	2	6.8
8月27日	6.7	0.0	8.5	5.7	1.9	10.2	1.7	0.0	1	5.1
8月28日	20.0	0.0	9.9	7.6	5.7	10.2	3.4	0.0	1	5.1
8月29日	6.7	0.0	10.3	5.7	0.0	8.5	1.7	0.0	2	6.8
8月30日	0.0	0.0	7.1	7.6	1.9	5.1	1.7	0.0	3	8.5
8月31日	0.0	0.0	6.8	11.3	3.8	10.2	5.1	0.0	2	10.2
9月1日	13.3	0.0	11.5	13.2	0.0	6.8	0.0	0.0	4	6.8
9月2日	20.0	0.0	11.3	5.7	1.9	6.8	5.1	0.0	4	6.8
9月3日	0.0	0.0	7.3	3.8	1.9	8.5	0.0	1.7	1	1.7
9月4日	6.7	0.0	10.7	7.6	0.0	8.5	6.8	0.0	1	1.7
9月5日	6.7	0.0	8.6	1.9	0.0	8.5	1.7	0.0	1	1.7
9月6日	0.0	0.0	6.9	3.8	1.9	8.5	1.7	0.0	2	3.4
9月7日	0.0	0.0	7.2	1.9	3.8	8.5	6.8	0.0	2	3.4
9月8日	0.0	0.0	7.3	1.9	1.9	6.8	10.2	0.0	1	1.7
9月9日	13.3	0.0	8.7	1.9	5.7	10.2	15.3	0.0	2	3.4

续表

日期	五级及以上大风概率（%）	八级及以上大风概率（%）	极大风速（m/s）	雷暴概率（%）	闪电概率（%）	霾概率（%）	大雾概率（%）	冰雹概率（%）	高温日数（d）	高温概率（%）
9 月 10 日	6.7	0.0	11.3	3.8	3.8	10.2	8.5	0.0	1	1.7
9 月 11 日	6.7	0.0	11.1	0.0	0.0	0.0	5.1	0.0	0	0.0
9 月 12 日	6.7	0.0	9.8	0.0	0.0	5.1	1.7	0.0	0	0.0
9 月 13 日	20.0	0.0	16.0	5.7	1.9	10.2	6.8	0.0	0	0.0
9 月 14 日	0.0	0.0	7.9	0.0	0.0	5.1	5.1	0.0	0	0.0
9 月 15 日	6.7	0.0	8.4	1.9	1.9	13.6	6.8	0.0	1	1.7
9 月 16 日	6.7	0.0	10.2	3.8	1.9	5.1	11.9	0.0	2	3.4
9 月 17 日	13.3	0.0	11.0	0.0	0.0	3.4	6.8	0.0	1	1.7
9 月 18 日	0.0	0.0	6.3	3.8	0.0	5.1	1.7	0.0	0	0.0
9 月 19 日	6.7	0.0	10.5	5.7	0.0	10.2	3.4	0.0	0	0.0
9 月 20 日	6.7	0.0	10.8	5.7	0.0	11.9	3.4	0.0	0	0.0
9 月 21 日	20.0	0.0	9.7	3.8	1.9	8.5	0.0	0.0	0	0.0
9 月 22 日	13.3	0.0	13.2	0.0	0.0	13.6	1.7	0.0	0	0.0
9 月 23 日	13.3	0.0	12.1	3.8	1.9	8.5	3.4	0.0	0	0.0
9 月 24 日	0.0	0.0	6.7	0.0	1.9	8.5	1.7	0.0	0	0.0
9 月 25 日	0.0	0.0	7.5	1.9	0.0	10.2	6.8	0.0	0	0.0
9 月 26 日	6.7	0.0	12.8	0.0	0.0	10.2	3.4	0.0	0	0.0
9 月 27 日	0.0	0.0	7.1	1.9	1.9	8.5	5.1	0.0	0	0.0
9 月 28 日	0.0	0.0	7.2	1.9	1.9	8.5	8.5	0.0	0	0.0
9 月 29 日	0.0	0.0	5.3	1.9	1.9	6.8	6.8	0.0	0	0.0
9 月 30 日	26.7	0.0	11.6	0.0	0.0	15.3	6.8	0.0	0	0.0
10 月 1 日	6.7	0.0	12.9	0.0	0.0	10.2	8.5	0.0	0	0.0
10 月 2 日	6.7	0.0	9.3	1.9	1.9	8.5	1.7	0.0	0	0.0
10 月 3 日	6.7	0.0	11.0	3.8	3.8	10.2	1.7	0.0	0	0.0
10 月 4 日	20.0	0.0	13.8	0.0	0.0	8.5	5.1	0.0	0	0.0
10 月 5 日	0.0	0.0	5.9	0.0	0.0	11.9	6.8	0.0	0	0.0
10 月 6 日	0.0	0.0	7.5	0.0	0.0	11.9	8.5	0.0	0	0.0
10 月 7 日	0.0	0.0	6.1	1.9	1.9	15.3	10.2	0.0	0	0.0
10 月 8 日	6.7	0.0	8.3	1.9	1.9	11.9	15.3	0.0	0	0.0
10 月 9 日	6.7	0.0	10.6	3.8	3.8	17.0	13.6	0.0	0	0.0
10 月 10 日	13.3	0.0	15.0	3.8	3.8	10.2	10.2	0.0	0	0.0
10 月 11 日	13.3	0.0	12.5	0.0	0.0	10.2	3.4	0.0	0	0.0
10 月 12 日	6.7	0.0	8.6	0.0	0.0	11.9	5.1	0.0	0	0.0

续表

日期	五级及以上大风概率（%）	八级及以上大风概率（%）	极大风速（m/s）	雷暴概率（%）	闪电概率（%）	霾概率（%）	大雾概率（%）	冰雹概率（%）	高温日数（d）	高温概率（%）
10 月 13 日	13.3	0.0	10.1	0.0	0.0	13.6	3.4	0.0	0	0.0
10 月 14 日	0.0	0.0	6.7	1.9	1.9	5.1	6.8	0.0	0	0.0
10 月 15 日	0.0	0.0	7.9	1.9	1.9	18.6	11.9	0.0	0	0.0
10 月 16 日	6.7	0.0	11.7	0.0	0.0	11.9	10.2	0.0	0	0.0
10 月 17 日	0.0	0.0	6.0	0.0	0.0	8.5	5.1	0.0	0	0.0
10 月 18 日	6.7	0.0	10.5	0.0	0.0	15.3	6.8	0.0	0	0.0
10 月 19 日	0.0	0.0	6.3	1.9	1.9	10.2	5.1	0.0	0	0.0
10 月 20 日	13.3	0.0	12.2	0.0	0.0	10.2	13.6	0.0	0	0.0
10 月 21 日	13.3	0.0	12.0	0.0	0.0	5.1	8.5	0.0	0	0.0
10 月 22 日	13.3	0.0	12.0	1.9	1.9	5.1	6.8	0.0	0	0.0
10 月 23 日	0.0	0.0	5.2	1.9	1.9	11.9	10.2	0.0	0	0.0
10 月 24 日	20.0	0.0	13.3	0.0	0.0	13.6	8.5	0.0	0	0.0
10 月 25 日	13.3	0.0	9.7	0.0	0.0	15.3	5.1	0.0	0	0.0
10 月 26 日	13.3	0.0	14.0	0.0	0.0	20.3	11.9	0.0	0	0.0
10 月 27 日	13.3	0.0	12.8	0.0	0.0	18.6	8.5	0.0	0	0.0
10 月 28 日	6.7	0.0	10.7	0.0	0.0	15.3	6.8	0.0	0	0.0
10 月 29 日	6.7	0.0	8.0	1.9	1.9	11.9	1.7	0.0	0	0.0
10 月 30 日	0.0	0.0	7.7	0.0	0.0	13.6	3.4	0.0	0	0.0
10 月 31 日	0.0	0.0	7.6	1.9	1.9	11.9	5.1	0.0	0	0.0

1.2.3 灞桥赛区气候风险分析

1.2.3.1 雷暴、闪电

8 月 1 日—10 月 31 日，灞桥赛区雷暴多出现在 8 月上旬—9 月中旬，最大概率为 14.3%，出现在 8 月 1 日、7 日、9 日、13 日、16 日、26 日和 9 月 4 日（图 1.31）；8 月上旬出现雷暴的平均概率为 6.4%，中旬出现雷暴的平均概率为 5.7%，下旬雷暴出现的平均概率较上、中旬明显减少，为 2.0%；9 月上旬、中旬的平均概率分别为 2.1%、0.7%。9 月 14 日—10 月 31 日无雷暴发生。2005—2013 年 8 月 1 日—10 月 31 日间，仅 8 月 26 日发生一次闪电。

因此，8 月上旬—9 月中旬灞桥赛区雷暴概率较高，各项赛事应做好雷暴天气的防御工作；9 月中旬—10 月下旬，雷暴出现概率较低，8—10 月闪电出现概率较低，对赛事影响较小。

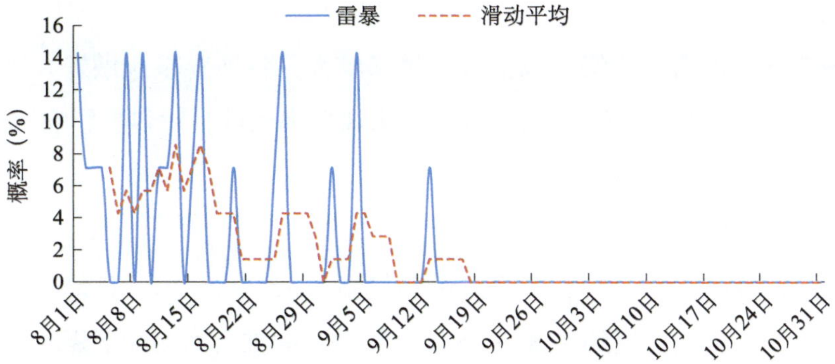

图 1.31　灞桥赛区 8 月 1 日—10 月 31 日雷暴出现概率变化曲线

1.2.3.2　大风

（1）平均风速分析

8 月、9 月、10 月平均风速分别为 2.6 m/s、2.4 m/s、2.1 m/s，从 8 月 1 日—10 月 31 日，灞桥赛区平均风速为 1.7 ～ 3.2 m/s，随时间推后减小。

（2）大风气候概率分析

8 月、9 月、10 月五级及以上（极大风速 8 m/s 及以上）大风出现平均概率分别为 46.3%、36.4%、27.4%，从五级及以上大风出现概率及滑动平均看出（图 1.32），8 月 1 日—9 月 19 日出现概率均在 50% 以上，平均为 73.4%。出现概率最高为 8 月 19 日、9 月 5 日，为 92.9%。

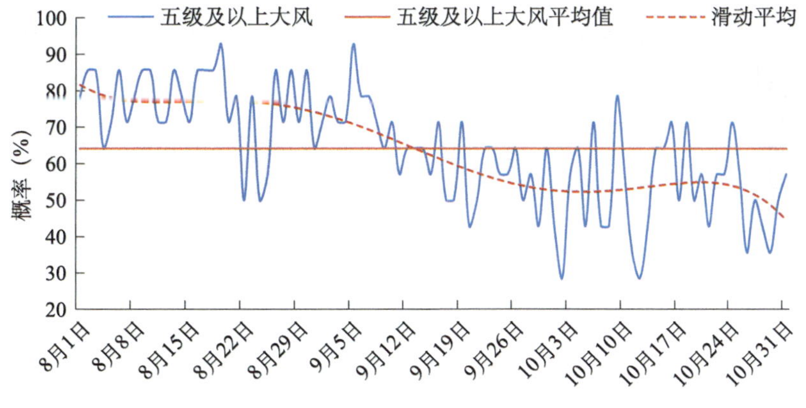

图 1.32　灞桥赛区 8 月 1 日—10 月 31 日五级及以上大风出现概率变化曲线

8 月 1 日—10 月 31 日出现八级及以上（极大风速 17.2 m/s 及以上）仅 2 次，分别为 18.2 m/s（2007 年 8 月 9 日）和 19.7 m/s（2015 年 8 月 2 日）。

（3）小结

8 月—9 月上旬出现五级及以上大风概率较大，各项赛事应做好大风天气的防御工作。9 月中旬—10 月下旬，五级及以上大风概率较低，对赛事影响较小。

1.2.3.3 高温

（1）平均气温分析

灞桥赛区 8 月 1 日—10 月 31 日日平均气温为 13 ～ 29 ℃。日最高气温平均为 16 ～ 34 ℃，日最低气温平均为 8 ～ 25 ℃，均随时间推后而逐渐下降。

人体感觉较为舒适的温度范围一般在 16 ～ 25 ℃之间，可见夏季高温对于运动员身体舒适度的影响较大，因而在赛事期间我们重点关注日最高温度的演变：灞桥赛区 8 月 20 日—10 月 9 日日平均气温为 16 ～ 25 ℃，这一时段内日最高气温平均为 20 ～ 30 ℃，日最低气温平均为 12 ～ 22 ℃，极端最高气温为 28 ～ 37 ℃。

（2）高温气候概率分析

灞桥赛区 8 月 1—20 日均出现过 35 ℃以上高温天气，出现高温的概率在 7% ～ 47% 之间，8 月下旬—9 月中旬仅有极个别日期出现高温，9 月下旬—10 月无高温天气（图 1.33）。

8 月 1 日—10 月 31 日极端最高气温在 21 ～ 40 ℃之间，最大值为 39.3 ℃，出现在 2015 年 8 月 2 日。

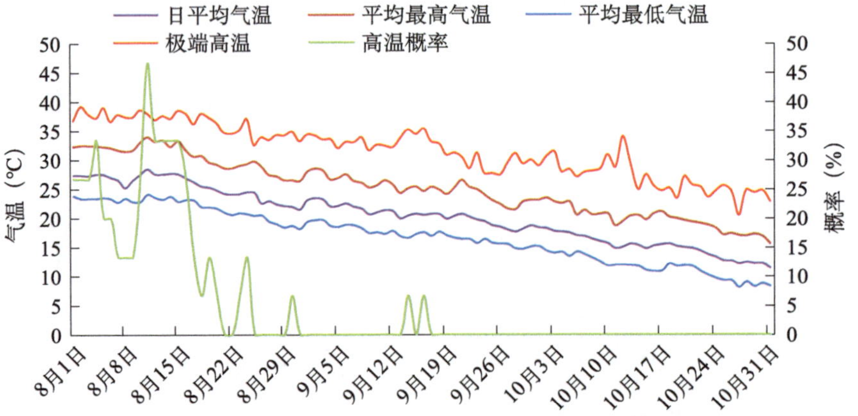

图 1.33 灞桥赛区 8 月 1 日—10 月 31 日气温（平均、最高、最低、极端最高）和高温概率变化曲线

（3）小结

8 月气温较高，对运动员身体影响较大，应做好相应的防暑工作；后期气温逐渐降低，尤其是从 9 月下旬开始，即使是最热的中午，气温也一般不会超过 25 ℃。8 月 20 日—10 月 9 日灞桥赛区日平均气温为 16 ～ 25 ℃，这一时段高温概率相对较低，9 月 17 日后无高温天气，适宜各项体育运动的开展。

1.2.3.4　降水

（1）降水概率分析

灞桥赛区 8 月降水量为 87.1 mm，降水概率为 27.3%（小雨 18.3%，中雨 5.6%，大雨 3.2%，暴雨 0.2%）；9 月降水量为 101.3 mm，降水概率为 38.7%（小雨 27.6%，中雨 6.9%，大雨 3.8%，暴雨 0.4%）；10 月降水量为 51.4 mm，降水概率为 33.4%（小雨 27.8%，中雨 4.3%，大雨 1.1%，暴雨 0.2%）。

灞桥赛区 8 月 1 日—10 月 31 日逐日降水概率在 73% 以内，最大出现在 9 月 16 日（图 1.34）。从五日滑动平均来看，8 月 1—19 日、25—31 日、10 月 3—8 日、14—22 日、29—31 日这 5 个时段降水概率较小，在 30% 以下；9 月 10—20 日、9 月 27 日—10 月 2 日降水概率较大，为 40% ～ 50%；8 月 20—24 日、9 月 1—9 日、21—26 日、10 月 9—13 日、23—28 日降水概率为 30% ～ 40%；10 月降水概率总体较小，但波动较大。

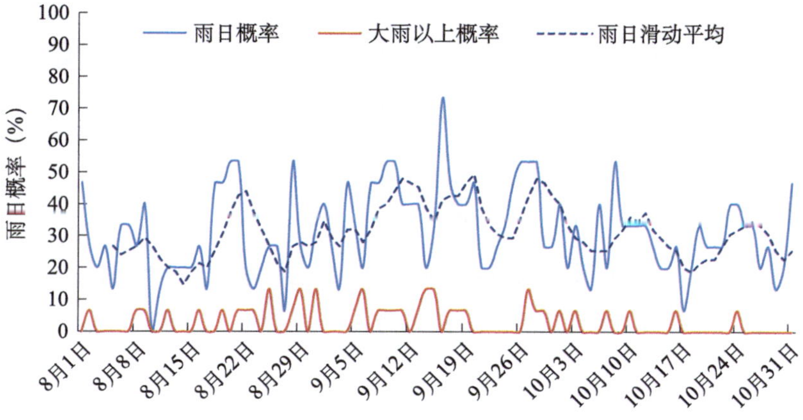

图 1.34　灞桥赛区 8 月 1 日—10 月 31 日雨日、大雨及以上概率变化曲线

（2）大雨以上降水概率分析

灞桥赛区 8 月 1 日—10 月 31 日出现大雨和暴雨的概率为 0 ～ 14%，平均为 3.0%，最大在 8 月 25 日、29 日、31 日，9 月 6 日、14 日、15 日、27 日。

8 月 1 日—10 月 31 日共出现暴雨及以上强降水 4 次，分别 2007 年 8 月 9 日（117.3 mm）、2011 年 9 月 11 日（54.3 mm）、2017 年 10 月 3 日（57.0 mm）2019 年 9 月 14 日（69.8 mm）。

8 月 1 日—10 月 31 日逐日最大降水量为 0.0 ～ 117.3 mm（图 1.35）。8 月上旬和 9 月出现日降水量大于 40 mm 的概率较大；10 月 4 日以后，最大日降水量较小，基本在 30 mm 以下。时段内最大日降水量极值为 117.3 mm，出现在 8 月 9 日（2007 年）。

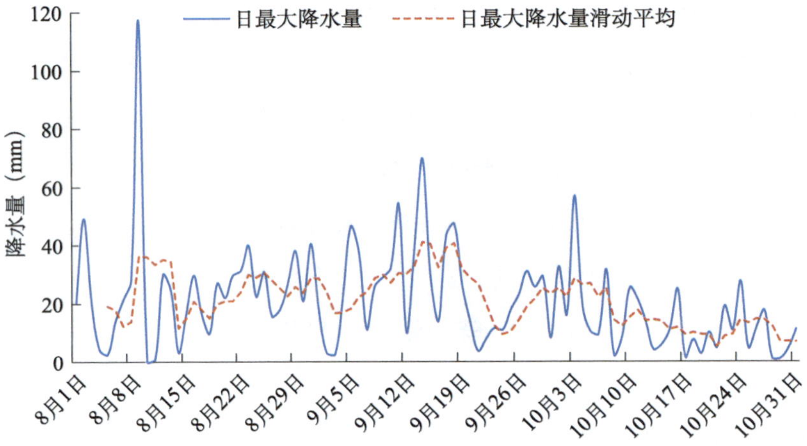

图 1.35　灞桥赛区 8 月 1 日—10 月 31 日最大日降水量时间演变曲线

（3）小结

灞桥赛区 9 月降水概率相对较大，各项赛事应做好降水的应对措施与安排。8 月 1—19 日、25—31 日和 10 月降水概率相对较小，但也都在 20% ～ 40% 之间（表 1.10）。

1.2.3.5　大雾、霾

（1）大雾

8 月 1 日—10 月 31 日逐日大雾出现概率最大为 26.7%，出现在 10 月 20 日。8 月 1 日—9 月 8 日，灞桥赛区大雾出现概率较低，最大概率为 6.7%；9 月 9 日—10 月 31 日，大雾出现概率随时间推移增加，尤其是 10 月中旬后大雾出现最大概率 26.7%，明显增加（图 1.36）。

（2）霾

8 月 1 日—9 月 18 日霾出现平均概率为 2.67%，9 月 19—30 日霾出现平均概率为 7.9%，10 月 1—14 日霾出现平均概率为 11.0%，10 月 15—31 日霾出现平均概率为 14.5%。可见，8 月霾出现概率较高，9 月上旬—10 月下旬霾出现概率随时间推移增多；10 月霾出现概率最高，其次为 8 月，9 月最小（图 1.36）。

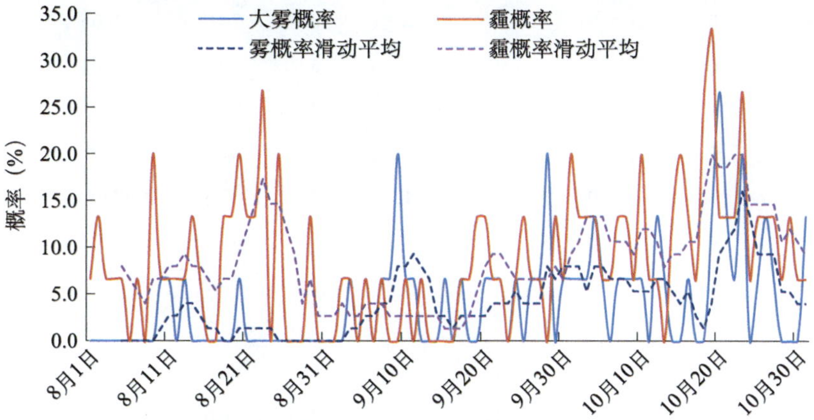

图 1.36　灞桥赛区 8 月 1 日—10 月 31 日大雾、霾概率变化曲线

（3）小结

8 月 1 日—10 月 31 日大雾出现概率平均为 4.1%，而霾出现概率为 8.6%，比雾的 2 倍还要多，可见，霾的出现概率远远大于大雾（表 1.11）。

表 1.10　2005—2019 年灞桥赛区 8 月 1 日—10 月 31 日降水日数、概率和最大日降雨量

日期	暴雨及以上（d）	大雨（d）	中雨（d）	小雨（d）	雨日（d）	雨日概率（%）	大雨及以上概率（%）	最大日降雨量（mm）
8 月 1 日	0	0	2	5	7	46.7	0.0	20.4
8 月 2 日	0	1	0	3	4	26.7	6.7	49.3
8 月 3 日	0	0	3	0	3	20.0	0.0	20.0
8 月 4 日	0	0	0	4	4	26.7	0.0	4.1
8 月 5 日	0	0	0	2	2	13.3	0.0	2.6
8 月 6 日	0	0	2	3	5	33.3	0.0	14.0
8 月 7 日	0	0	1	4	5	33.3	0.0	21.4
8 月 8 日	0	1	0	3	4	26.7	6.7	27.9
8 月 9 日	1	0	2	3	6	40.0	6.7	117.3
8 月 10 日	0	0	0	0	0	0.0	0.0	0.0
8 月 11 日	0	0	0	2	2	13.3	0.0	0.9

续表

日期	暴雨及以上（d）	大雨（d）	中雨（d）	小雨（d）	雨日（d）	雨日概率（%）	大雨及以上概率（%）	最大日降雨量（mm）
8月12日	0	1	1	1	3	20.0	6.7	30.1
8月13日	0	0	1	2	3	20.0	0.0	24.5
8月14日	0	0	0	3	3	20.0	0.0	3.2
8月15日	0	0	1	2	3	20.0	0.0	16.7
8月16日	0	1	0	3	4	26.7	6.7	29.7
8月17日	0	0	1	1	2	13.3	0.0	16.4
8月18日	0	0	0	7	7	46.7	0.0	9.8
8月19日	0	1	2	4	7	46.7	6.7	27.1
8月20日	0	0	1	7	8	53.3	0.0	22.0
8月21日	0	1	3	4	8	53.3	6.7	29.7
8月22日	0	1	0	2	3	20.0	6.7	31.2
8月23日	0	1	0	1	2	13.3	6.7	40.0
8月24日	0	0	2	1	3	20.0	0.0	22.4
8月25日	0	2	0	2	4	26.7	13.3	30.9
8月26日	0	0	1	3	4	26.7	0.0	15.6
8月27日	0	0	1	0	1	6.7	0.0	18.0
8月28日	0	1	1	6	8	53.3	6.7	26.6
8月29日	0	2	0	2	4	26.7	13.3	38.1
8月30日	0	0	1	2	3	20.0	0.0	20.9
8月31日	0	2	0	3	5	33.3	13.3	40.5
9月1日	0	0	1	5	6	40.0	0.0	17.6
9月2日	0	0	0	4	4	26.7	0.0	2.9
9月3日	0	0	0	2	2	13.3	0.0	2.4
9月4日	0	0	3	4	7	46.7	0.0	22.3
9月5日	0	1	2	2	5	33.3	6.7	46.5
9月6日	0	2	0	1	3	20.0	13.3	37.9
9月7日	0	0	1	6	7	46.7	0.0	11.2
9月8日	0	1	1	5	7	46.7	6.7	26.0
9月9日	0	1	3	4	8	53.3	6.7	29.0
9月10日	0	1	3	4	8	53.3	6.7	32.1
9月11日	1	0	0	5	6	40.0	6.7	54.3

续表

日期	暴雨及以上（d）	大雨（d）	中雨（d）	小雨（d）	雨日（d）	雨日概率（%）	大雨及以上概率（%）	最大日降雨量（mm）
9月12日	0	0	1	5	6	40.0	0.0	10.0
9月13日	0	1	1	4	6	40.0	6.7	39.7
9月14日	1	1	0	1	3	20.0	13.3	69.8
9月15日	0	2	1	2	5	33.3	13.3	29.1
9月16日	0	0	1	10	11	73.3	0.0	14.0
9月17日	0	1	1	5	7	46.7	6.7	43.5
9月18日	0	1	1	4	6	40.0	6.7	47.4
9月19日	0	1	2	3	6	40.0	6.7	26.2
9月20日	0	0	1	6	7	46.7	0.0	13.8
9月21日	0	0	0	3	3	20.0	0.0	3.7
9月22日	0	0	0	3	3	20.0	0.0	8.1
9月23日	0	0	1	3	4	26.7	0.0	11.7
9月24日	0	0	1	4	5	33.3	0.0	11.0
9月25日	0	0	1	6	7	46.7	0.0	17.9
9月26日	0	0	2	6	8	53.3	0.0	23.1
9月27日	0	2	1	5	8	53.3	13.3	31.1
9月28日	0	1	2	5	8	53.3	6.7	25.7
9月29日	0	1	0	3	4	26.7	6.7	29.4
9月30日	0	0	0	4	4	26.7	0.0	8.3
10月1日	0	1	1	4	6	40.0	6.7	32.7
10月2日	0	0	1	2	3	20.0	0.0	16.1
10月3日	1	0	0	4	5	33.3	6.7	57.0
10月4日	0	0	2	1	3	20.0	0.0	19.0
10月5日	0	0	1	1	2	13.3	0.0	10.4
10月6日	0	0	0	6	6	40.0	0.0	9.4
10月7日	0	1	0	2	3	20.0	6.7	31.7
10月8日	0	0	0	8	8	53.3	0.0	2.1
10月9日	0	0	0	5	5	33.3	0.0	8.7
10月10日	0	1	2	2	5	33.3	6.7	25.6
10月11日	0	0	3	2	5	33.3	0.0	21.3
10月12日	0	0	1	4	5	33.3	0.0	13.8

续表

日期	暴雨及以上（d）	大雨（d）	中雨（d）	小雨（d）	雨日（d）	雨日概率（%）	大雨及以上概率（%）	最大日降雨量（mm）
10月13日	0	0	0	4	4	26.7	0.0	4.1
10月14日	0	0	0	3	3	20.0	0.0	6.0
10月15日	0	0	1	2	3	20.0	0.0	11.1
10月16日	0	1	0	3	4	26.7	6.7	25.1
10月17日	0	0	0	1	1	6.7	0.0	1.4
10月18日	0	0	0	3	3	20.0	0.0	7.8
10月19日	0	0	0	5	5	33.3	0.0	2.8
10月20日	0	0	1	3	4	26.7	0.0	10.3
10月21日	0	0	0	4	4	26.7	0.0	4.8
10月22日	0	0	1	3	4	26.7	0.0	19.3
10月23日	0	0	1	5	6	40.0	0.0	11.0
10月24日	0	1	2	3	6	40.0	6.7	27.8
10月25日	0	0	0	5	5	33.3	0.0	4.7
10月26日	0	0	1	4	5	33.3	0.0	11.9
10月27日	0	0	1	2	3	20.0	0.0	17.8
10月28日	0	0	0	4	4	26.7	0.0	1.1
10月29日	0	0	0	2	2	13.3	0.0	1.1
10月30日	0	0	0	3	3	20.0	0.0	4.5
10月31日	0	0	1	6	7	46.7	0.0	11.3

表 1.11　2005—2019 年灞桥赛区 8 月 1 日—10 月 31 日各类不利天气概率、风速及日数

日期	五级及以上大风概率（%）	八级及以上大风概率（%）	极大风速（m/s）	雷暴概率（%）	闪电概率（%）	霾概率（%）	大雾概率（%）	冰雹概率（%）	高温日数（d）	高温概率（%）
8月1日	78.6	0.0	15.3	14.3	0.0	6.7	0.0	0.0	4	26.7
8月2日	85.7	7.1	19.7	7.1	0.0	13.3	0.0	0.0	4	26.7
8月3日	85.7	0.0	12.3	7.1	0.0	6.7	0.0	0.0	4	26.7
8月4日	64.3	0.0	12.7	7.1	0.0	6.7	0.0	0.0	5	33.3
8月5日	71.4	0.0	12.8	0.0	0.0	6.7	0.0	0.0	3	20.0
8月6日	85.7	0.0	14.1	0.0	0.0	0.0	0.0	0.0	3	20.0
8月7日	71.4	0.0	10.8	14.3	0.0	6.7	0.0	0.0	2	13.3

续表

日期	五级及以上大风概率（%）	八级及以上大风概率（%）	极大风速（m/s）	雷暴概率（%）	闪电概率（%）	霾概率（%）	大雾概率（%）	冰雹概率（%）	高温日数（d）	高温概率（%）
8月8日	78.6	0.0	12.3	0.0	0.0	0.0	0.0	0.0	2	13.3
8月9日	85.7	7.1	18.2	14.3	0.0	20.0	0.0	0.0	2	13.3
8月10日	85.7	0.0	14.9	0.0	0.0	6.7	6.7	0.0	4	26.7
8月11日	71.4	0.0	9.8	7.1	0.0	6.7	6.7	0.0	7	46.7
8月12日	71.4	0.0	13.8	7.1	0.0	6.7	0.0	0.0	5	33.3
8月13日	85.7	0.0	13.1	14.3	0.0	6.7	6.7	0.0	5	33.3
8月14日	78.6	0.0	12.1	0.0	0.0	13.3	0.0	0.0	5	33.3
8月15日	71.4	0.0	12.1	7.1	0.0	6.7	0.0	0.0	5	33.3
8月16日	85.7	0.0	11.5	14.3	0.0	0.0	0.0	0.0	4	26.7
8月17日	85.7	0.0	12.0	0.0	0.0	0.0	0.0	0.0	2	13.3
8月18日	85.7	0.0	16.2	0.0	0.0	13.3	0.0	0.0	1	6.7
8月19日	92.9	0.0	12.8	0.0	0.0	13.3	0.0	0.0	2	13.3
8月20日	71.4	0.0	15.7	7.1	0.0	20.0	6.7	0.0	1	6.7
8月21日	78.6	0.0	12.5	0.0	0.0	13.3	0.0	0.0	0	0.0
8月22日	50.0	0.0	12.3	0.0	0.0	13.3	0.0	0.0	0	0.0
8月23日	78.6	0.0	14.0	0.0	0.0	26.7	0.0	0.0	1	6.7
8月24日	50.0	0.0	15.2	0.0	0.0	0.0	0.0	0.0	2	13.3
8月25日	57.1	0.0	14.9	7.1	0.0	20.0	0.0	6.7	0	0.0
8月26日	85.7	0.0	14.7	14.3	7.1	0.0	0.0	0.0	0	0.0
8月27日	71.4	0.0	9.8	0.0	0.0	0.0	0.0	0.0	0	0.0
8月28日	85.7	0.0	13.2	0.0	0.0	0.0	0.0	0.0	0	0.0
8月29日	71.4	0.0	12.4	0.0	0.0	13.3	0.0	0.0	0	0.0
8月30日	85.7	0.0	12.5	0.0	0.0	0.0	0.0	0.0	1	6.7
8月31日	64.3	0.0	12.8	0.0	0.0	0.0	0.0	0.0	0	0.0
9月1日	71.4	0.0	13.8	7.1	0.0	0.0	0.0	0.0	0	0.0
9月2日	78.6	0.0	12.0	0.0	0.0	6.7	0.0	0.0	0	0.0
9月3日	71.4	0.0	10.7	0.0	0.0	6.7	6.7	0.0	0	0.0
9月4日	71.4	0.0	12.5	14.3	0.0	0.0	0.0	0.0	0	0.0
9月5日	92.9	0.0	13.1	0.0	0.0	6.7	6.7	0.0	0	0.0
9月6日	78.6	0.0	12.2	0.0	0.0	0.0	0.0	0.0	0	0.0
9月7日	78.6	0.0	12.1	0.0	0.0	6.7	6.7	0.0	0	0.0

续表

日期	五级及以上大风概率（%）	八级及以上大风概率（%）	极大风速（m/s）	雷暴概率（%）	闪电概率（%）	霾概率（%）	大雾概率（%）	冰雹概率（%）	高温日数（d）	高温概率（%）
9月8日	71.4	0.0	15.1	0.0	0.0	0.0	6.7	0.0	0	0.0
9月9日	64.3	0.0	10.8	0.0	0.0	0.0	20.0	0.0	0	0.0
9月10日	71.4	0.0	9.9	0.0	0.0	6.7	6.7	0.0	0	0.0
9月11日	57.1	0.0	11.3	0.0	0.0	0.0	6.7	0.0	0	0.0
9月12日	64.3	0.0	10.6	0.0	0.0	6.7	0.0	0.0	0	0.0
9月13日	64.3	0.0	11.6	7.1	0.0	0.0	0.0	0.0	0	0.0
9月14日	64.3	0.0	10.7	0.0	0.0	0.0	0.0	0.0	1	6.7
9月15日	57.1	0.0	10.6	0.0	0.0	0.0	6.7	0.0	0	0.0
9月16日	71.4	0.0	11.3	0.0	0.0	0.0	0.0	0.0	1	6.7
9月17日	50.0	0.0	12.5	0.0	0.0	6.7	6.7	0.0	0	0.0
9月18日	50.0	0.0	14.8	0.0	0.0	6.7	0.0	0.0	0	0.0
9月19日	71.4	0.0	10.8	0.0	0.0	13.3	0.0	0.0	0	0.0
9月20日	42.9	0.0	12.5	0.0	0.0	13.3	6.7	0.0	0	0.0
9月21日	50.0	0.0	11.8	0.0	0.0	6.7	6.7	0.0	0	0.0
9月22日	64.3	0.0	13.0	0.0	0.0	6.7	6.7	0.0	0	0.0
9月23日	64.3	0.0	14.2	0.0	0.0	0.0	0.0	0.0	0	0.0
9月24日	57.1	0.0	14.4	0.0	0.0	6.7	6.7	0.0	0	0.0
9月25日	57.1	0.0	12.1	0.0	0.0	13.3	0.0	0.0	0	0.0
9月26日	64.3	0.0	12.0	0.0	0.0	6.7	6.7	0.0	0	0.0
9月27日	50.0	0.0	13.5	0.0	0.0	6.7	6.7	0.0	0	0.0
9月28日	57.1	0.0	9.6	0.0	0.0	0.0	20.0	0.0	0	0.0
9月29日	42.9	0.0	14.7	0.0	0.0	13.3	0.0	0.0	0	0.0
9月30日	64.3	0.0	11.6	0.0	0.0	6.7	6.7	0.0	0	0.0
10月1日	42.9	0.0	12.3	0.0	0.0	20.0	6.7	0.0	0	0.0
10月2日	28.6	0.0	9.2	0.0	0.0	13.3	6.7	0.0	0	0.0
10月3日	57.1	0.0	11.7	0.0	0.0	13.3	6.7	0.0	0	0.0
10月4日	64.3	0.0	9.9	0.0	0.0	13.3	13.3	0.0	0	0.0
10月5日	42.9	0.0	13.6	0.0	0.0	6.7	6.7	0.0	0	0.0
10月6日	71.4	0.0	10.7	0.0	0.0	6.7	0.0	0.0	0	0.0
10月7日	42.9	0.0	8.9	0.0	0.0	13.3	6.7	0.0	0	0.0
10月8日	42.9	0.0	8.8	0.0	0.0	13.3	6.7	0.0	0	0.0

续表

日期	五级及以上大风概率（%）	八级及以上大风概率（%）	极大风速（m/s）	雷暴概率（%）	闪电概率（%）	霾概率（%）	大雾概率（%）	冰雹概率（%）	高温日数（d）	高温概率（%）
10 月 9 日	78.6	0.0	12.1	0.0	0.0	6.7	6.7	0.0	0	0.0
10 月 10 日	57.1	0.0	11.5	0.0	0.0	20.0	6.7	0.0	0	0.0
10 月 11 日	35.7	0.0	11.2	0.0	0.0	6.7	0.0	0.0	0	0.0
10 月 12 日	28.6	0.0	7.5	0.0	0.0	6.7	13.3	0.0	0	0.0
10 月 13 日	42.9	0.0	9.9	0.0	0.0	0.0	6.7	0.0	0	0.0
10 月 14 日	64.3	0.0	14.1	0.0	0.0	13.3	0.0	0.0	0	0.0
10 月 15 日	64.3	0.0	14.2	0.0	0.0	20.0	0.0	0.0	0	0.0
10 月 16 日	71.4	0.0	12.3	0.0	0.0	13.3	6.7	0.0	0	0.0
10 月 17 日	50.0	0.0	9.9	0.0	0.0	6.7	0.0	0.0	0	0.0
10 月 18 日	71.4	0.0	11.8	0.0	0.0	26.7	0.0	0.0	0	0.0
10 月 19 日	50.0	0.0	9.9	0.0	0.0	33.3	13.3	0.0	0	0.0
10 月 20 日	57.1	0.0	11.4	0.0	0.0	13.3	26.7	0.0	0	0.0
10 月 21 日	42.9	0.0	10.1	0.0	0.0	13.3	13.3	0.0	0	0.0
10 月 22 日	57.1	0.0	12.9	0.0	0.0	13.3	6.7	0.0	0	0.0
10 月 23 日	57.1	0.0	13.7	0.0	0.0	26.7	20.0	0.0	0	0.0
10 月 24 日	71.4	0.0	11.2	0.0	0.0	6.7	0.0	0.0	0	0.0
10 月 25 日	57.1	0.0	12.9	0.0	0.0	13.3	6.7	0.0	0	0.0
10 月 26 日	35.7	0.0	13.2	0.0	0.0	13.3	13.3	0.0	0	0.0
10 月 27 日	50.0	0.0	15.7	0.0	0.0	13.3	6.7	0.0	0	0.0
10 月 28 日	42.9	0.0	15.0	0.0	0.0	6.7	0.0	0.0	0	0.0
10 月 29 日	35.7	0.0	8.4	0.0	0.0	13.3	0.0	0.0	0	0.0
10 月 30 日	50.0	0.0	8.7	0.0	0.0	6.7	0.0	0.0	0	0.0
10 月 31 日	57.1	0.0	16.4	0.0	0.0	6.7	13.3	0.0	0	0.0

1.2.4 鄠邑赛区气候风险分析

1.2.4.1 雷暴、闪电

（1）雷暴

8 月 1 日—10 月 31 日，鄠邑赛区雷暴多出现在 8 月，并且雷暴出现概率随时间推后而逐渐减小（图 1.37），8 月上、中旬出现雷暴的平均概率为 13.3%，最大为 8 月

1 日（22.7%），最小为 19 日（1.9%），8 月 17 日以前，除 8 月 5 日和 15 日外，雷暴概率均在 10% 以上；8 月下旬后雷暴出现的平均概率较上、中旬减少，平均为 6.4%。9 月起雷暴出现概率明显减小，9 月为 2.5%，10 月仅为 1.2%。

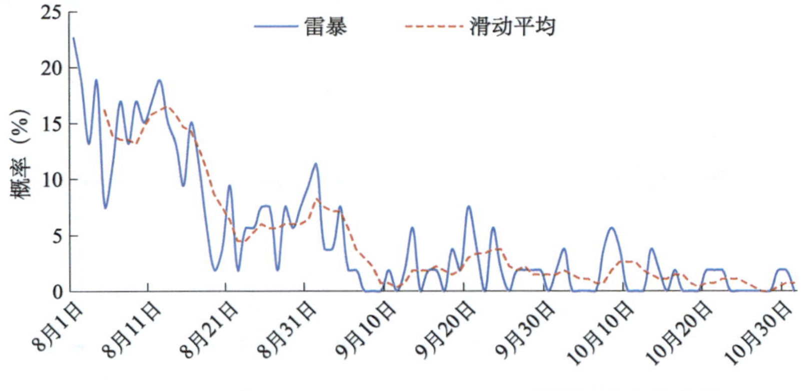

图 1.37　鄠邑赛区 8 月 1 日—10 月 31 日雷暴概率变化曲线

（2）闪电

8 月 1 日—10 月 31 日，闪电出现的概率随时间推后而减小（图 1.38），8 月上、中旬出现闪电的概率平均为 2.9%，最大为 8 月 9 日（11.3%），8 月 10 日、14 日、19 日未发生闪电；8 月下旬闪电出现概率减少，仅为 1.4%。9 月为 0.3%，10 月无闪电发生。

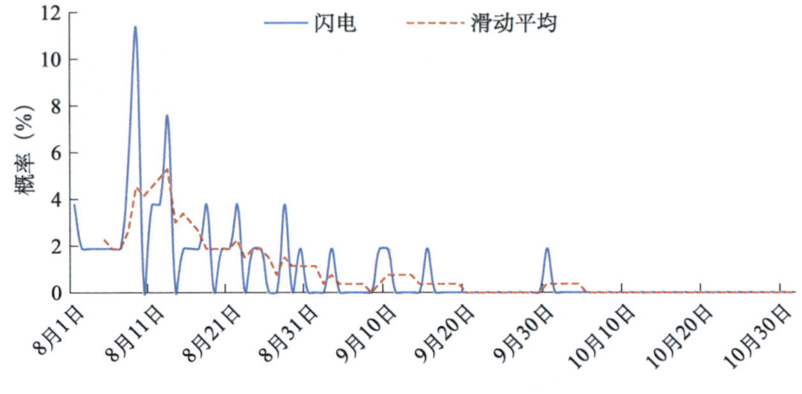

图 1.38　鄠邑赛区 8 月 1 日—10 月 31 日闪电概率变化曲线

（3）小结

8 月上、中旬鄠邑赛区雷暴、闪电概率较高，各项赛事应做好雷暴天气的防御工作；8 月下旬—10 月下旬，雷暴、闪电出现概率较低，对赛事影响较小。

1.2.4.2 大风

（1）平均风速分析

8、9、10月平均风速分别为1.1 m/s、0.9 m/s、0.9 m/s，从8月1日—10月31日，鄠邑赛区平均风速为0.7～1.2 m/s，随时间推后减小。

（2）大风出现气候概率分析

8月、9月、10月五级及以上（极大风速8 m/s及以上）大风出现平均概率分别为30.9%、21.0%、18.2%，从五级及以上大风出现概率及滑动平均看出（图1.39），8—10月五级及以上大风出现概率随时间推后减小，整体上8月上、中旬大风出现概率较高，平均为33.6%，8月下旬平均为26.0%，9月上旬25.5%，9中旬后大风出现的概率波动变化较小，基本维持在7%～36%之间。

8月1日—10月31日未出现八级及以上（极大风速17.2 m/s及以上）大风，最大出现在2013年8月1日，风速达16.9 m/s。

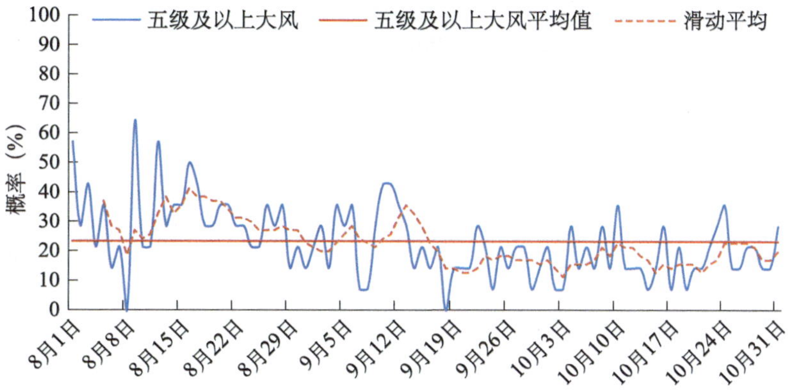

图1.39 鄠邑赛区8月1日—10月31日五级及以上大风概率变化曲线

（3）小结

鄠邑赛区8月上、中旬出现五级及以上大风概率较大，各项赛事应做好大风天气的防御工作。9月、10月，大风概率较低，对赛事影响较小。

1.2.4.3 高温

（1）平均气温分析

鄠邑赛区8月1日—10月31日日平均气温为11～27 ℃，日最高气温平均为17～33 ℃，日最低气温平均为7～22 ℃，均随时间推后而逐渐下降。

人体感觉较为舒适的气温范围一般在 16 ～ 25 ℃之间，可见夏季高温对于运动员身体舒适度的影响较大，因而在赛事期间我们重点关注日最高气温的演变：鄠邑赛区 8 月 17 日—10 月 4 日日平均气温为 16 ～ 25 ℃，这一时段内日最高气温平均为 20 ～ 30 ℃，日最低气温平均为 12 ～ 21 ℃，极端最高气温为 30 ～ 38 ℃。

（2）高温气候概率分析

鄠邑赛区 8 月 1 日—9 月 3 日均出现过 35 ℃以上高温天气。8 月 1—15 日出现 35 ℃以上高温天气的概率在 13% ～ 29% 之间，8 月 16 日—9 月 2 日出现高温概率在 2% ～ 9% 之间，9 月 3 日后出现高温的概率很小，9 月 17 日后无高温天气。近 20 年（2000—2019 年）高温概率波动较大，高温风险增大（图 1.40）。

8 月 1 日—10 月 31 日极端最高气温在 25 ～ 41 ℃之间，最大值为 40.1 ℃，出现在 1994 年 8 月 4 日。

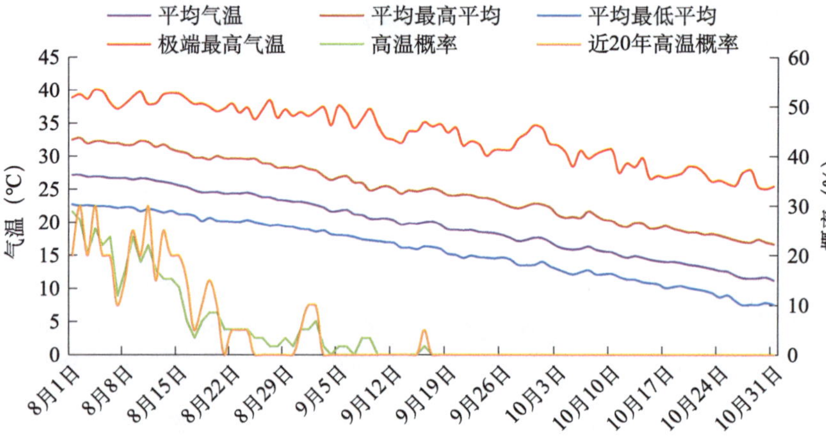

图 1.40　鄠邑赛区 8 月 1 日—10 月 31 日气温（平均、最高、最低、极端最高）和高温概率变化曲线

（3）小结

8 月气温较高，对运动员身体影响较大，应做好相应的防暑工作；9—10 月气温逐渐降低，尤其是从 9 月下旬开始，即使是最热的中午，气温也一般不会超过 25 ℃。8 月 17 日—10 月 4 日鄠邑赛区日平均气温为 16 ～ 25 ℃，此时段高温概率相对较低，9 月 17 日后无高温天气，适宜各项体育运动的开展。

1.2.4.4 降水

（1）降水概率分析

鄠邑赛区8月降水量为84.7 mm，降水概率为31.5%（小雨22.8%，中雨5.5%，大雨2.4%，暴雨0.8%）；9月降水量为116.5 mm，降水概率为41.6%（小雨28.9%，中雨8.4%，大雨3.4%，暴雨0.9%）；10月降水量为67.6 mm，降水概率为35.7%（小雨28.8%，中雨5.3%，大雨1.4%，暴雨0.2%）。

鄠邑赛区8月1日—10月31日逐日降水概率为15%～53%，最大出现在9月10日、27日，最小出现在8月10日（图1.41）。从五日滑动平均来看，8月1—14日、8月23—27日降水概率较小，在30%以下；9月7—16日、9月19日—10月5日、10月12—15日降水概率较大，基本在40%～50%之间；8月15—22日、8月28日—9月6日、9月17—18日、10月6—11日、10月16—31日降水概率基本在30%～40%之间。

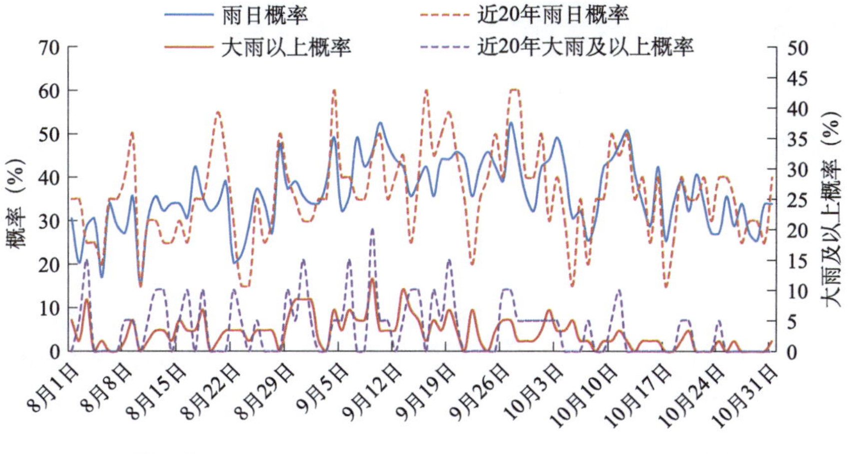

图1.41 鄠邑赛区8月1日—10月31日雨日、大雨及以上概率变化曲线

（2）大雨以上降水概率分析

8月1日—10月31日出现大雨和暴雨的概率低于12%，平均为3.0%，最大在9月9日。

8月1日—10月31日共出现暴雨34次。9月1日最多，共3次（1964年、1972年、1988年），概率为5.1%。其次为2次，8月9日、15日、21日，9月9日、19日，10月4日均有出现。

8月1日—10月31日逐日最大降水量为9.8～90.7 mm（图1.42）。8月、9月的最大日降水量较大，10 月最大日降水量明显减小。时段内最大日降水量极值为 90.7 mm，出现在 9 月 8 日（1986 年）。

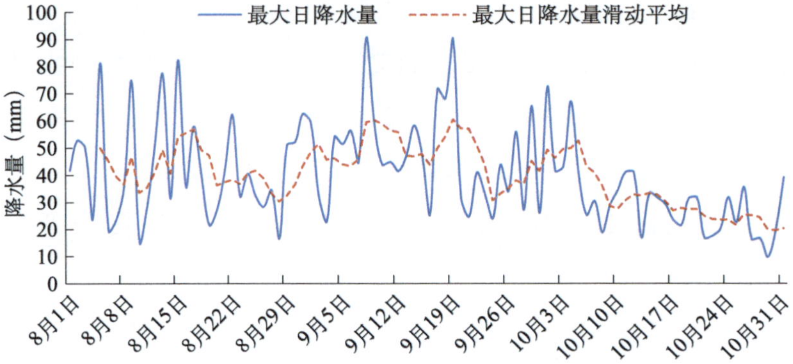

图 1.42　鄠邑赛区 8 月 1 日—10 月 31 日最大日降水量时间演变曲线

（3）小结

1961—2019 年，鄠邑赛区 9 月 7—16 日、9 月 19 日—10 月 5 日、10 月 12—15 日降水概率较大，9 月出现大雨及以上降水概率相对较大，近 20 年（2000—2019 年）降水概率波动较大（表 1.12），出现强降水的风险在增大，各项赛事应做好降水的应对措施与安排。

1.2.4.5　大雾、霾

（1）大雾

8 月 1 日—10 月 31 日逐日大雾出现概率最大为 14%，出现在 10 月 23 日。8 月 1 日—9 月 7 日，大雾出现概率较低，基本在 5% 以下，9 月 7 日后大雾出现概率随时间推移增加（图 1.43）。

（2）霾

8 月、9 月、10 月霾天气出现概率分别为 3.4%、2.4%、5.1%，概率最大为 11.8%，出现在 10 月 30 日。8 月 1 日—10 日 4 日出现概率较小，波动较大，平均为 2.9%；10 月 5—31 日出现概率较大，平均为 5.3%，进入 10 月后出现概率随时间推移增加（图 1.43）。

（3）小结

8 月 1 日—10 月 31 日鄠邑赛区大雾、霾出现的平均概率均为 3.7%（表 1.13）。

近 20 年（2000—2019 年）大雾、霾出现概率增加，且波动较大。

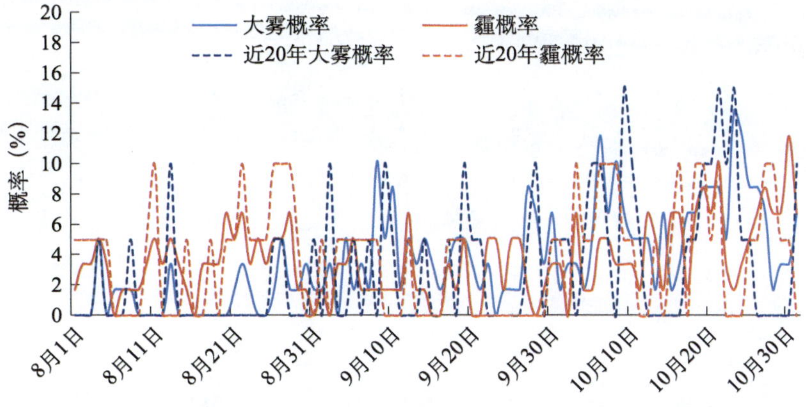

图 1.43　鄠邑 8 月 1 日—10 月 31 日大雾、霾概率变化曲线

表 1.12　2005—2019 年鄠邑赛区 8 月 1 日—10 月 31 日降水日数、概率和最大日降雨量

日期	暴雨及以上（d）	大雨（d）	中雨（d）	小雨（d）	雨日（d）	雨日概率（%）	大雨及以上概率（%）	最大日降雨量（mm）
8 月 1 日	0	3	4	11	18	30.5	5.1	41.7
8 月 2 日	1	0	2	9	12	20.3	1.7	52.8
8 月 3 日	1	4	3	9	17	28.8	8.5	50.4
8 月 4 日	0	0	4	14	18	30.5	0.0	23.8
8 月 5 日	1	0	0	9	10	17.0	1.7	81.3
8 月 6 日	0	0	4	16	20	33.9	0.0	19.2
8 月 7 日	0	0	2	15	17	28.8	0.0	23.6
8 月 8 日	0	1	5	10	16	27.1	1.7	35.8
8 月 9 日	2	1	3	15	21	35.6	5.1	74.7
8 月 10 日	0	0	1	8	9	15.3	0.0	15.1
8 月 11 日	0	1	1	16	18	30.5	1.7	28.6
8 月 12 日	1	1	2	17	21	35.6	3.4	51.3
8 月 13 日	1	1	2	15	19	32.2	3.4	77.3
8 月 14 日	0	1	4	15	20	33.9	1.7	31.4
8 月 15 日	2	1	3	14	20	33.9	5.1	82.4
8 月 16 日	0	2	3	13	18	30.5	3.4	35.6
8 月 17 日	1	1	7	16	25	42.4	3.4	57.9
8 月 18 日	0	4	3	14	21	35.6	6.8	39.5

续表

日期	暴雨及以上（d）	大雨（d）	中雨（d）	小雨（d）	雨日（d）	雨日概率（%）	大雨及以上概率（%）	最大日降雨量（mm）
8月19日	0	0	5	14	19	32.2	0.0	21.4
8月20日	0	1	2	17	20	33.9	1.7	27.3
8月21日	0	2	5	16	23	39.0	3.4	41.6
8月22日	1	1	2	8	12	20.3	3.4	62.2
8月23日	0	2	2	9	13	22.0	3.4	32.1
8月24日	0	1	4	12	17	28.8	1.7	40.5
8月25日	0	2	5	15	22	37.3	3.4	32.3
8月26日	0	2	2	16	20	33.9	3.4	28.2
8月27日	0	2	3	11	16	27.1	3.4	34.6
8月28日	0	0	4	24	28	47.5	0.0	16.6
8月29日	1	2	6	13	22	37.3	5.1	51.3
8月30日	1	4	6	12	23	39.0	8.5	52.1
8月31日	2	3	2	14	21	35.6	8.5	62.5
9月1日	3	2	7	8	20	33.9	8.5	59.5
9月2日	0	1	3	16	20	33.9	1.7	32.3
9月3日	0	0	4	19	23	39.0	0.0	22.8
9月4日	1	3	6	19	29	49.2	6.8	54.3
9月5日	1	1	5	12	19	32.2	3.4	51.4
9月6日	1	3	5	12	21	35.6	6.8	56.4
9月7日	0	3	8	18	29	49.2	5.1	44.7
9月8日	1	2	4	18	25	42.4	5.1	90.7
9月9日	2	5	5	15	27	45.8	11.9	58.8
9月10日	0	2	6	23	31	52.5	3.4	43.7
9月11日	0	2	5	21	28	47.5	3.4	44.8
9月12日	0	2	5	19	26	44.1	3.4	41.5
9月13日	0	6	5	14	25	42.4	10.2	47.0
9月14日	1	3	5	12	21	35.6	6.8	58.3
9月15日	0	3	4	16	23	39.0	5.1	47.6
9月16日	0	1	4	20	25	42.4	1.7	25.3
9月17日	1	2	2	16	21	35.6	5.1	71.7

续表

日期	暴雨及以上（d）	大雨（d）	中雨（d）	小雨（d）	雨日（d）	雨日概率（%）	大雨及以上概率（%）	最大日降雨量（mm）
9月18日	1	1	6	18	26	44.1	3.4	68.0
9月19日	2	2	7	15	26	44.1	6.8	90.1
9月20日	0	2	2	23	27	45.8	3.4	31.4
9月21日	0	0	8	18	26	44.1	0.0	24.6
9月22日	0	4	3	14	21	35.6	6.8	41.0
9月23日	0	1	3	21	25	42.4	1.7	33.1
9月24日	0	0	6	21	27	45.8	0.0	23.9
9月25日	0	2	3	20	25	42.4	3.4	43.8
9月26日	0	3	6	14	23	39.0	5.1	34.0
9月27日	1	2	4	24	31	52.5	5.1	55.9
9月28日	0	1	7	18	26	44.1	1.7	27.1
9月29日	1	0	5	15	21	35.6	1.7	65.4
9月30日	0	1	5	13	19	32.2	1.7	26.0
10月1日	1	1	6	17	25	42.4	3.4	72.5
10月2日	0	4	5	17	26	44.1	6.8	41.4
10月3日	0	2	9	18	29	49.2	3.4	42.9
10月4日	2	0	5	18	25	42.4	3.4	67.1
10月5日	0	3	0	15	18	30.5	5.1	39.8
10月6日	0	1	3	15	19	32.2	1.7	25.1
10月7日	0	1	1	13	15	25.4	1.7	30.5
10月8日	0	0	2	16	18	30.5	0.0	18.8
10月9日	0	1	4	20	25	42.4	1.7	29.1
10月10日	0	1	6	19	26	44.1	1.7	34.6
10月11日	0	2	6	20	28	47.5	3.4	41.2
10月12日	0	1	7	22	30	50.9	1.7	41.3
10月13日	0	0	3	21	24	40.7	0.0	16.9
10月14日	0	1	1	18	20	33.9	1.7	33.6
10月15日	0	1	1	15	17	28.8	1.7	31.7
10月16日	0	1	5	19	25	42.4	1.7	29.2
10月17日	0	0	5	10	15	25.4	0.0	23.4

续表

日期	暴雨及以上（d）	大雨（d）	中雨（d）	小雨（d）	雨日（d）	雨日概率（%）	大雨及以上概率（%）	最大日降雨量（mm）
10月18日	0	0	2	18	20	33.9	0.0	21.4
10月19日	0	1	1	21	23	39.0	1.7	31.6
10月20日	0	2	1	16	19	32.2	3.4	32.0
10月21日	0	0	4	20	24	40.7	0.0	16.7
10月22日	0	0	4	16	20	33.9	0.0	17.6
10月23日	0	0	2	14	16	27.1	0.0	20.1
10月24日	0	1	4	11	16	27.1	1.7	31.9
10月25日	0	0	2	19	21	35.6	0.0	22.3
10月26日	0	1	0	16	17	28.8	1.7	35.7
10月27日	0	0	4	16	20	33.9	0.0	16.2
10月28日	0	0	1	15	16	27.1	0.0	16.8
10月29日	0	0	0	15	15	25.4	0.0	9.8
10月30日	0	0	1	19	20	33.9	0.0	20.0
10月31日	0	1	2	17	20	33.9	1.7	39.3

表 1.13　1961—2019 年鄠邑赛区 8 月 1 日—10 月 31 日各类不利天气概率、风速及日数

日期	五级及以上大风概率（%）	八级及以上大风概率（%）	极大风速（m/s）	雷暴概率（%）	闪电概率（%）	霾概率（%）	大雾概率（%）	冰雹概率（%）	高温日数（d）	高温概率（%）
8月1日	57.1	0.0	16.9	22.6	3.8	1.7	0.0	0.0	17	28.8
8月2日	28.6	0.0	15.2	18.9	1.9	3.4	0.0	0.0	16	27.1
8月3日	42.9	0.0	15.4	13.2	1.9	3.4	0.0	0.0	12	20.3
8月4日	21.4	0.0	9.2	18.9	1.9	5.1	5.1	0.0	15	25.4
8月5日	35.7	0.0	7.5	7.5	1.9	3.4	0.0	0.0	13	22.0
8月6日	14.3	0.0	8.4	11.3	1.9	0.0	1.7	0.0	14	23.7
8月7日	21.4	0.0	12.9	17.0	1.9	1.7	1.7	0.0	7	11.9
8月8日	0.0	0.0	5.9	13.2	5.7	1.7	1.7	0.0	10	17.0
8月9日	64.3	0.0	15.4	17.0	11.3	1.7	0.0	0.0	14	23.7
8月10日	21.4	0.0	7.6	15.1	0.0	3.4	0.0	0.0	11	18.6
8月11日	21.4	1.7	7.6	17.0	3.8	5.1	0.0	0.0	13	22.0
8月12日	57.1	1.7	11.0	18.9	3.8	3.4	0.0	0.0	10	17.0

续表

日期	五级及以上大风概率(%)	八级及以上大风概率(%)	极大风速(m/s)	雷暴概率(%)	闪电概率(%)	霾概率(%)	大雾概率(%)	冰雹概率(%)	高温日数(d)	高温概率(%)
8月13日	28.6	3.4	14.7	15.1	7.5	5.1	3.4	0.0	9	15.3
8月14日	35.7	1.7	9.2	13.2	0.0	3.4	0.0	0.0	9	15.3
8月15日	35.7	0.0	10.7	9.4	1.9	1.7	0.0	0.0	8	13.6
8月16日	50.0	3.4	11.2	15.1	1.9	0.0	0.0	0.0	4	6.8
8月17日	42.9	0.0	13.2	11.3	1.9	3.4	0.0	0.0	2	3.4
8月18日	28.6	1.7	11.5	5.7	3.8	3.4	0.0	0.0	4	6.8
8月19日	28.6	0.0	7.5	1.9	0.0	3.4	0.0	0.0	5	8.5
8月20日	35.7	0.0	11.3	3.8	1.9	6.8	0.0	0.0	5	8.5
8月21日	35.7	0.0	9.7	9.4	1.9	5.1	1.7	0.0	3	5.1
8月22日	28.6	1.7	15.0	1.9	3.8	6.8	3.4	0.0	3	5.1
8月23日	28.6	0.0	13.2	5.7	0.0	3.4	1.7	0.0	3	5.1
8月24日	21.4	0.0	8.4	5.7	1.9	5.1	0.0	0.0	3	5.1
8月25日	21.4	0.0	14.1	7.5	1.9	3.4	0.0	0.0	2	3.4
8月26日	35.7	1.7	12.9	7.5	0.0	5.1	1.7	0.0	2	3.4
8月27日	28.6	1.7	10.6	1.9	0.0	5.1	5.1	0.0	1	1.7
8月28日	35.7	0.0	9.9	7.5	3.8	6.8	1.7	0.0	1	1.7
8月29日	14.3	0.0	10.3	5.7	0.0	1.7	1.7	0.0	2	3.4
8月30日	21.4	0.0	9.2	7.5	1.9	1.7	3.4	0.0	1	1.7
8月31日	14.3	1.7	7.7	9.4	0.0	0.0	1.7	0.0	3	5.1
9月1日	21.4	0.0	9.9	11.3	0.0	1.7	1.7	0.0	3	5.1
9月2日	28.6	1.7	10.8	3.8	0.0	0.0	3.4	0.0	4	6.8
9月3日	14.3	1.7	7.1	3.8	1.9	3.4	0.0	0.0	1	1.7
9月4日	35.7	0.0	9.9	7.5	0.0	3.4	5.1	0.0	0	0.0
9月5日	28.6	0.0	7.7	1.9	0.0	5.1	1.7	0.0	1	1.7
9月6日	35.7	0.0	8.3	1.9	0.0	1.7	3.4	0.0	1	1.7
9月7日	7.1	0.0	6.3	0.0	0.0	1.7	1.7	0.0	0	0.0
9月8日	7.1	0.0	8.6	0.0	0.0	1.7	10.2	0.0	2	3.4
9月9日	28.6	1.7	9.0	0.0	1.9	1.7	5.1	0.0	2	3.4
9月10日	42.9	0.0	13.1	1.9	1.9	1.7	8.5	0.0	0	0.0
9月11日	42.9	0.0	11.3	0.0	0.0	1.7	1.7	0.0	0	0.0

续表

日期	五级及以上大风概率(%)	八级及以上大风概率(%)	极大风速(m/s)	雷暴概率(%)	闪电概率(%)	霾概率(%)	大雾概率(%)	冰雹概率(%)	高温日数(d)	高温概率(%)
9月12日	35.7	0.0	11.8	1.9	0.0	6.8	5.1	0.0	0	0.0
9月13日	28.6	0.0	15.6	5.7	0.0	1.7	3.4	0.0	0	0.0
9月14日	14.3	0.0	9.5	0.0	0.0	1.7	5.1	0.0	0	0.0
9月15日	21.4	0.0	11.3	1.9	1.9	0.0	3.4	0.0	0	0.0
9月16日	14.3	0.0	9.0	1.9	0.0	0.0	1.7	0.0	1	1.7
9月17日	21.4	0.0	8.8	0.0	0.0	3.4	3.4	0.0	0	0.0
9月18日	0.0	1.7	5.7	3.8	0.0	1.7	5.1	0.0	0	0.0
9月19日	14.3	0.0	8.9	1.9	0.0	5.1	5.1	0.0	0	0.0
9月20日	14.3	0.0	6.7	7.5	0.0	0.0	3.4	0.0	0	0.0
9月21日	14.3	0.0	8.6	3.8	0.0	0.0	1.7	0.0	0	0.0
9月22日	28.6	0.0	14.0	0.0	0.0	5.1	3.4	0.0	0	0.0
9月23日	21.4	0.0	11.8	5.7	0.0	5.1	0.0	0.0	0	0.0
9月24日	7.1	0.0	9.4	1.9	0.0	1.7	1.7	0.0	0	0.0
9月25日	21.4	0.0	7.4	0.0	0.0	5.1	1.7	0.0	0	0.0
9月26日	14.3	0.0	11.6	1.9	0.0	5.1	1.7	0.0	0	0.0
9月27日	21.4	0.0	6.9	1.9	0.0	1.7	8.5	0.0	0	0.0
9月28日	21.4	0.0	7.7	1.9	0.0	0.0	6.8	0.0	0	0.0
9月29日	7.1	0.0	7.9	1.9	0.0	1.7	3.4	0.0	0	0.0
9月30日	14.3	0.0	11.5	0.0	1.9	3.4	6.8	0.0	0	0.0
10月1日	21.4	0.0	12.3	1.9	0.0	3.4	1.7	0.0	0	0.0
10月2日	7.1	0.0	6.4	3.8	0.0	0.0	3.4	0.0	0	0.0
10月3日	7.1	0.0	11.7	0.0	0.0	6.8	3.4	0.0	0	0.0
10月4日	28.6	0.0	14.1	0.0	0.0	1.7	1.7	0.0	0	0.0
10月5日	14.3	0.0	8.2	0.0	0.0	1.7	5.1	0.0	0	0.0
10月6日	21.4	0.0	9.2	0.0	0.0	5.1	11.9	0.0	0	0.0
10月7日	14.3	0.0	6.9	3.8	0.0	5.1	6.8	0.0	0	0.0
10月8日	28.6	0.0	7.6	5.7	0.0	3.4	10.2	0.0	0	0.0
10月9日	14.3	0.0	11.6	3.8	0.0	3.4	6.8	0.0	0	0.0
10月10日	35.7	0.0	10.3	0.0	0.0	3.4	5.1	0.0	0	0.0
10月11日	14.3	0.0	13.1	0.0	0.0	1.7	5.1	0.0	0	0.0

续表

日期	五级及以上大风概率（%）	八级及以上大风概率（%）	极大风速（m/s）	雷暴概率（%）	闪电概率（%）	霾概率（%）	大雾概率（%）	冰雹概率（%）	高温日数（d）	高温概率（%）
10月12日	14.3	0.0	9.8	0.0	0.0	6.8	5.1	0.0	0	0.0
10月13日	14.3	0.0	9.5	3.8	0.0	5.1	1.7	0.0	0	0.0
10月14日	7.1	0.0	9.0	1.9	0.0	1.7	6.8	0.0	0	0.0
10月15日	14.3	0.0	6.5	0.0	0.0	6.8	1.7	0.0	0	0.0
10月16日	28.6	0.0	9.8	1.9	0.0	6.8	3.4	0.0	0	0.0
10月17日	7.1	0.0	6.5	0.0	0.0	1.7	6.8	0.0	0	0.0
10月18日	21.4	0.0	7.8	0.0	0.0	6.8	6.8	0.0	0	0.0
10月19日	7.1	0.0	6.3	0.0	0.0	8.5	8.5	0.0	0	0.0
10月20日	14.3	0.0	9.5	1.9	0.0	6.8	8.5	1.7	0	0.0
10月21日	14.3	0.0	11.7	1.9	0.0	10.2	8.5	0.0	0	0.0
10月22日	21.4	0.0	10.6	1.9	0.0	3.4	5.1	0.0	0	0.0
10月23日	28.6	0.0	8.0	0.0	0.0	1.7	13.6	0.0	0	0.0
10月24日	35.7	0.0	13.5	0.0	0.0	3.4	11.9	0.0	0	0.0
10月25日	14.3	0.0	9.9	0.0	0.0	5.1	8.5	0.0	0	0.0
10月26日	14.3	0.0	14.4	0.0	0.0	6.8	8.5	0.0	0	0.0
10月27日	21.4	0.0	13.2	0.0	0.0	8.5	6.8	0.0	0	0.0
10月28日	21.4	0.0	11.1	0.0	0.0	6.8	1.7	0.0	0	0.0
10月29日	14.3	0.0	6.8	1.9	0.0	6.8	3.4	0.0	0	0.0
10月30日	14.3	0.0	7.3	1.9	0.0	11.9	3.4	0.0	0	0.0
10月31日	28.6	0.0	8.5	0.0	0.0	6.8	6.8	0.0	0	0.0

1.2.5 临潼赛区气候风险分析

1.2.5.1 雷暴、闪电

（1）雷暴

8月1日—10月31日，临潼赛区雷暴出现概率随时间推后而逐渐减小（图1.44），整体上雷暴多发于8月，8月底至9月初雷暴概率迅速降低。8月上、中旬出现雷暴的平均概率为13.6%，最大概率出现在8月1日，达22.6%，次大概率为8月4日的20.8%，8月17日以前，雷暴概率基本都在10%以上。8月下旬后雷暴出现的平均概率显著降低，平均为 8.1%。9 月起，雷暴出现的概率进一步减小，9 月平均雷暴出现率为 3.0%，10 月仅为 1.2%，对赛事影响较小。

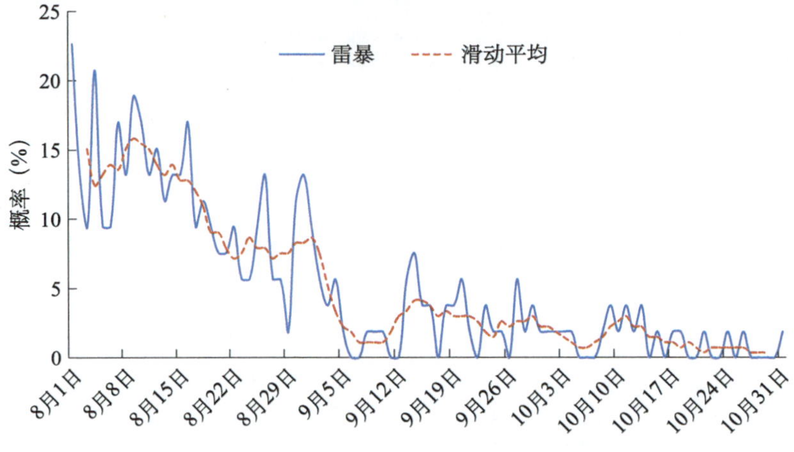

图 1.44　临潼赛区 8 月 1 日—10 月 31 日雷暴概率变化曲线

（2）闪电

8 月 1 日—10 月 31 日，闪电出现的概率同样随时间推后而减小（图 1.45），8 月上、中、下旬出现闪电的概率平均依次为 4.2%、1.9% 和 2.2%，最大为 8 月 6 日的 7.5%。进入 9 月后，闪电出现概率迅速减少，9 月平均概率为 0.6%，10 月平均概率仅 0.3%，闪电出现概率极低。

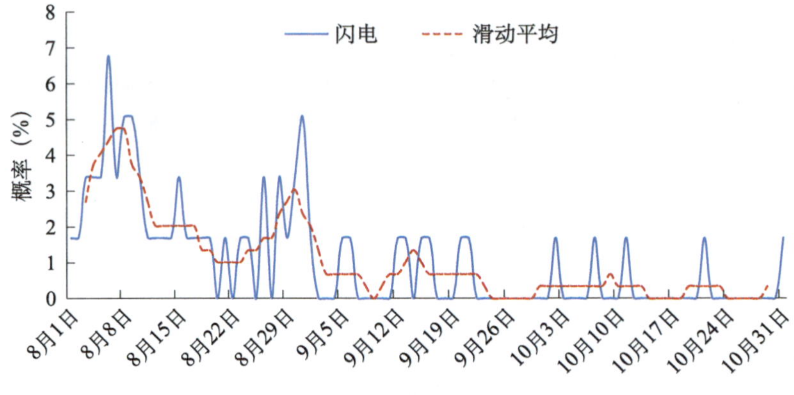

图 1.45　临潼赛区 8 月 1 日—10 月 31 日闪电概率变化曲线

（3）小结

8 月临潼赛区雷暴、闪电概率较高，各项赛事应做好雷暴天气的防御工作；9—10 月，雷暴、闪电概率较低，对赛事影响较小。

1.2.5.2 大风

（1）平均风速分析

临潼赛区 8 月、9 月、10 月平均风速分别为 2.2 m/s、1.9 m/s、1.8 m/s，从 8 月 1 日—10 月 31 日，日平均风速 1.5 ～ 2.5 m/s，8—9 月风速整体上随时间推后减小，10 月风速变化较平稳。

（2）大风出现气候概率分析

临潼赛区 8 月、9 月、10 月五级及以上（极大风速 8 m/s 及以上）大风出现平均概率分别为 30.8%、20.4%、20.6%，整体上 8 月上、中旬大风出现概率较高（图 1.46），平均为 34.7%，8 月下旬起出现概率迅速降低，基本在平均概率之下波动变化，维持在 10% ～ 30% 之间，8 月下旬平均概率为 23.9%，9 月下半月和 10 月中旬，是两个相对大风不易发生的时段，概率整体较低。

临潼赛区 8 月、9 月、10 月八级及以上（极大风速 17.2 m/s 以上）大风仅在 2005 年 8 月 13 日出现一次，极大风速达 17.7 m/s。

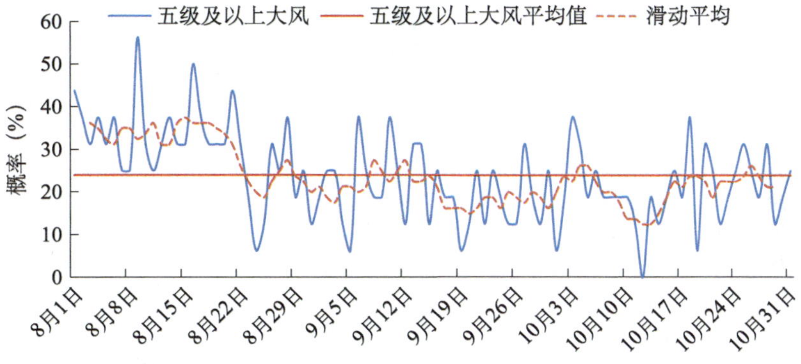

图 1.46 临潼赛区 8 月 1 日—10 月 31 日五级及以上大风概率变化曲线

（3）小结

8 月上、中旬临潼赛区出现大风概率较大，各项赛事应做好大风天气的防御工作。8 月下旬—10 月下旬大风概率较小，对赛事影响不大。

1.2.5.3 高温

（1）平均气温分析

临潼赛区 8 月 1 日—10 月 31 日日平均气温为 10 ～ 28 ℃，日最高气温平均为 16 ～ 34 ℃，日最低气温平均为 6 ～ 23 ℃，均随时间推后而逐渐下降。

人体感觉较为舒适的气温范围一般在 16 ～ 25 ℃之间，可见夏季高温对于运动员身体舒适度的影响较大，因而在赛事期间我们重点关注日最高气温的演变：临潼赛区 8 月 17 日—10 月 4 日日平均气温为 16 ～ 25 ℃，这时段内日最高气温平均为 20 ～ 30 ℃，日最低气温平均为 12 ～ 21 ℃，极端最高气温为 30 ～ 38 ℃。

（2）高温的气候概率分析

临潼赛区 8 月 1 日—9 月 10 日均出现过 35 ℃以上高温天气（图 1.47），9 月 10 日以后（除 2013 年 9 月 16 日外）均无高温天气。8 月上旬出现 35 ℃以上高温概率集中在 20%～30%之间，平均为 24.7%，8 月中旬出现高温概率在 10%～20%之间，平均为 14.4%，8 月下旬出现高温概率主要在 5% ～ 10% 之间，平均概率为 6.8%，9 月上旬出现高温的概率很小，多在 5% 以下。

临潼赛区 8 月 1 日—10 月 31 日极端最高气温在 24 ～ 40 ℃之间，最大值为 40.4 ℃，出现在 1994 年 8 月 4 日。

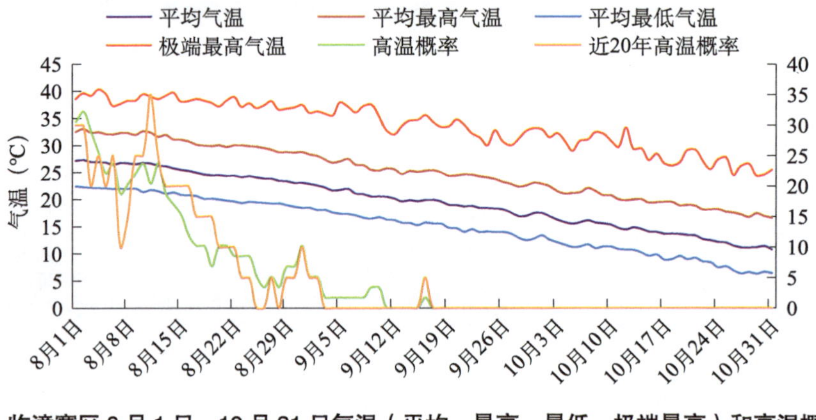

图 1.47　临潼赛区 8 月 1 日—10 月 31 日气温（平均、最高、最低、极端最高）和高温概率变化曲线

（3）小结

8 月气温较高，对运动员身体影响较大，应做好相应的防暑工作；9—10 月温度逐渐降低，对赛事开展的不利影响也逐渐降低。

1.2.5.4　降水

（1）降雨概率分析

临潼赛区 8 月降水量为 84.4 mm，降水概率为 28.7%（小雨 19.5%，中雨 6.1%，大雨 2.3%，暴雨 0.8%）；9 月降水量为 103.0 mm，降水概率为 38.7%（小雨 27.1%，中雨 8.0%，大雨 3.0%，暴雨 0.6%）；10 月降水量为 61.0 mm，降水概率为 31.1%（小雨 24.6%，中雨 5.0%，大雨 1.4%，暴雨 0.1%）。

8 月 1 日—10 月 31 日逐日降水概率为 18% ～ 50%，最大出现在 10 月 12 日，最小出现在 8 月 10 日（图 1.48）。从五日滑动平均来看，8 月 1—15 日、24—28 日、10 月 17—31 日降水概率较小，在 30% 以下；8 月 16—23 日、8 月 29—10 月 16 日降水概率均在 30% 以上，其中 9 月 7 日、10—11 日、27—29 日降水概率在 40% 以上。

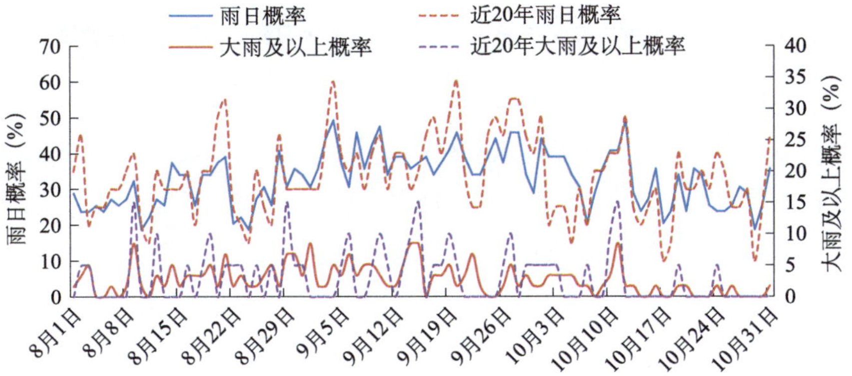

图 1.48 临潼赛区 8 月 1 日—10 月 31 日雨日、大雨及以上概率变化曲线

（2）大雨以上降水概率分析

临潼赛区 8 月 1 日—10 月 31 日出现大雨和暴雨的概率基本在 10% 以内，平均为 2.7%，最大出现在 8 月 9 日、9 月 1 日、14 日、15 日和 10 月 11 日，为 8.5%。8 月下旬至 9 月中旬，大雨和暴雨的概率相对较大，平均为 4.4%。

临潼赛区 8 月 1 日—10 月 31 日共出现暴雨 28 次，约 2.1 年 1 次。8 月 9 日暴雨过程最多，共 4 次（1974 年、1981 年、2007 年和 2008 年），概率为 6.8%。其次为 2 次，出现在 8 月 29 日（1982 年、2009 年）和 9 月 1 日（1964 年、1972 年）。

临潼赛区 8 月 1 日—10 月 31 日最大日降水量为 9.0 ～ 116.1 mm（图 1.49）。8 月上、中旬最大日降水量波动较大，整个时段日降水量的最大、最小值都出现在 8 月上旬。8 月底波动较平缓。9 月上、中旬，最大日降水量整体较大，平均在 48 mm 左右；

9 月 20 日以后，开始缓慢减小，主要在 20 ～ 30 mm 之间波动。

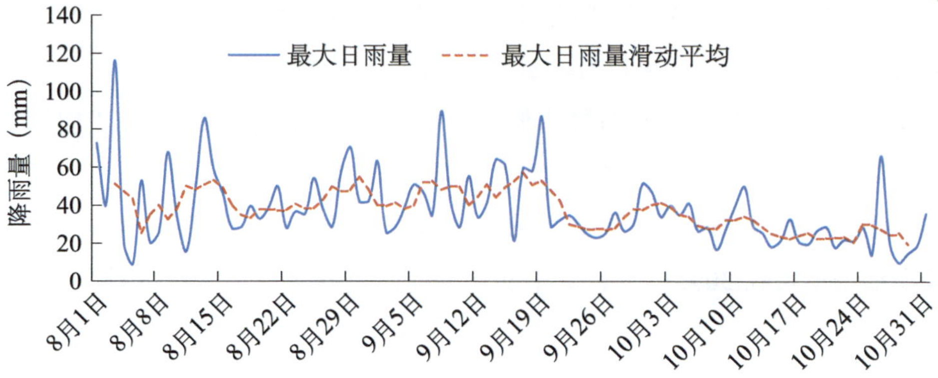

图 1.49　临潼赛区 8 月 1 日—10 月 31 日最大日降水量时间演变曲线

（3）小结

临潼赛区 8 月下旬—9 月中旬大雨及以上降水概率较大，近 20 年（2000—2019 年）降水概率波动较大，大雨及以上出现概率明显偏高（表 1.14），出现强降水的风险在增大，各项赛事应做好降水的应对措施与安排。

1.2.5.5　大雾、霾

（1）大雾

8 月 1 日—10 月 31 日，临潼赛区大雾随时间推移表现出明显的增加趋势。8 月大雾出现概率较低，均值为 2.7%，概率多集中在 5% 之内。9 月大雾出现概率增加，概率基本维持在 5% ～ 15% 之间，平均为 6.4%。10 月大雾出现概率继续增加，波动更加明显，平均值为 9.1%（图 1.50）。

（2）霾

临潼赛区霾出现概率比雾小，多在 5% 以内，平均值为 0.5%，且波动较小，季节变化不明显；整体上 10 月份出现霾的概率较高，平均为 0.9%。近 20 年（2000—2019 年）霾出现的概率显著增加（图 1.50）。

（3）小结

8 月 1 日—10 月 31 日大雾出现概率平均为 6.1%，霾出现概率为 0.5%，可见，临潼赛区大雾出现概率远远大于霾。近 20 年（2000—2019 年）临潼赛区大雾出现概率降低，霾出现概率增加，且波动较大（表 1.15）。

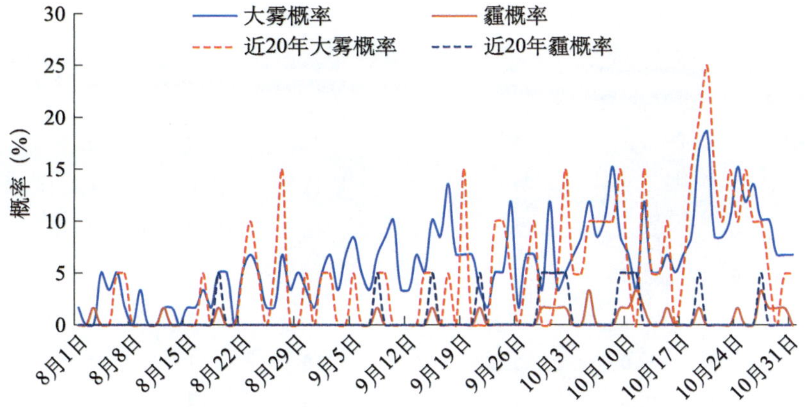

图 1.50　临潼赛区 8 月 1 日—10 月 31 日大雾、霾概率变化曲线

表 1.14　1961—2019 年临潼赛区 8 月 1 日—10 月 31 日降水日数、概率和最大日降雨量

日期	暴雨及以上（d）	大雨（d）	中雨（d）	小雨（d）	雨日（d）	雨日概率（%）	大雨及以上概率（%）	最大日降雨量（mm）
8 月 1 日	1	0	4	12	17	28.8	1.7	72.5
8 月 2 日	0	2	2	10	14	23.7	3.4	40.1
8 月 3 日	1	2	7	4	14	23.7	5.1	116.1
8 月 4 日	0	0	4	11	15	25.4	0.0	19.4
8 月 5 日	0	0	0	14	14	23.7	0.0	9.0
8 月 6 日	1	0	2	13	16	27.1	1.7	5.3
8 月 7 日	0	0	2	13	15	25.4	0.0	20.3
8 月 8 日	0	1	3	12	16	27.1	1.7	26.0
8 月 9 日	4	1	5	9	19	32.2	8.5	67.9
8 月 10 日	0	1	2	8	11	18.6	1.7	33.7
8 月 11 日	0	0	3	10	13	22.0	0.0	15.8
8 月 12 日	0	2	4	10	16	27.1	3.4	48.3
8 月 13 日	1	0	2	12	15	25.4	1.7	86.0
8 月 14 日	1	2	2	17	22	37.3	5.1	58.8
8 月 15 日	0	1	4	15	20	33.9	1.7	46.2
8 月 16 日	0	2	6	12	20	33.9	3.4	27.8
8 月 17 日	0	2	3	10	15	25.4	3.4	28.7
8 月 18 日	0	2	6	12	20	33.9	3.4	39.7
8 月 19 日	0	3	4	13	20	33.9	5.1	33.0

续表

日期	暴雨及以上（d）	大雨（d）	中雨（d）	小雨（d）	雨日（d）	雨日概率（%）	大雨及以上概率（%）	最大日降雨量（mm）
8月20日	0	1	4	17	22	37.3	1.7	38.8
8月21日	1	3	7	12	23	39.0	6.8	50.1
8月22日	0	1	2	9	12	20.3	1.7	28.1
8月23日	0	2	3	8	13	22.0	3.4	36.9
8月24日	0	1	2	8	11	18.6	1.7	35.3
8月25日	1	0	6	9	16	27.1	1.7	54.3
8月26日	0	2	4	12	18	30.5	3.4	38.1
8月27日	0	3	0	12	15	25.4	5.1	28.8
8月28日	1	0	2	21	24	40.7	1.7	58.6
8月29日	2	2	3	11	18	30.5	6.8	70.5
8月30日	0	4	9	8	21	35.6	6.8	41.8
8月31日	0	2	5	13	20	33.9	3.4	42.1
9月1日	2	3	4	9	18	30.5	8.5	63.3
9月2日	0	1	2	18	21	35.6	1.7	25.7
9月3日	0	1	4	21	26	44.1	1.7	28.8
9月4日	0	3	11	15	29	49.2	5.1	39.3
9月5日	1	1	8	12	22	37.3	3.4	51.0
9月6日	0	4	4	10	18	30.5	6.8	47.1
9月7日	0	2	4	21	27	45.8	3.4	34.9
9月8日	1	2	4	14	21	35.6	5.1	89.8
9月9日	0	3	7	15	25	42.4	5.1	42.1
9月10日	0	2	4	22	28	47.5	3.4	28.7
9月11日	1	0	2	17	20	33.9	1.7	55.5
9月12日	0	1	4	18	23	39.0	1.7	33.8
9月13日	0	3	10	10	23	39.0	5.1	41.4
9月14日	1	4	4	12	21	35.6	8.5	64.3
9月15日	1	4	0	17	22	37.3	8.5	61.4
9月16日	0	0	6	17	23	39.0	0.0	21.5
9月17日	1	1	4	14	20	33.9	3.4	59.9
9月18日	1	1	5	15	22	37.3	3.4	58.1
9月19日	1	2	8	13	24	40.7	5.1	86.8

续表

日期	暴雨及以上（d）	大雨（d）	中雨（d）	小雨（d）	雨日（d）	雨日概率（%）	大雨及以上概率（%）	最大日降雨量（mm）
9月20日	0	1	5	21	27	45.8	1.7	28.9
9月21日	0	2	5	16	23	39.0	3.4	32.5
9月22日	0	4	4	12	20	33.9	6.8	34.8
9月23日	0	1	4	15	20	33.9	1.7	30.1
9月24日	0	0	4	19	23	39.0	0.0	24.9
9月25日	0	0	3	23	26	44.1	0.0	23.1
9月26日	0	1	5	16	22	37.3	1.7	25.7
9月27日	0	3	6	18	27	45.8	5.1	36.3
9月28日	0	1	4	22	27	45.8	1.7	26.5
9月29日	0	2	2	16	20	33.9	3.4	30.1
9月30日	1	0	5	11	17	28.8	1.7	51.7
10月1日	0	1	5	20	26	44.1	1.7	47.0
10月2日	0	2	7	14	23	39.0	3.4	34.0
10月3日	0	2	6	15	23	39.0	3.4	40.0
10月4日	0	2	4	17	23	39.0	3.4	35.1
10月5日	0	2	2	16	20	33.9	3.4	41.2
10月6日	0	1	3	14	18	30.5	1.7	26.6
10月7日	0	1	0	11	12	20.3	1.7	28.6
10月8日	0	0	1	16	17	28.8	0.0	16.9
10月9日	0	1	3	17	21	35.6	1.7	27.9
10月10日	0	2	6	16	24	40.7	3.4	39.9
10月11日	1	4	5	14	24	40.7	8.5	50.1
10月12日	0	1	5	23	29	49.2	1.7	29.0
10月13日	0	1	2	14	17	28.8	1.7	25.7
10月14日	0	0	3	11	14	23.7	0.0	18.5
10月15日	0	0	4	12	16	27.1	0.0	21.8
10月16日	0	1	4	16	21	35.6	1.7	33.0
10月17日	0	0	6	6	12	20.3	0.0	20.9
10月18日	0	0	1	13	14	23.7	0.0	19.8
10月19日	0	1	1	18	20	33.9	1.7	27.0
10月20日	0	1	1	12	14	23.7	1.7	28.9

续表

日期	暴雨及以上（d）	大雨（d）	中雨（d）	小雨（d）	雨日（d）	雨日概率（%）	大雨及以上概率（%）	最大日降雨量（mm）
10月21日	0	0	3	18	21	35.6	0.0	18.0
10月22日	0	0	3	17	20	33.9	0.0	22.2
10月23日	0	0	2	13	15	25.4	0.0	21.4
10月24日	0	1	4	9	14	23.7	1.7	28.7
10月25日	0	0	3	11	14	23.7	0.0	14.3
10月26日	1	0	1	13	15	25.4	1.7	66.2
10月27日	0	0	3	15	18	30.5	0.0	19.7
10月28日	0	0	0	17	17	28.8	0.0	9.9
10月29日	0	0	1	10	11	18.6	0.0	15.0
10月30日	0	0	1	14	15	25.4	0.0	19.0
10月31日	0	1	2	18	21	35.6	1.7	35.9

表 1.15　1961—2019 年临潼赛区 8 月 1 日—10 月 31 日各类不利天气概率、风速及日数

日期	五级及以上大风概率（%）	八级及以上大风概率（%）	极大风速（m/s）	雷暴概率（%）	闪电概率（%）	霾概率（%）	大雾概率（%）	冰雹概率（%）	高温日数（d）	高温概率（%）
8月1日	43.8	0.0	11.8	22.6	1.9	0.0	1.7	0.0	18	30.5
8月2日	37.5	0.0	12.0	13.2	1.9	0.0	0.0	0.0	19	32.2
8月3日	31.3	0.0	11.7	9.4	3.8	1.7	0.0	0.0	17	28.8
8月4日	37.5	0.0	9.8	20.8	3.8	0.0	5.1	0.0	15	25.4
8月5日	31.3	0.0	9.0	9.4	3.8	0.0	3.4	0.0	13	22.0
8月6日	37.5	0.0	9.9	9.4	7.6	0.0	5.1	0.0	14	23.7
8月7日	25.0	0.0	11.3	17.0	3.8	0.0	1.7	0.0	11	18.6
8月8日	25.0	0.0	10.4	13.2	5.7	0.0	0.0	0.0	12	20.3
8月9日	56.3	0.0	14.9	18.9	5.7	0.0	3.4	0.0	13	22.0
8月10日	31.3	0.0	13.7	17.0	3.8	0.0	0.0	0.0	14	23.7
8月11日	25.0	0.0	9.0	13.2	1.9	0.0	0.0	0.0	12	20.3
8月12日	31.3	0.0	15.8	15.1	1.9	1.7	1.7	0.0	14	23.7
8月13日	37.5	6.3	17.7	11.3	1.9	0.0	1.7	0.0	11	18.6
8月14日	31.3	0.0	12.1	13.2	1.9	0.0	0.0	0.0	10	17.0
8月15日	31.3	0.0	13.4	13.2	3.8	0.0	1.7	0.0	9	15.3

续表

日期	五级及以上大风概率（%）	八级及以上大风概率（%）	极大风速（m/s）	雷暴概率（%）	闪电概率（%）	霾概率（%）	大雾概率（%）	冰雹概率（%）	高温日数（d）	高温概率（%）
8月16日	50.0	0.0	15.5	17.0	1.9	0.0	1.7	0.0	7	11.9
8月17日	37.5	0.0	10.9	9.4	1.9	0.0	3.4	0.0	6	10.2
8月18日	31.3	0.0	12.0	11.3	1.9	0.0	1.7	1.7	6	10.2
8月19日	31.3	0.0	11.4	9.4	1.9	1.7	5.1	0.0	4	6.8
8月20日	31.3	0.0	14.6	7.6	0.0	0.0	5.1	0.0	6	10.2
8月21日	43.8	0.0	12.6	7.6	1.9	0.0	0.0	0.0	6	10.2
8月22日	31.3	0.0	12.6	9.4	0.0	0.0	5.1	0.0	5	8.5
8月23日	18.8	0.0	13.4	5.7	1.9	0.0	6.8	0.0	5	8.5
8月24日	6.3	0.0	8.0	5.7	1.9	0.0	5.1	0.0	5	8.5
8月25日	12.5	0.0	11.1	9.4	0.0	0.0	1.7	0.0	3	5.1
8月26日	31.3	0.0	11.5	13.2	3.8	0.0	1.7	0.0	2	3.4
8月27日	25.0	0.0	12.0	5.7	0.0	0.0	6.8	0.0	3	5.1
8月28日	37.5	0.0	9.9	5.7	3.8	0.0	3.4	1.7	2	3.4
8月29日	18.8	0.0	11.7	1.9	1.9	0.0	5.1	0.0	4	6.8
8月30日	25.0	0.0	12.0	11.3	3.8	0.0	3.4	0.0	4	6.8
8月31日	12.5	0.0	10.1	13.2	5.7	0.0	1.7	0.0	6	10.2
9月1日	18.8	0.0	11.6	9.4	1.9	0.0	5.1	0.0	3	5.1
9月2日	25.0	0.0	10.9	5.7	0.0	0.0	6.8	0.0	3	5.1
9月3日	25.0	0.0	8.8	3.8	0.0	0.0	3.4	0.0	1	1.7
9月4日	12.5	0.0	11.6	5.7	0.0	0.0	6.8	0.0	1	1.7
9月5日	6.3	0.0	8.0	1.9	1.9	0.0	8.5	0.0	1	1.7
9月6日	37.5	0.0	9.6	0.0	1.9	0.0	5.1	0.0	1	1.7
9月7日	25.0	0.0	9.5	0.0	0.0	0.0	3.4	0.0	1	1.7
9月8日	18.8	0.0	9.4	1.9	0.0	1.7	6.8	0.0	1	1.7
9月9日	18.8	0.0	9.9	1.9	0.0	0.0	8.5	0.0	2	3.4
9月10日	37.5	0.0	11.6	1.9	0.0	0.0	10.2	0.0	2	3.4
9月11日	25.0	0.0	12.8	0.0	0.0	0.0	3.4	0.0	0	0.0
9月12日	12.5	0.0	8.8	0.0	1.9	0.0	3.4	0.0	0	0.0
9月13日	31.3	0.0	13.7	5.7	1.9	0.0	6.8	1.7	0	0.0
9月14日	31.3	0.0	12.8	7.6	0.0	0.0	5.1	0.0	0	0.0

续表

日期	五级及以上大风概率（%）	八级及以上大风概率（%）	极大风速（m/s）	雷暴概率（%）	闪电概率（%）	霾概率（%）	大雾概率（%）	冰雹概率（%）	高温日数（d）	高温概率（%）
9月15日	12.5	0.0	8.3	3.8	1.9	1.7	10.2	0.0	0	0.0
9月16日	25.0	0.0	11.2	3.8	1.9	0.0	8.5	0.0	1	1.7
9月17日	18.8	0.0	14.1	0.0	0.0	0.0	13.6	0.0	0	0.0
9月18日	18.8	0.0	9.5	3.8	0.0	0.0	6.8	0.0	0	0.0
9月19日	6.3	0.0	8.8	3.8	0.0	0.0	6.8	0.0	0	0.0
9月20日	12.5	0.0	10.8	5.7	1.9	0.0	6.8	0.0	0	0.0
9月21日	25.0	0.0	12.4	1.9	1.9	1.7	3.4	0.0	0	0.0
9月22日	12.5	0.0	13.7	0.0	0.0	0.0	1.7	0.0	0	0.0
9月23日	25.0	0.0	11.2	3.8	0.0	0.0	5.1	0.0	0	0.0
9月24日	18.8	0.0	9.8	1.9	0.0	0.0	5.1	0.0	0	0.0
9月25日	12.5	0.0	8.5	1.9	0.0	0.0	11.9	0.0	0	0.0
9月26日	12.5	0.0	9.3	0.0	0.0	0.0	1.7	0.0	0	0.0
9月27日	31.3	0.0	10.2	5.7	0.0	0.0	6.8	0.0	0	0.0
9月28日	18.8	0.0	8.4	1.9	0.0	0.0	6.8	1.7	0	0.0
9月29日	12.5	0.0	10.0	3.8	0.0	1.7	3.4	0.0	0	0.0
9月30日	25.0	0.0	14.2	1.9	0.0	1.7	11.9	0.0	0	0.0
10月1日	6.3	0.0	10.3	1.9	0.0	1.7	3.4	0.0	0	0.0
10月2日	18.8	0.0	8.6	1.9	1.9	1.7	5.1	0.0	0	0.0
10月3日	37.5	0.0	11.6	1.9	0.0	0.0	6.8	0.0	0	0.0
10月4日	31.3	0.0	12.2	1.9	0.0	0.0	8.5	0.0	0	0.0
10月5日	18.8	0.0	9.2	0.0	0.0	3.4	11.9	0.0	0	0.0
10月6日	25.0	0.0	11.2	0.0	0.0	0.0	8.5	0.0	0	0.0
10月7日	18.8	0.0	8.3	0.0	1.9	0.0	10.2	0.0	0	0.0
10月8日	18.8	0.0	8.9	1.9	0.0	0.0	15.3	0.0	0	0.0
10月9日	18.8	0.0	12.7	3.8	0.0	1.7	8.5	0.0	0	0.0
10月10日	18.8	0.0	13.3	1.9	0.0	1.7	6.8	0.0	0	0.0
10月11日	12.5	0.0	11.0	3.8	1.9	3.4	3.4	0.0	0	0.0
10月12日	0.0	0.0	7.5	1.9	0.0	1.7	11.9	0.0	0	0.0
10月13日	18.8	0.0	10.5	3.8	0.0	0.0	5.1	0.0	0	0.0
10月14日	12.5	0.0	10.9	0.0	0.0	0.0	5.1	0.0	0	0.0

续表

日期	五级及以上大风概率（%）	八级及以上大风概率（%）	极大风速（m/s）	雷暴概率（%）	闪电概率（%）	霾概率（%）	大雾概率（%）	冰雹概率（%）	高温日数（d）	高温概率（%）
10月15日	18.8	0.0	9.6	1.9	0.0	1.7	6.8	0.0	0	0.0
10月16日	25.0	0.0	13.2	0.0	0.0	0.0	5.1	0.0	0	0.0
10月17日	18.8	0.0	9.5	1.9	0.0	0.0	6.8	1.7	0	0.0
10月18日	37.5	0.0	11.4	1.9	0.0	0.0	8.5	0.0	0	0.0
10月19日	6.3	0.0	10.8	0.0	0.0	1.7	17.0	0.0	0	0.0
10月20日	31.3	0.0	11.1	0.0	0.0	0.0	18.6	0.0	0	0.0
10月21日	25.0	0.0	10.0	1.9	1.9	0.0	8.5	0.0	0	0.0
10月22日	12.5	0.0	13.2	0.0	0.0	0.0	8.5	0.0	0	0.0
10月23日	18.8	0.0	8.9	0.0	0.0	0.0	10.2	0.0	0	0.0
10月24日	25.0	0.0	12.1	1.9	0.0	1.7	15.3	0.0	0	0.0
10月25日	31.3	0.0	10.4	0.0	0.0	0.0	11.9	0.0	0	0.0
10月26日	25.0	0.0	10.7	1.9	0.0	0.0	13.6	0.0	0	0.0
10月27日	18.8	0.0	11.8	0.0	0.0	3.4	10.2	0.0	0	0.0
10月28日	31.3	0.0	10.2	0.0	0.0	1.7	10.2	0.0	0	0.0
10月29日	12.5	0.0	9.1	0.0	0.0	1.7	6.8	0.0	0	0.0
10月30日	18.8	0.0	8.8	0.0	0.0	1.7	6.8	0.0	0	0.0
10月31日	25.0	0.0	11.1	1.9	1.9	0.0	6.8	0.0	0	0.0

2 十四运会和残运会期间西安赛场气象条件分析

根据 2021 年十四运会和残运会赛事安排，西安作为主要赛场，分别有 29 个、16 个项目在此举行，主要涉及 24 个比赛场馆（表 2.1）。

表 2.1 十四运会和残运会比赛项目及比赛场馆

序号	十四运会比赛项目		残运会比赛项目	比赛场地
1	田径	田径	田径	西安奥体中心体育场
2	足球	足球		
3	皮划艇、赛艇	皮划艇、赛艇		
4	击剑	击剑	轮椅击剑	西安奥体中心体育馆
5	排球	女子成年组	乒乓球	
7	体操	竞技体操		
8		蹦床、艺术体操	硬地滚球、盲人门球	西北大学长安校区体育馆
6	游泳	游泳 / 跳水 / 花样游泳	游泳	西安奥体中心游泳跳水馆
9	射击	射击	射击	长安常宁生态体育比赛基地
10		射箭	射箭	
11	排球	男子成年	坐式排球	西北工业大学翱翔体育馆
12		男子 20 岁以下组	聋人篮球	西安中学体育馆
13	棒球	棒球		西安体育学院新校区棒球场
14	垒球	垒球		西安体育学院新校区垒球场
15	橄榄球	橄榄球		西安体育学院新校区橄榄球场
16	曲棍球	曲棍球		西安体育学院新校区曲棍球场
17	手球	手球		西安体育学院新校区手球馆
18	足球	足球		陕西省体育场
19	现代五项	现代五项		陕西省体育训练中心

续表

序号	十四运会比赛项目		残运会比赛项目	比赛场地
20	足球	足球		西北大学长安校区足球场
21	篮球	篮球	轮椅篮球	西安城市运动公园体育馆
22	羽毛球	羽毛球	羽毛球	西安电子科技大学体育馆
23	高尔夫	高尔夫		西安秦岭国际高尔夫球场
24	马拉松	马拉松	马拉松	西安市马拉松场地
25	攀岩、滑板	攀岩、滑板		阎良区富阎综合户外运动滑板场地
26	空手道	空手道	跆拳道、盲人柔道	西安工程大学临潼校区文体楼
27	小轮车	小轮车		西咸新区小轮车场地
28	马术	马术		秦汉新城马术比赛场地
29			盲人足球	陕西警官学院足球场

根据各个场馆位置，结合气象资料的完整性，选取区域气象站 2017—2019 年 8 月 1 日—10 月 31 日的逐日、逐小时数据开展赛场及重要场所的气象要素分析（表 2.2）。

表 2.2 比赛场馆、重要场所精细化气象条件分析参考气象站点

赛区	赛点	最近气象站名
西安市区	西安城市运动公园体育馆、西安北站	西安市政府
	西安中学体育馆	西安中学
	西安电子科技大学体育馆	电子科大
	陕西省体育场、西安市马拉松场地	省人大机关大院
	陕西省体育训练中心、丈八宾馆	陕西宾馆
	西咸新区小轮车场地、秦汉新城马术比赛场地	渭城区渭城办龚家湾
	西安东站	爱知中学
	大雁塔、大唐芙蓉园	大唐芙蓉园
长安	西北大学长安校区体育馆 / 足球场	郭杜
	长安常宁生态体育比赛基地	韦曲
	西北工业大学翱翔体育馆、西安秦岭国际高尔夫球场	细柳
灞桥	西安奥体中心体育馆 / 体育场、十四运村、陕西警官学院足球场	新筑街办
	阎良区富阎综合户外运动滑板场地	阎良公园
鄠邑	西安体育学院新校区	余下镇
临潼	西安工程大学临潼校区文体楼	行者

2.1 西安市赛区场馆及重要场所气象条件分析

气象、气候条件制约着体育运动开展的形式和内容。影响体育运动进行和人体机能的主要气象、气候因素包括气温、降水、风等，影响赛事举行的高影响天气有高温、雷暴、大风、大雾、霾等。分析中凌晨规定为01:00:00—04:59:59，早上规定为05:00:00—07:59:59，上午规定为08:00:00—10:59:59，中午规定为11:00:00—12:59:59，下午规定为13:00:00—16:59:59，傍晚规定为17:00:00—18:59:59，晚上规定为19:00:00—22:59:59，子夜规定为23:00:00—00:59:59（本书所用时间，均为北京时，下同）。

2.1.1 西安城市运动公园体育馆、西安北站（西安市政府区域站）

西安城市运动公园为十四运会篮球项目及残运会轮椅篮球项目比赛场地，西安北站为我市主要交通枢纽重要场所。西安市政府区域站为6要素气象站（气温、降水、风向、风速、相对湿度、气压），其他气象要素选用所在赛区国家气象站资料代替。

（1）逐日气象条件分析

8月平均气温27.3 ℃，平均最高气温36.7 ℃（8月10日），平均最低气温20.3 ℃（8月30日）；9月平均气温20.9 ℃，平均最高气温30.0 ℃（9月6日、7日），平均最低气温14.0 ℃（9月28日）；10月平均气温14.6 ℃，平均最高气温24.9 ℃（10月2日），平均最低气温7.3 ℃（10月27日），基本随时间推移而降低（图2.1）。8月平均高温（≥35 ℃）日数为10 d，最多为15 d，最少为7 d，9月、10月未出现高温日。日极端最高气温为38.9 ℃（2017年8月5日），日极端最低气温为5.4 ℃（2018年10月27日）。

8—10月逐月平均降水量分别为104.0 mm、123.6 mm、76.2 mm。8月小雨、中雨、大雨和暴雨降水概率分别为24.2%、11.0%、1.0%和1.0%；9月各级（小雨、中雨、大雨、暴雨，下同）降水概率依次为33.7%、7.8%、3.4%、1.1%；10月各级降水概率依次为33.3%、3.2%、2.1%、1.0%。日最大降水量为63.5 mm，发生在2019年9月14日。

8—10月小雨降水概率在60%以上的有27 d，主要集中在9月中旬和10月中旬，其中8月5 d、9月10 d、10月12 d（图2.2）。中雨降水概率在60%以上的有3 d，分别出现在 8 月 21 日、9 月 5 日和 10 月 4 日（图 2.3）。大雨及以上降水概率在 30% 以上的有 6 d，主要集中在 9 月中旬—10 月上旬（图 2.4）。

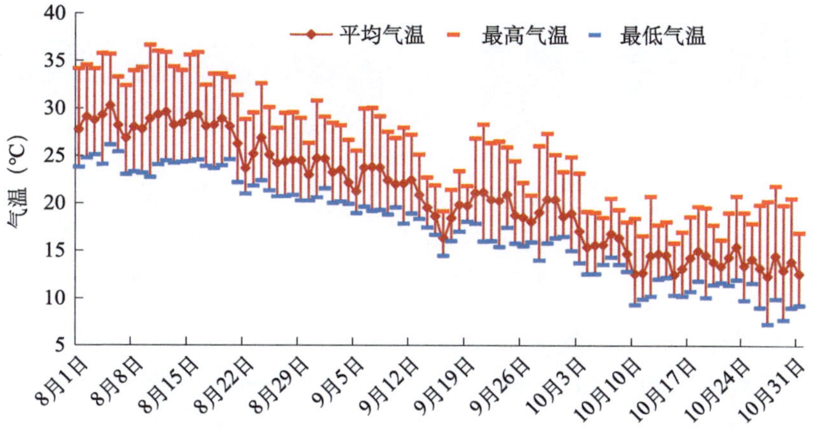

图 2.1 8—10 月西安市政府区域站逐日平均气温及平均最高、最低气温变化趋势

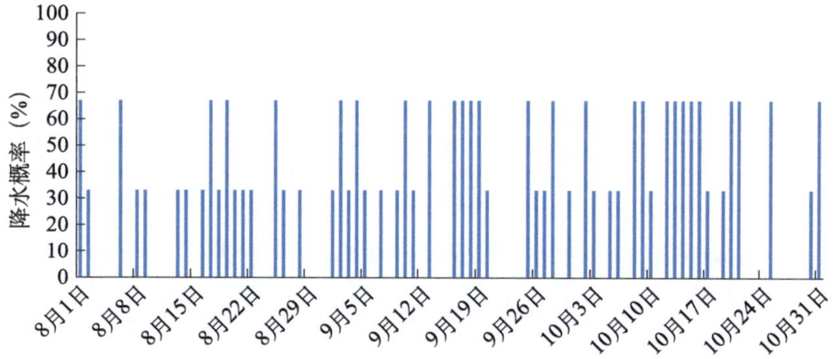

图 2.2 8—10 月西安市政府区域站逐日小雨降水概率

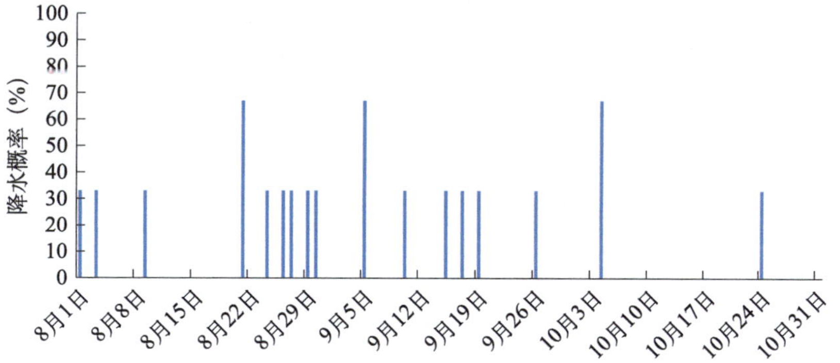

图 2.3 8—10 月西安市政府区域站逐日中雨降水概率

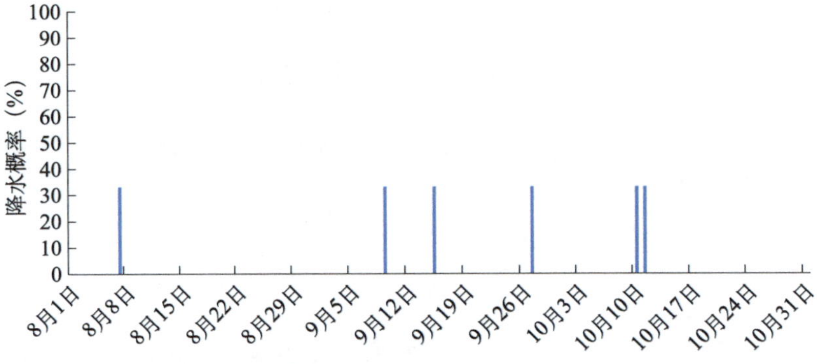

图 2.4　8—10 月西安市政府区域站逐日大雨及以上降水概率

8 月平均风速 0.9 m/s，极大风速 9.0 m/s，出现在 8 月 1 日，主导风向为东风；9 月、10 月平均风速均为 0.6 m/s，9 月极大风速 9.4 m/s，出现在 9 月 13 日，10 月极大风速 10.7 m/s，出现在 10 月 24 日，主导风向均为东风（图 2.5，图 2.6）。8—10 月逐月平均相对湿度分别为 64%、74%、74%（图 2.5）。

（2）逐时气象条件分析

8 月下旬—10 月下旬各旬中 06—07 时气温最低，依次分别为 22.2 ℃、20.2 ℃、18.0 ℃、16.4 ℃、12.9 ℃、11.5 ℃、10.3 ℃；14—16 时气温最高，依次分别为 28.2 ℃、26.9 ℃、22.6 ℃、22.8 ℃、18.8 ℃、17.4 ℃、18.5 ℃（图 2.7）。

8 月下旬—10 月下旬小时最大降水量为 19.4 mm，出现在 8 月 22 日 00 时。其中，8 月下旬出现在子夜，小时最大降水量为 19.4 mm；9 月上旬出现在下午，小时最大降水量为 8.2 mm；9 月中旬出现在上午，小时最大降水量为 6.8 mm；9 月下旬出现

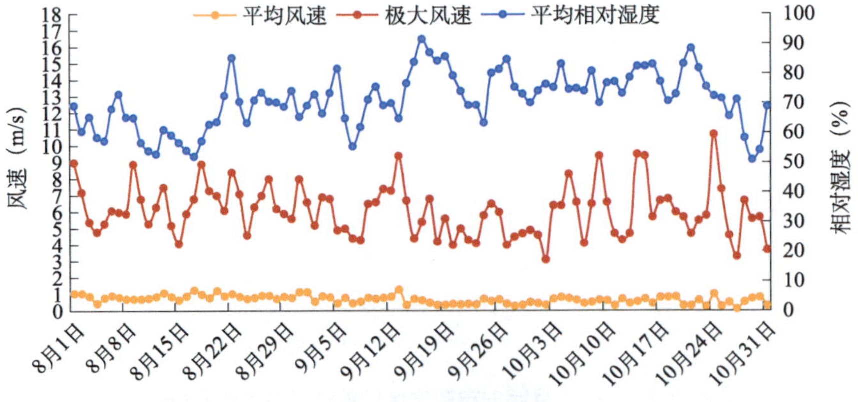

图 2.5　8—10 月西安市政府区域站逐日风速、相对湿度变化趋势

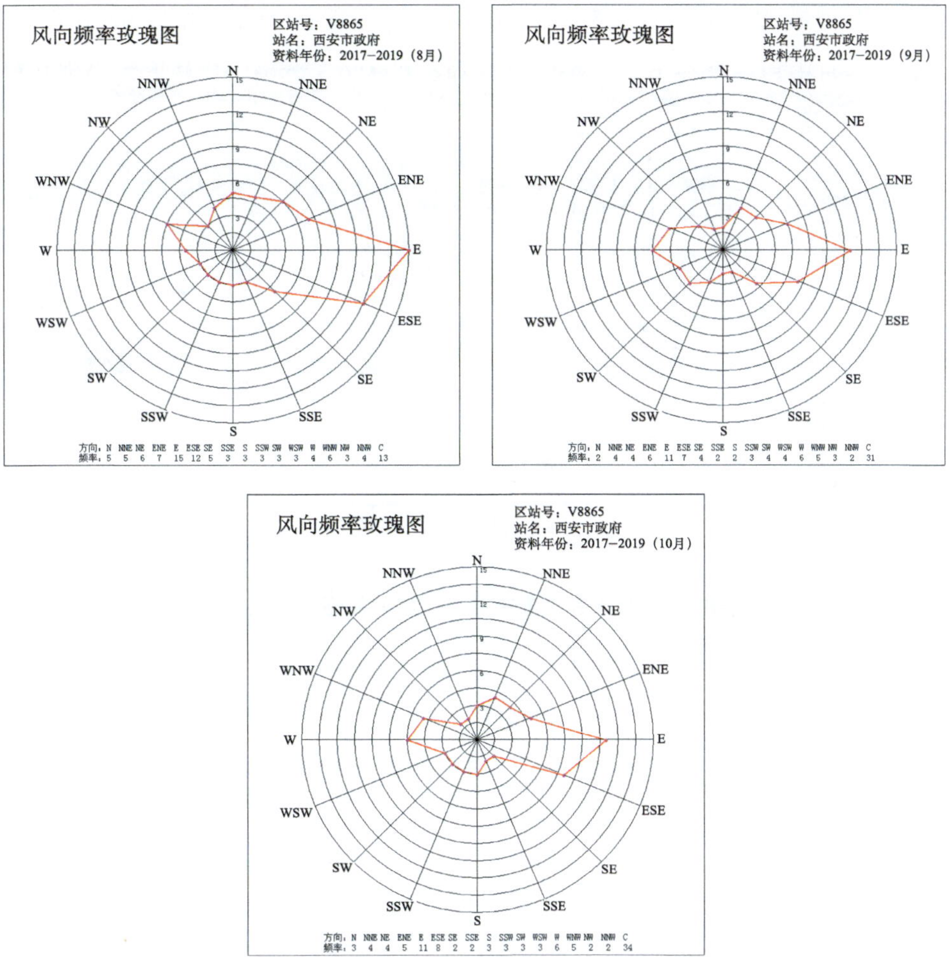

图 2.6　8—10 月西安市政府区域站逐月风向频率

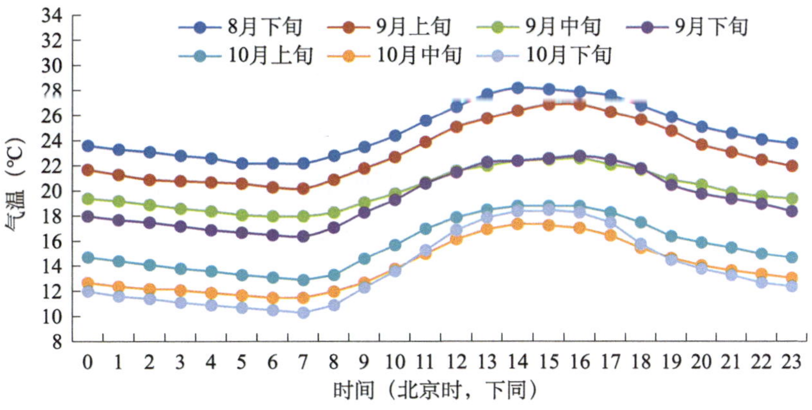

图 2.7　8 月下旬—10 月下旬西安市政府区域站旬逐时平均气温变化曲线

在上午，小时最大降水量为 4.5 mm；10 月上旬出现在子夜，小时最大降水量为 5.7 mm；10 月中旬出现在下午，小时最大降水量为 6.3 mm；10 月下旬出现在早上，小时最大降水量为 5.0 mm（图 2.8）。

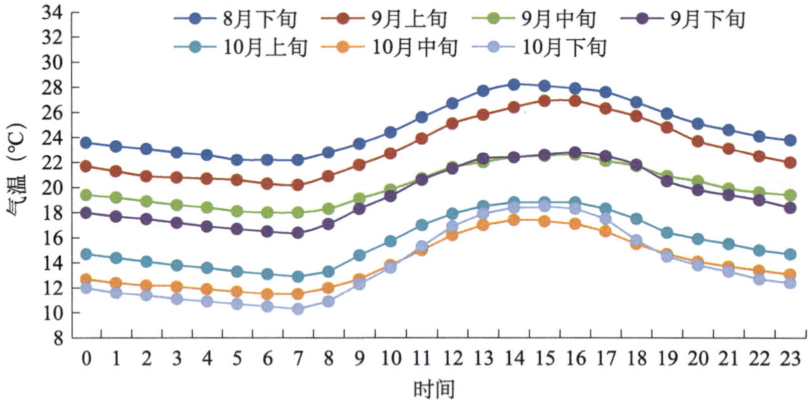

图 2.8　8 月下旬—10 月下旬西安市政府区域站旬逐时最大降水量变化曲线

8 月下旬—10 月下旬各旬逐时平均风速最大值多出现在 11—16 时，最小值多出现在 01—05 时；8 月上旬平均风速较偏大，其次为 9 月上旬、9 月下旬、9 月中旬、10 月上旬、10 月中旬，10 月下旬最小，日变化中 9 月下旬风速变化最大（图 2.9）。

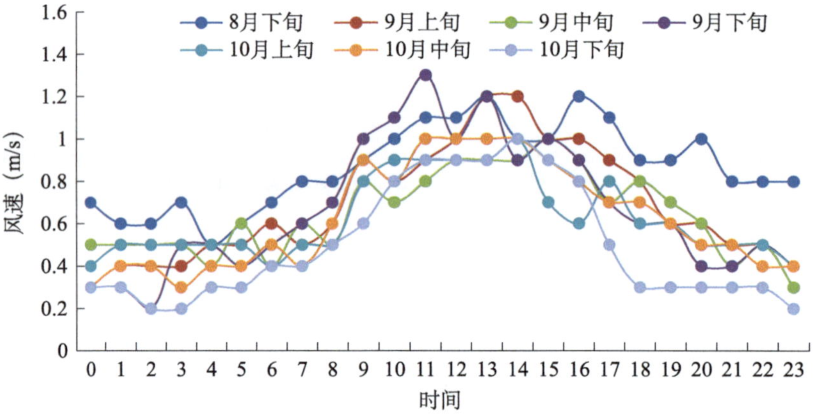

图 2.9　8 月下旬—10 月下旬西安市政府区域站旬逐时平均风速变化曲线

8 月下旬—9 月下旬各旬逐时平均相对湿度 14—17 时最小，06—08 时最大。9 月中旬相对湿度最大，其次为 10 月中旬、9 月下旬、10 月上旬、8 月下旬，10 月下旬最小（图 2.10）。

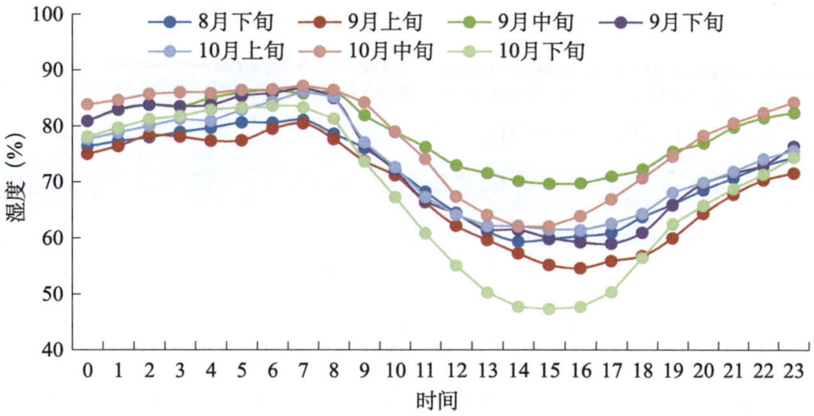

图 2.10　8 月下旬—10 月下旬西安市政府区域站旬逐时平均相对湿度变化曲线

（3）比赛项目气象条件适宜性分析

①基本气象要素

篮球、轮椅篮球：适宜气温 15 ～ 20 ℃，持续高温，会导致运动员心脏负荷过重，皮肤血管扩张，体温骤升，精力不集中，肌力和动作的协调性、准确性及反应性下降；适宜相对湿度为 30% ～ 60%。根据 8—10 月相关资料统计表明：8 月 21 日后无高温天气（≥ 35 ℃），8 月 15 日以后无高温天气（≥ 38 ℃），9 月 14 日—10 月 8 日日平均气温在 15 ～ 20 ℃之间。期间逐日相对湿度在 63% ～ 92% 之间，从逐时相对湿度资料分析来看，逐时相对湿度下午（13—18 时）较适宜；故 9 月 14 日—10 月 8 日下午为篮球比赛适宜时段。

②高影响天气

中雨以上降水会导致地面积水，影响运动员的视线，同时使运动员体力消耗增大，技战术难以发挥，对比赛有一定的影响。根据 8 月 1 日—10 月 31 日日降水资料统计，中雨以上的降水主要集中在 8 月下旬、9 月中旬，此时段应加强防范，做好降雨应急准备。雷暴、闪电多出现在 8 月，且雷暴概率随时间推后而逐渐减小，8 月上、中旬雷暴平均概率为 14.5%，闪电平均概率为 15.8%；8 月下旬雷暴、闪电平均概率分别为 7.0%、8.4%。9 月起雷暴、闪电概率进一步减小，均在 5% 以下，对赛事影响较小。8—10 月逐月五级及以上（极大风速 8 m/s 以上）大风出现平均概率分别为 19.4%、3.3%、16.1%，其中 9 月概率最小，对比赛影响较小。8 月上旬到 9 月上旬，霾概率基本维持在 10% ～ 20% 之间，9 月中、下旬霾概率平均为 21.8%，10 月霾平均概率达到了 27.5%，增加明显，影响大气能见度及空气质量。8 月大雾概率较低，月末至 9 月中旬，大雾概率增加，基本维持在 5% ～ 15% 之间，影响大气能见度及空气质量，9 月下旬大雾概率略有下降，10 月起概率又呈现波动增加趋势，平均值为 11.8%，影响大气能见度及空气质量。

2.1.2 西安中学体育馆（西安中学区域站）

西安中学体育馆为十四运会排球男子 20 岁以下比赛项目和残运会聋人篮球比赛项目举办场地。西安中学（v8858）区域站为 6 要素气象站（气温、降水、风向、风速、相对湿度、气压），其他气象要素选用所在赛区的国家气象站资料代替。

（1）逐日气象条件分析

8 月平均气温 28.4 ℃，平均最高气温 39.0 ℃（8 月 10 日），平均最低气温 20.8 ℃（8 月 29、30 日）；9 月平均气温 22.3 ℃，平均最高气温 32.3 ℃（9 月 6 日），平均最低气温 14.7 ℃（9 月 28 日）；10 月平均气温 15.2 ℃，平均最高气温 26.5 ℃（10 月 2 日），平均最低气温 8.4 ℃（10 月 27 日），基本随时间推移而降低（图 2.11）。8 月平均高温（≥ 35 ℃）日数为 16 d，最多为 28 d，最少为 10 d，9 月、10 月平均高温日数均为 1 d。日极端最高气温为 42.6 ℃（2018 年 8 月 8 日），日极端最低气温为 6.4 ℃（2018 年 10 月 27 日）。

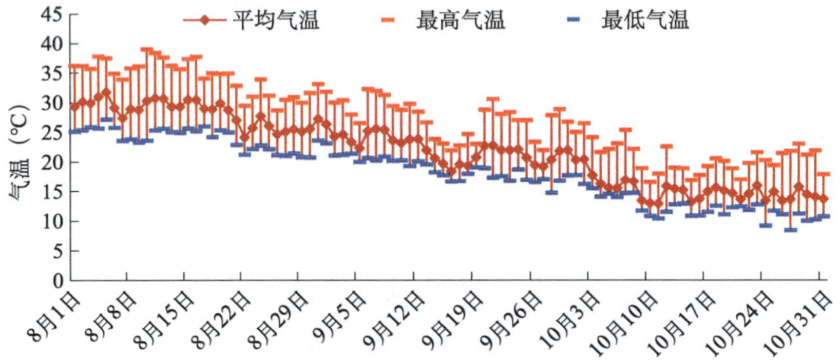

图 2.11　8—10 月西安中学区域站逐日平均气温及平均最高、最低气温变化趋势

8—10 月逐月平均降水量分别为 79.3 mm、71.9 mm、38.2 mm。8 月小雨、中雨、大雨降水概率分别为 20.4%、8.6%、1.1%，无暴雨发生；9 月各级降水概率依次为 43.3%、3.3%、1.1%、1.1%；10 月各级降水概率依次为 34.4%、2.2%，无大雨和暴雨发生。日最大降水量为 59.2 mm，发生在 2019 年 9 月 14 日。

8—10 月小雨降水概率在 60% 以上的有 22 d，主要集中在 9 月中旬和 10 月中旬，其中 8 月 1 d、9 月 10 d、10 月 11 d（图 2.12）。中雨降水概率在 60% 以上的有 2 d，分别出现在 8 月 9 日和 8 月 21 日（图 2.13）。大雨及以上降水概率在 30% 以上的有 3 d，分别出现在 8 月 22 日、9 月 14 日和 9 月 15 日（图 2.14）。

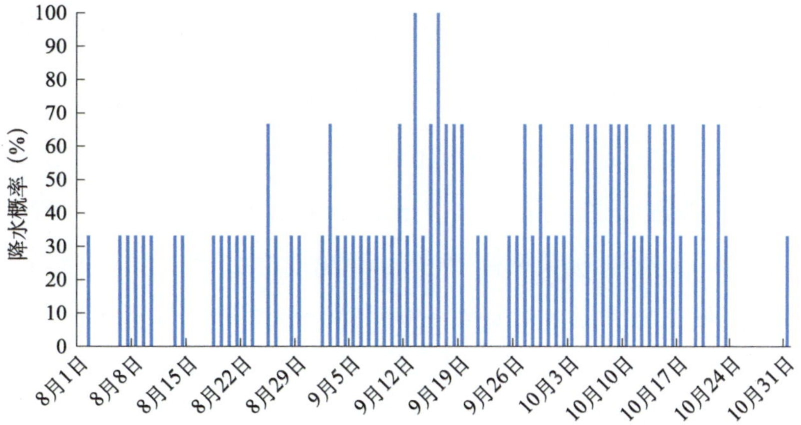

图 2.12　8—10 月西安中学区域站逐日小雨降水概率

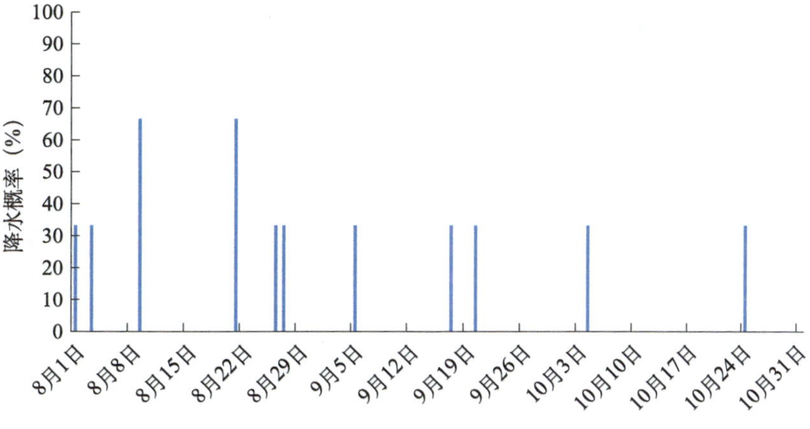

图 2.13　8—10 月西安中学区域站逐日中雨降水概率

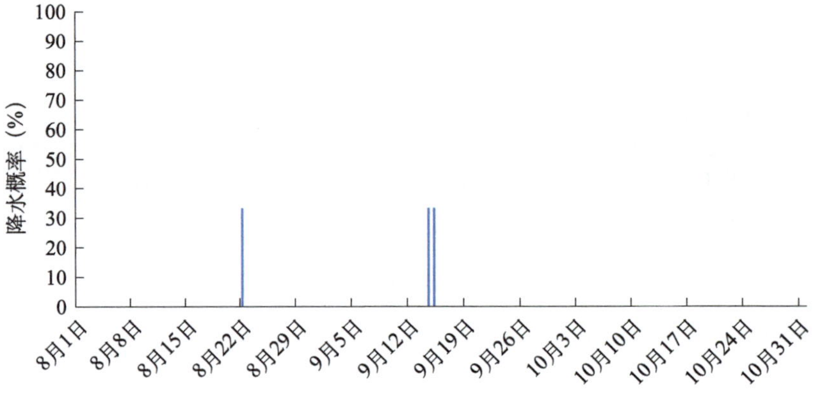

图 2.14　8—10 月西安中学逐日区域站大雨及以上降水概率

8 月平均风速 1.0 m/s，极大风速 10.0 m/s，出现在 8 月 20 日，主导风向为东风；9 月平均风速为 0.8 m/s，极大风速 11.0 m/s，出现在 9 月 13 日，主导风向为东风；10 月平均风速为 0.7 m/s，极大风速 10.8 m/s，出现在 10 月 5 日和 14 日，主导风向为东北偏东风（图 2.15，图 2.16）。8—10 月逐月平均相对湿度分别为 60%、71%、71%（图 2.15）。

（2）逐时气象条件分析

8 月下旬—10 月下旬各旬中 06—07 时气温最低，依次分别为 21.7 ℃、20.8 ℃、18.3 ℃、18.3 ℃、15.4 ℃、11.6 ℃、11.5 ℃；14—16 时气温最高，依次分别为 26.9 ℃、26.8 ℃、24.3 ℃、25.8 ℃、17.6 ℃、16.7 ℃、17.9 ℃（图 2.17）。

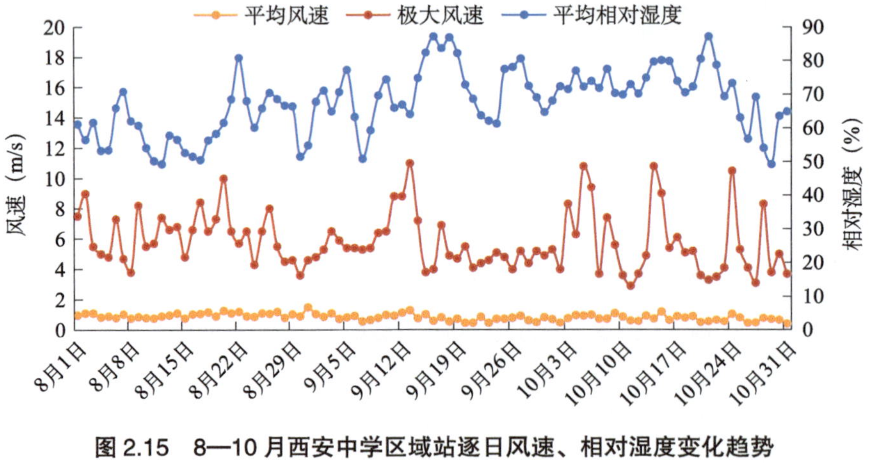

图 2.15　8—10 月西安中学区域站逐日风速、相对湿度变化趋势

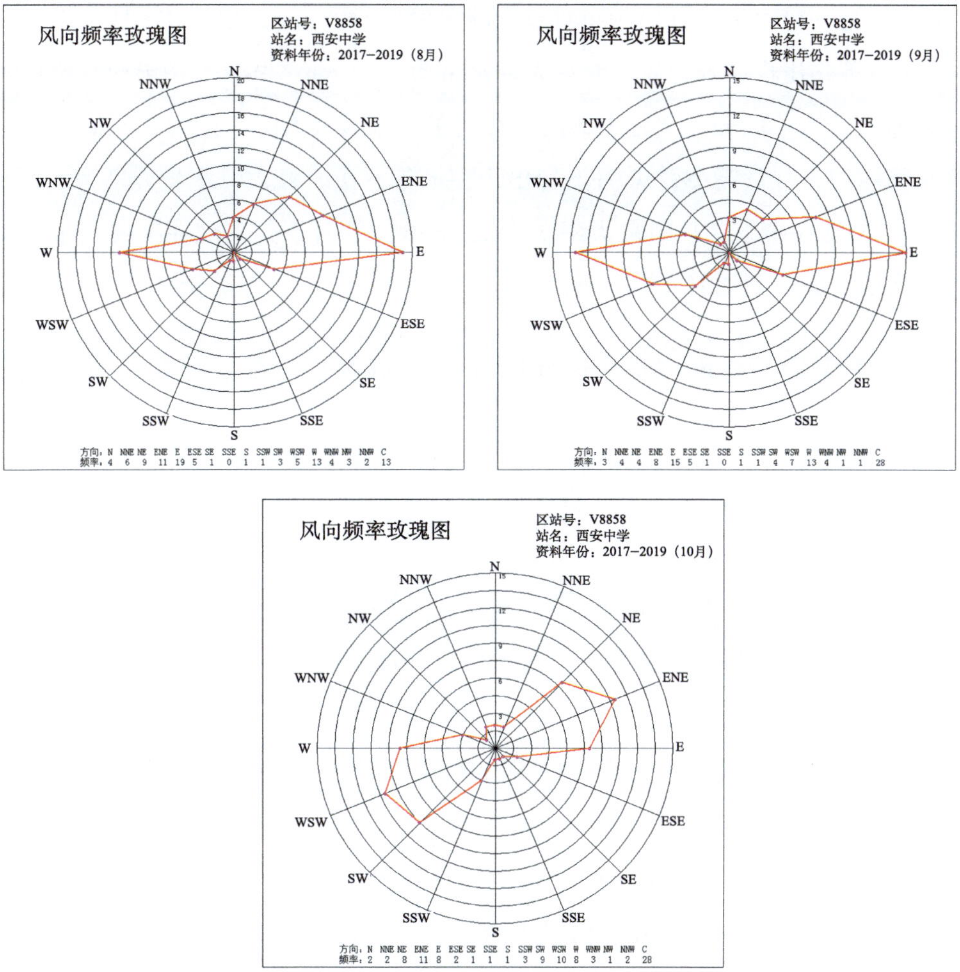

图 2.16　8—10 月西安中学区域站逐月风向频率

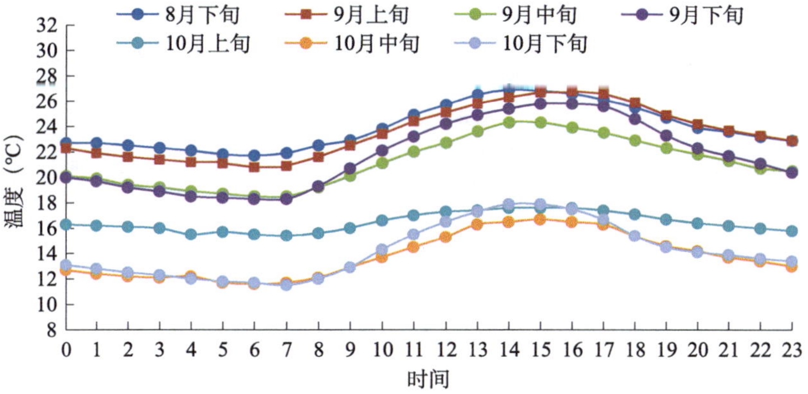

图 2.17　8 月下旬—10 月下旬西安中学区域站旬逐时平均气温变化曲线

8 月下旬—10 月下旬各旬中小时最大降水量为 14.2 mm，出现在 8 月 26 日 19 时。其中，8 月下旬出现在晚上，小时最大降水量为 14.2 mm；9 月上旬出现在凌晨，小时最大降水量为 1.3 mm；9 月中旬出现在上午，小时最大降水量为 7.0 mm；9 月下旬降水量均匀，且量级小；10 月上旬出现在下午，小时最大降水量分别为 5.1 mm；10 月中旬出现在中午，小时最大降水为 2.3 mm；10 月下旬出现在凌晨，小时最大降水量为 7.6 mm（图 2.18）。

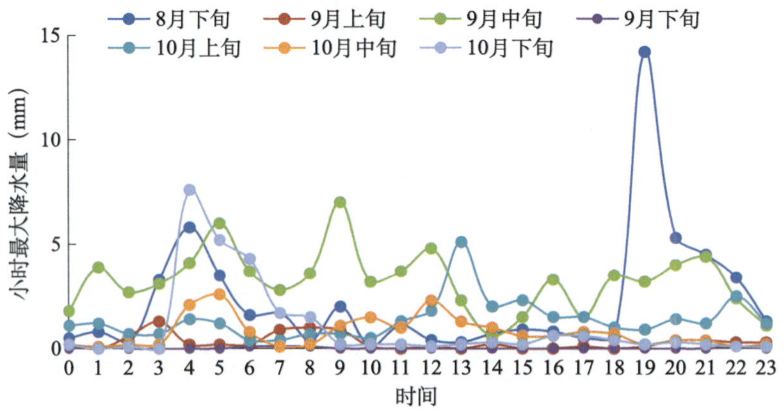

图 2.18　8 月下旬—10 月下旬西安中学区域站旬逐时最大降水量变化曲线

8 月下旬—10 月下旬各旬逐时平均风速最大值多出现在 10—16 时，最小值多出现在22—01时（图2.19）；8月下旬平均风速较其他旬偏大，其次为9月中旬、10月上旬、9 月上旬，10 月中旬，9 月下旬、10 月下旬最小，日变化中 9 月中旬风速变化最大。

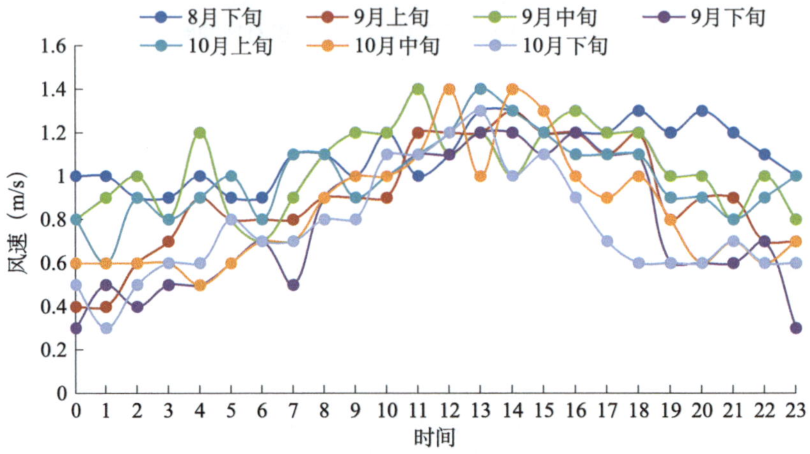

图 2.19　8 月下旬—10 月下旬西安中学区域站旬逐时平均风速变化曲线

8 月下旬—10 月下旬各旬逐时平均相对湿度 14—17 时最小，06—07 时最大；10 月上旬相对湿度最大，而后由大到小依次为 10 月中旬、9 月中旬、9 月上旬、10 月下旬、8 月下旬，9 月下旬最小（图 2.20）。

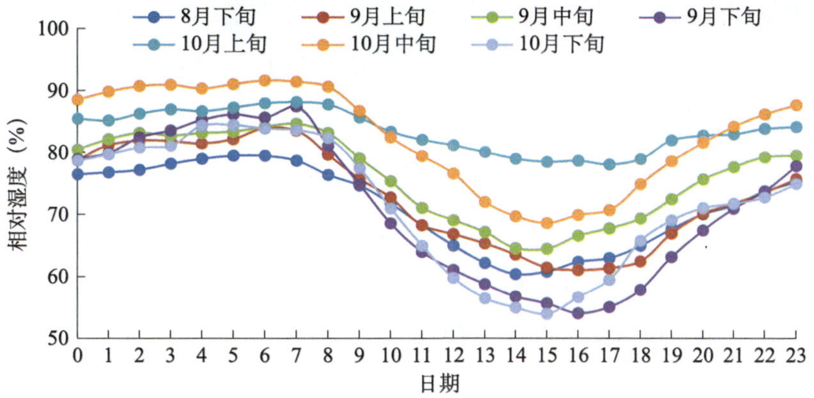

图 2.20　8 月下旬—10 月下旬西安中学区域站旬逐时平均相对湿度变化曲线

（3）比赛项目气象条件适宜性分析

①基本气象要素

排球：适宜气温 13 ～ 16 ℃，持续高温，会导致运动员心脏负荷过重，皮肤血管扩张，体温骤升，精力不集中，肌力和动作的协调性、准确性及反应性下降，适宜相对湿度为 40% ～ 60%。根据 8—10 月相关资料统计表明：10 月 5—31 日日平均气温在 13 ～ 16 ℃之间，8 月 20 日后无高温天气（≥ 35 ℃）；期间逐日相对湿度在 49% ～ 87% 之间，10 月上、中旬逐时相对湿度均维持在 60% 以上，10 月下旬仅下午（12—17 时）相对湿度较为适宜；故 10 月 21—31 日下午为排球比赛适宜时段。

聋人篮球：适宜气温 15 ～ 20 ℃，持续高温，会导致运动员心脏负荷过重，皮肤血管扩张，体温骤升，精力不集中，肌力和动作的协调性、准确性及反应性下降；适宜相对湿度为 30% ～ 60%。根据 8—10 月相关资料统计表明：8 月 20 日后无高温天气（≥ 35 ℃），8 月 11 日以后无高温天气（≥ 38 ℃），9 月 15 日—10 月 8 日日平均气温在 15 ～ 20 ℃之间。期间逐日相对湿度在 61% ～ 87% 之间，从逐时相对湿度资料分析来看，逐时相对湿度下午（13—18 时）较适宜；故 9 月 15 日—10 月 8 日下午为篮球比赛适宜时段。

②高影响天气

中雨以上降水会导致地面积水，影响运动员的视线，同时使运动员体力消耗增大，技战术难以发挥，对比赛有一定的影响。根据 8 月 1 日—10 月 31 日日降水资料统计，中雨以上的降水主要集中在 8 月上旬、8 月下旬、9 月中旬，此时段应加强防范，做好降雨应急准备。雷暴、闪电多出现在 8 月，且雷暴概率随时间推后而逐渐减小，8 月上、中旬雷暴平均概率为 14.5%，闪电平均概率为 15.8%；8 月下旬雷暴、闪电平均概率分别为 7.0%、8.4%。9 月起雷暴、闪电概率进一步减小，均在 5% 以下，对赛事影响较小。8—10 月逐月五级及以上（极大风速 8 m/s 及以上）大风出现平均概率分别为 16.1%、10.0%、22.6%，其中 9 月概率最小，对比赛影响较小。8 月上旬到 9 月上旬，霾概率基本维持在 10% ～ 20% 之间，9 月中、下旬霾概率平均为 21.8%，10 月霾平均概率达到了 27.5%，增加明显，影响大气能见度及空气质量。8 月大雾概率较低，月末至 9 月中旬，大雾概率增加，基本维持在 5% ～ 15% 之间，影响大气能见度及空气质量，9 月下旬大雾概率略有下降，10 月起概率又呈现波动增加趋势，平均值为 11.8%，影响大气能见度及空气质量。

2.1.3 西安电子科技大学体育馆（电子科技大学区域站）

西安电子科技大学体育馆为十四运会和残运会羽毛球比赛项目场地。电子科大区域站为 2 要素气象站（气温、降水），其他气象要素选用所在赛区的国家气象站资料代替。

（1）逐日气象条件分析

8 月平均气温 28.1 ℃，平均最高气温 39.1 ℃（8 月 6 日），平均最低气温 20.2 ℃（8 月 31 日）；9 月平均气温 21.2 ℃，平均最高气温 31.5 ℃（9 月 7 日），平均最低气温 14.4 ℃（9 月 16 日）；10 月平均气温 14.9 ℃，平均最高气温 25.5 ℃（10 月 2 日），平均最低气温 8.8 ℃（10 月 27 日），基本随时间推移而降低（图 2.21）。8 月平均高温（≥ 35 ℃）日数为 16 d，最多为 22 d，最少为 12 d，9 月仅出现 1 d，10 月无高温日。日极端最高气温为 41.5 ℃（2017 年 8 月 10 日），日极端最低气温为 6.6 ℃（2017 年 10 月 11 日）。

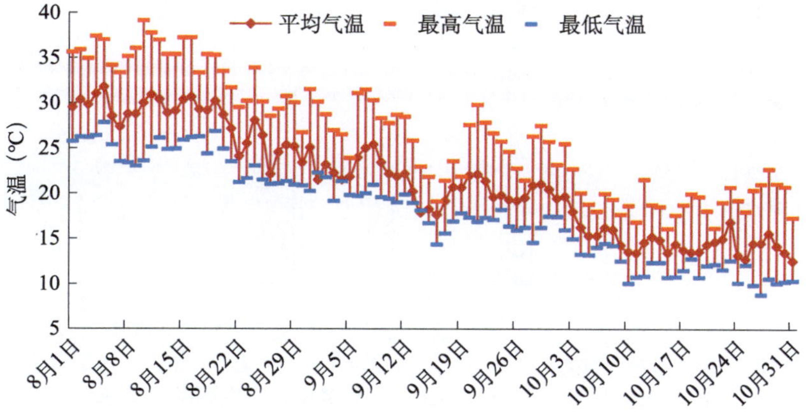

图 2.21　8—10 月电子科技大学区域站逐日平均气温及平均最高、最低气温变化趋势

8—10 月逐月平均降水量分别为 87.4 mm、142.7 mm、79.8 mm。8 月小雨、中雨、大雨降水概率分别为 17.2%、8.6%、3.2%，无暴雨发生；9 月各级降水概率依次为 27.8%、8.6%、3.2%、2.2%；10 月各级降水概率依次 32.3%、4.3%、2.2%，无暴雨发生。日最大降水量为 75.1 mm，发生在 2019 年 9 月 14 日。

8—10 月小雨降水概率在 60% 以上的有 18 d，主要集中在 9 月中旬和 10 月中旬，其中 8 月 3 d、9 月 7 d、10 月 8 d（图 2.22）。中雨降水概率均在 60% 以下，在 30% 以上的有 21 d，主要集中在 8 月下旬和 9 月中旬，其中 8 月 9 d，9 月 8 d、10 月 4 d（图 2.23）。大雨及以上降水概率在 30% 以上的有 7 d，主要集中在 9 月中旬（图 2.24）。

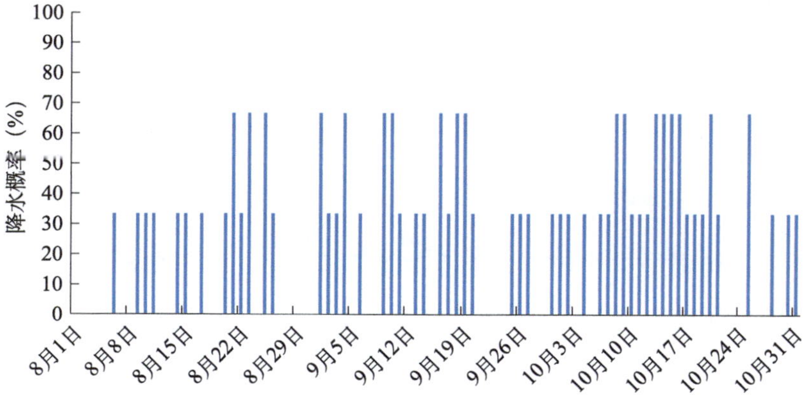

图 2.22　8—10 月电子科技大学区域站逐日小雨降水概率

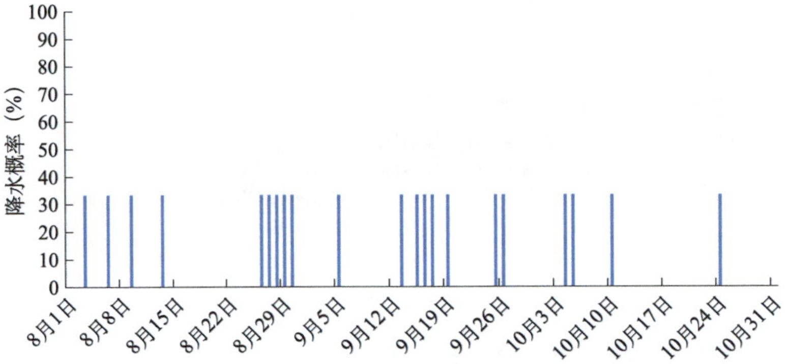

图 2.23　8—10 月电子科技大学区域站逐日中雨降水概率

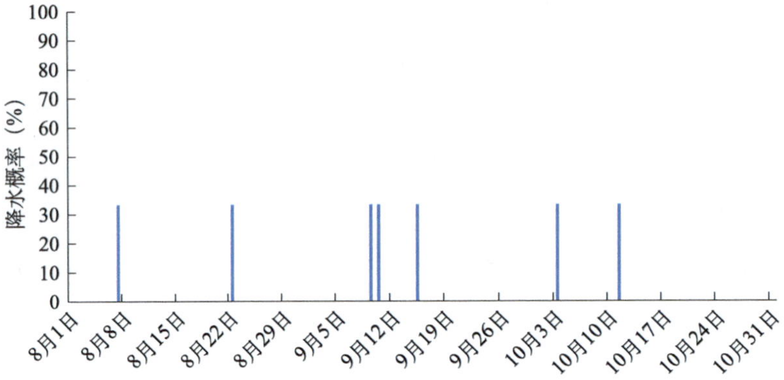

图 2.24　8—10 月电子科技大学区域站逐日大雨及以上降水概率

（2）逐时气象条件分析

8 月下旬—10 月下旬各旬中 06—07 时气温最低依次分别为 22.6 ℃、20.5 ℃、18.3 ℃、17.3 ℃、14.1 ℃、11.3 ℃、12.3 ℃；8 月下旬、9 月下旬、10 月上旬、10 月中旬 14—15 时气温最高，依次分别为 28.4 ℃、24.6 ℃、28.4 ℃、24.6 ℃；9 月上旬 15—16 时气温最高，为 27.3 ℃；9 月中旬、10 月下旬 13—14 时气温最高，为 22.8 ℃、17.4 ℃（图 2.25）。

8 月下旬—10 月下旬小时最大降水量为 11.7 mm，出现在 8 月 26 日 19 时。其中，8 月下旬出现在晚上，小时最大降水量为 11.7 mm；9 月上旬出现在下午，小时最大降水量为 6.7 mm；9 月中旬出现在上午，小时最大降水量为 8.2 mm；9 月下旬出现在凌晨，小时最大降水量为 6.2 mm；10 月上旬出现在中午，小时最大降水量为 5.7 mm；10 月中旬出现在晚上，小时最大降水量为 7.1 mm；10 月下旬出现在凌晨，小时最大降水量为 8.2 mm（图 2.26）。

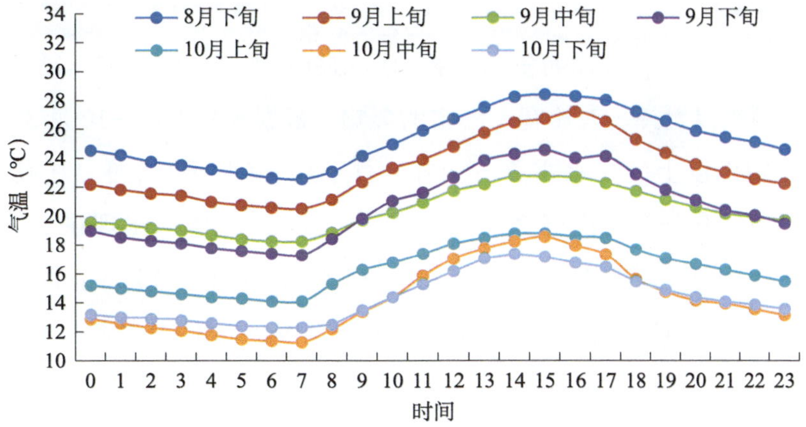

图 2.25　8 月下旬—10 月下旬电子科技大学区域站旬逐时平均气温变化曲线

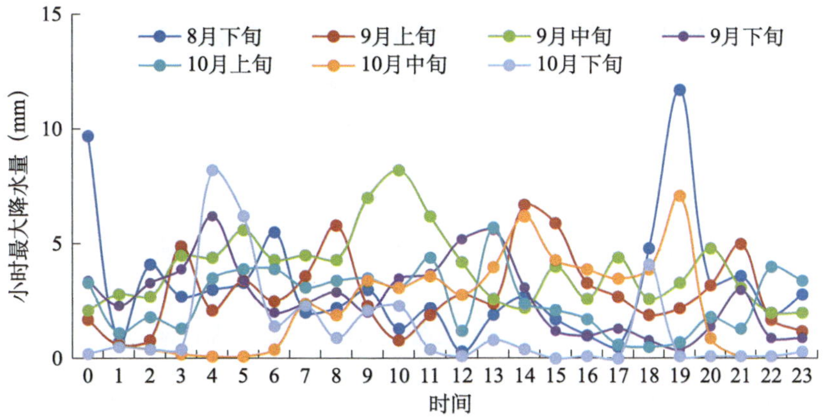

图 2.26　8 月下旬—10 月下旬电子科技大学区域站旬逐时最大降水量变化曲线

（3）比赛项目气象条件适宜性分析

①基本气象要素

羽毛球：适宜气温为 20 ～ 25 ℃，适宜相对湿度小于 60%，适宜风速＜ 2 m/s。根据 8—10 月相关资料统计表明：9 月 4 日后无高温天气（≥ 35 ℃），8 月 22 日—9 月 30 日日平均气温在 20 ～ 25 ℃之间；期间逐日相对湿度在 68% ～ 72% 之间，逐时相对湿度结果显示 9 月中旬维持在 60% 以上，8 月下旬 15—17 时，9 月上旬、下旬下午（14—17 时）相对湿度在 60% 以下；西安地区除高影响天气外，常年风速小于 2 m/s，适宜进行羽毛球比赛；故 8 月 22 日—9 月 10 日、9 月 21—30 日下午为羽毛球比赛适宜时段。

②高影响天气

中雨以上降水会导致地面积水，影响运动员的视线，同时使运动员体力消耗增大，技战术难以发挥，对比赛有一定的影响。根据8月1日—10月31日日降水资料统计，中雨以上的降水主要集中在8月上旬、8月下旬、9月中旬、10月上旬，此时段应加强防范，做好降雨应急准备。雷暴、闪电多出现在8月，且雷暴概率随时间推后而逐渐减小，8月上、中旬雷暴平均概率为14.5%，闪电平均概率为15.8%；8月下旬雷暴、闪电平均概率分别为7.0%、8.4%。9月起雷暴、闪电概率进一步减小，均在5%以下，对赛事影响较小。8—10月逐月五级及以上（极大风速8 m/s及以上）大风出现平均概率分别为39.4%、26.1%、22.9%，出现概率随时间推后减小，整体上8月上、中旬大风出现概率较高，平均为42.2%，对赛事影响较大，其余时段大风影响较小。8月上旬到9月上旬，霾概率基本维持在10%～20%之间，9月中、下旬霾概率平均为21.8%，10月霾平均概率达到了27.5%，增加明显，影响大气能见度及空气质量。8月大雾概率较低，月末至9月中旬，大雾概率增加，基本维持在5%～15%之间，影响大气能见度及空气质量，9月下旬大雾概率略有下降，10月起概率又呈现波动增加趋势，平均值为11.8%，影响大气能见度及空气质量。

2.1.4 陕西省体育场、西安市马拉松场地（省人大机关大院站）

陕西省体育场为十四运会足球项目比赛场地、西安市马拉松场地为十四运会和残运会马拉松比赛项目场地。省人大机关大院区域站为6要素气象站（气温、降水、风向、风速、相对湿度、气压），其他气象要素选用所在赛区的国家气象站资料代替。

（1）逐日气象条件分析

8月平均气温27.8 ℃，平均最高气温37.0 ℃（8月10日），平均最低气温20.0 ℃（8月30日）；9月平均气温21.1 ℃，平均最高气温29.9 ℃（9月7日），平均最低气温9.9 ℃（9月16日）；10月平均气温14.7 ℃，平均最高气温23.5 ℃（10月2日），平均最低气温8.0 ℃（10月10日），基本随时间推移而降低（图2.27）。8月平均高温（≥35 ℃）日数为10 d，最多为12 d，最少为7 d，9、10月未出现高温日。日极端最高气温为 40.0 ℃（2017 年 8 月 5 日），日极端最低气温为 5.2 ℃（2017 年 10 月 30 日）。

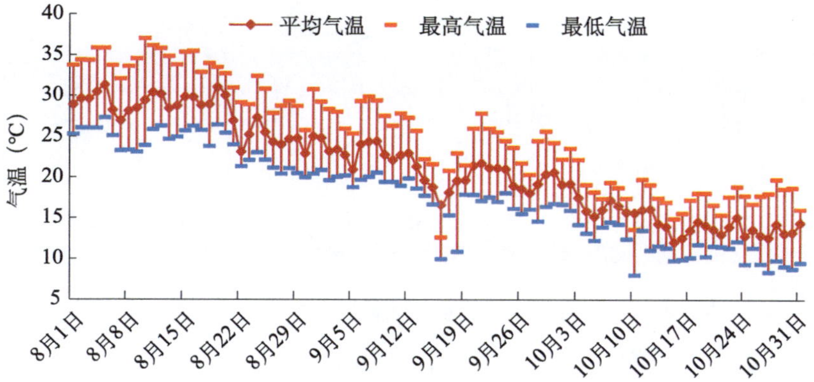

图 2.27 8—10 月省人大机关大院区域站逐日平均气温及平均最高、最低气温变化趋势

8—10 月逐月平均降水量分别为 98.6 mm、125.8 mm、45.0 mm。8 月小雨、中雨、大雨降水概率分别为 12.0%、11.9%、1.1%，无暴雨发生；9 月各级降水概率依次为 33.0%、7.7%、3.3%、1.1%；10 月各级降水概率依次为 27.7%、2.2%、1.1%，无暴雨发生。日最大降水量为 61.2 mm，发生在 2019 年 9 月 14 日。

8—10 月小雨降水概率在 60% 以上的有 17 d，主要集中在 9 月上、中旬和 10 月中旬，其中 8 月 1 d、9 月 8 d、10 月 8 d（图 2.28）。中雨降水概率在 60% 以上的仅 1 d，出现在 8 月 13 日（图 2.29）。大雨及以上降水概率在 30% 以上的有 5 d，分别为 8 月 22 日、9 月 10 日、9 月 15 日、9 月 27 日、10 月 3 日（图 2.30）。

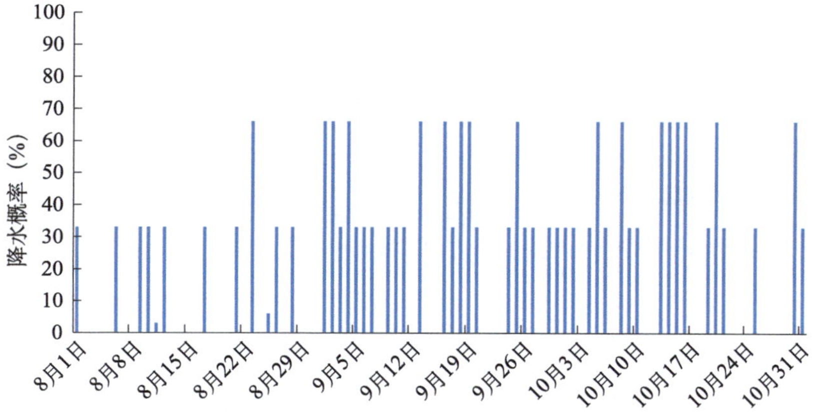

图 2.28 8—10 月省人大机关大院区域站逐日小雨降水概率

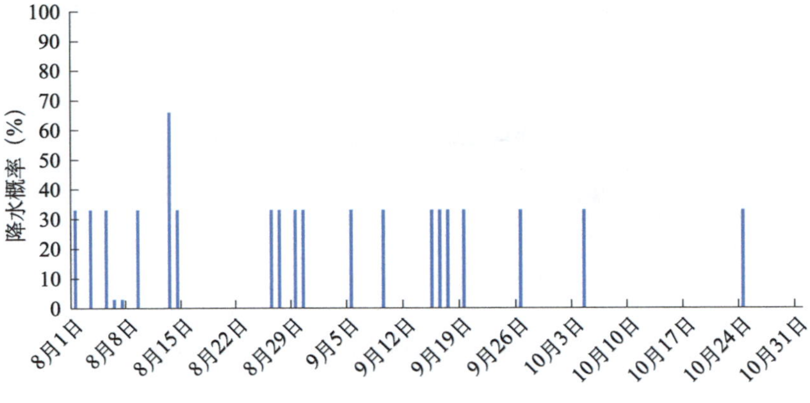

图 2.29　8—10 月省人大机关大院区域站逐日中雨降水概率

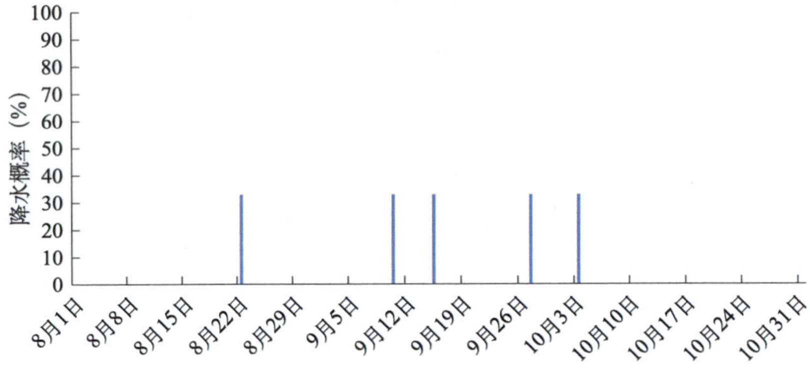

图 2.30　8—10 月省人大机关大院区域站逐日大雨及以上降水概率

8 月平均风速 0.5 m/s，极大风速 8.9 m/s，出现在 8 月 17 日，主导风向为东北风；9 月平均风速 0.4 m/s，极大风速 8.4 m/s，出现在 9 月 13 日，主导风向为东北偏北风；10 月平均风速 0.4 m/s，极大风速 9.8 m/s，出现在 10 月 24 日，主导风向为东风（图 2.31，图 2.32）。8—10 月逐月平均相对湿度分别为 64%、68%、70%（图 2.31）。

（2）逐时气象条件分析

8 月下旬—10 月下旬各旬中 06—07 时气温最低，依次分别为 22.2 ℃、20.5 ℃、17.7 ℃、17.9 ℃、17.7 ℃、13.4 ℃、11.9 ℃；15—16 时气温最高，依次分别为 27.5 ℃、26.3 ℃、21.4 ℃、23.0 ℃、18.6 ℃、17.0 ℃、15.9 ℃（图 2.33）。

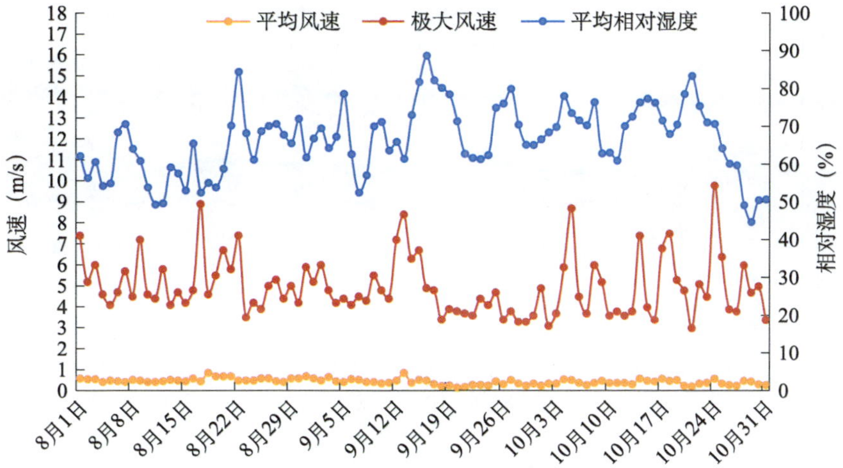

图 2.31 8—10 月省人大机关大院区域站逐日风速、相对湿度变化趋势

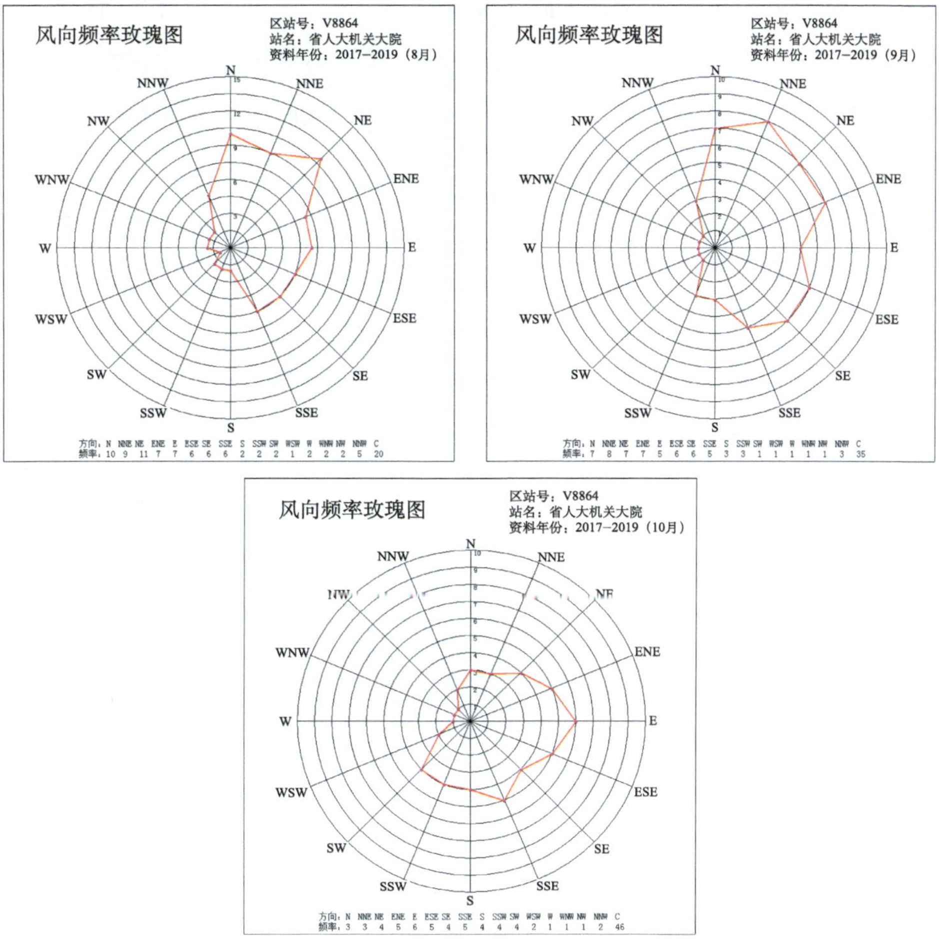

图 2.32 8—10 月省人大机关大院区域站逐月风向频率

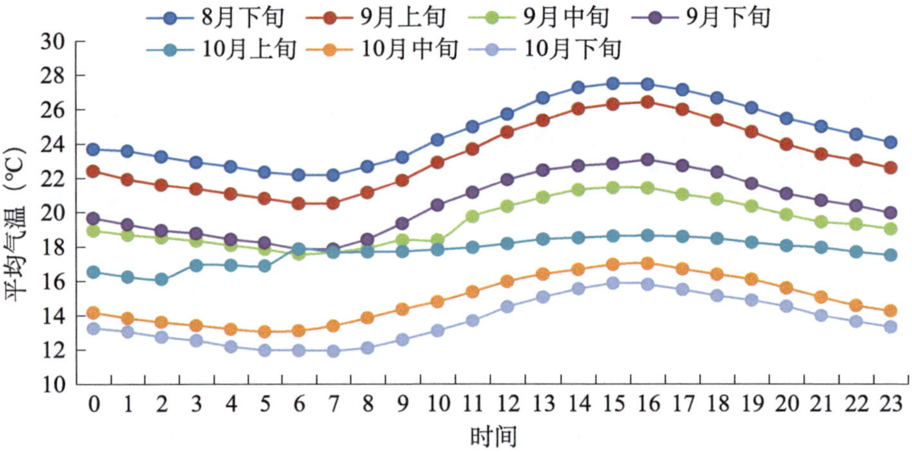

图 2.33　8 月下旬—10 月下旬省人大机关大院区域站旬逐时平均气温变化曲线

8 月下旬—10 月下旬小时最大降水量为 20.4 mm，出现在 8 月 22 日 01 时。其中，8 月下旬出现在凌晨，小时最大降水量为 20.4 mm；9 月上旬出现在下午，小时最大降水量为 8.1 mm；9 月中旬出现在上午，小时最大降水量为 6.9 mm；9 月下旬出现在凌晨，小时最大降水量为 5.3 mm；10 月上旬出现在下午，小时最大降水量为 5.8 mm；10 月中旬出现在上午，小时最大降水量分别为 2.6 mm；10 月下旬出现在早上，小时最大降水量为 8.6 mm（图 2.34）。

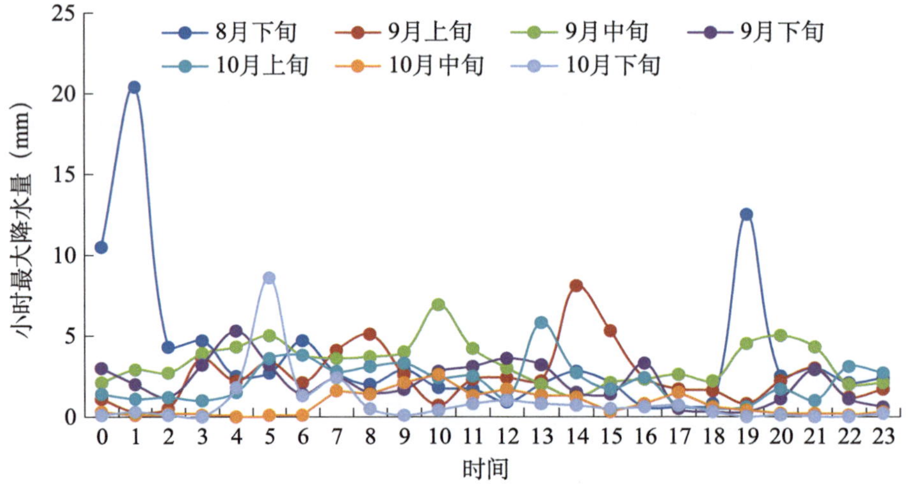

图 2.34　8 月下旬—10 月下旬省人大机关大院区域站小时最大降水量变化曲线

8 月下旬—10 月下旬各旬逐时平均风速最大值多出现在 11—15 时，最小值多出现在01—06时；8月下旬平均风速较其他旬偏大，其次为9月上旬、9月中旬，9月下旬最小，日变化中10月下旬风速变化最大（图2.35）。

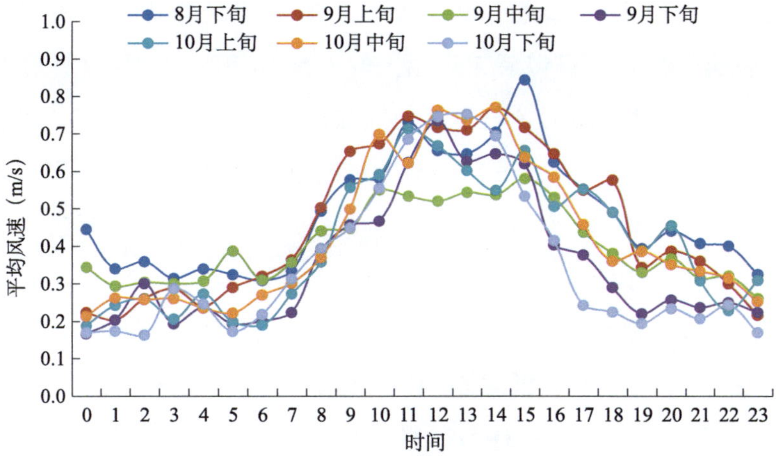

图2.35 8月下旬—10月下旬省人大机关大院区域站旬平均风速变化曲线

8月下旬—10月下旬各旬逐时平均相对湿度14—16时最小，06—07时最大；9月中旬相对湿度最大，而后由大到小依次为10月中旬、8月下旬、10月上旬、9月下旬、9月上旬，10月下旬最小（图2.36）。

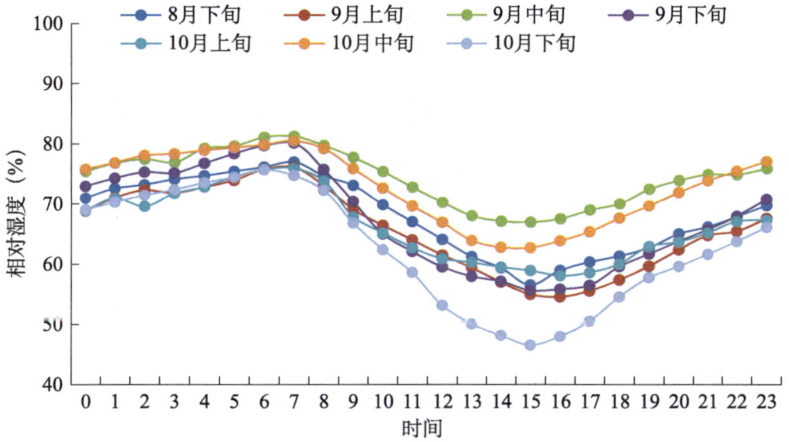

图2.36 8月下旬—10月下旬省人大机关大院区域站旬平均相对湿度变化曲线

（3）比赛项目气象条件适宜性分析

①基本气象要素

足球：足球的运动强度很大，历时较长，人体发热量最大。这些热量如不及时散发，积蓄在体内就会造成热病，如中暑、昏厥以至死亡。足球比赛适宜气温为 18 ～ 22 ℃，高温（≥ 35 ℃）影响运动员体力，(≥ 38 ℃）严重影响运动员体力；高湿（80% 以上）、低湿（30% 以下）不利于足球比赛。根据 8—10 月相关资料统计表明：8 月 15 日以后无高温天气（≥ 38 ℃)，8 月 20 日后无高温天气（≥ 35 ℃)，9 月 10 日—10 月 4 日日平均气温在 18 ～ 22 ℃之间；期间逐日相对湿度在 60% ～ 89% 之间，9 月 15—18 日逐日相对湿度在 80% 以上，但从逐时相对湿度资料分析来看，除 9 月中旬 05—08 时相对湿度在 80% 以上，其余时段均在 80% 以下；故 9 月 10 日—10 月 4 日为足球比赛适宜时段。

马拉松：适宜气温为 12 ～ 15 ℃，30 ℃以上的高温、不利于马拉松赛跑；适宜相对湿度为 50% ～ 60%。根据 8—10 月相关资料统计表明：9 月 21 日以后无≥ 30 ℃的高温天气，10 月 5—31 日日平均气温在 12 ～ 15 ℃之间；期间逐日相对湿度在 44% ～ 84% 之间，逐时相对湿度结果显示 10 月上旬 13—18 时、下旬 10—13 时相对湿度在 50% ～ 60% 之间；故 10 月 5—10 日下午、21—31 日中午为马拉松比赛适宜时段。

②高影响天气

中雨以上降水会导致地面积水，影响足球运动员的视线，同时使运动员体力消耗增大，技战术难以发挥，对比赛有一定的影响。根据 8 月 1 日—10 月 31 日日降水资料统计，中雨以上的降水主要集中在 8 月和 9 月，此时段期间应加强防范，做好降雨应急准备。雷暴、闪电多出现在 8 月，且雷暴概率随时间推后而逐渐减小，8 月上、中旬雷暴平均概率为 14.5%，闪电平均概率为 15.8%；8 月下旬雷暴、闪电平均概率分别为 7.0%、8.4%。9 月起雷暴、闪电平均概率进一步减小，均在 5% 以下，对赛事影响较小。8—10 月逐月五级及以上（极大风速 8 m/s 以上）大风出现平均概率分别为 3.3%、3.3%、3.3%，概率均较小，对足球、马拉松比赛影响极小；从 8 月下旬—10 月下旬逐时小时数据来看，五级及以上大风出现概率主要在 14—18 时，其余时段大风影响较小。8 月上旬到 9 月上旬，霾概率基本维持在 10% ～ 20% 之间，9 月中、下旬霾概率平均为 21.8%，10 月霾平均概率达到了 27.5%，增加明显，影响大气能见度及空气质量。8 月大雾概率较低，月末至 9 月中旬，大雾概率增加，基本维持在 5% ～ 15% 之间，影响大气能见度及空气质量，9 月下旬大雾概率略有下降，10 月起概率呈现波动增加趋势，平均值为 11.8%，影响大气能见度及空气质量。

2.1.5 陕西省体育训练中心、丈八宾馆（陕西宾馆区域站）

陕西省体育训练中心为现代五项比赛场馆。陕西宾馆区域站为 6 要素气象站（气温、降水、风向、风速、相对湿度、气压），其他气象要素选用所在赛区的国家气象站资料代替。

（1）逐日气象条件分析

8月平均气温26.5 ℃，平均最高气温37.0 ℃(8月10日)，平均最低气温18.7 ℃(8月29日)；9月平均气温20.0 ℃，平均最高气温30.8 ℃（9月7日），平均最低气温12.1 ℃（9月28日）；10月平均气温13.7 ℃，平均最高气温25.2 ℃（10月2日），平均最低气温5.3 ℃（10月27日），基本随时间推移而降低（图2.37）。8月平均高温（≥ 35 ℃）日数为36 d，最多为19 d，最少为8 d；9月仅出现1 d；10月未出现高温日。日最高气温为40.7 ℃（2017年8月5日），日最低气温为3.4 ℃（2018年10月27日）。

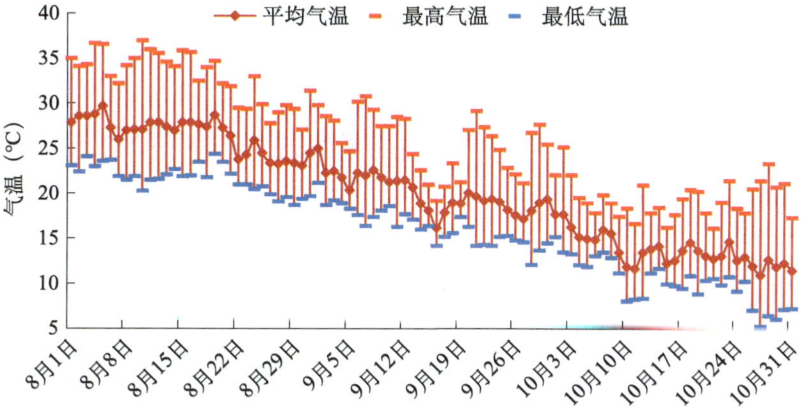

图 2.37　8—10 月陕西宾馆区域站逐日平均气温及平均最高、最低气温变化趋势

8—10 月逐月平均降水量分别为 113.7 mm、144.9 mm、71.1 mm。8 月小雨、中雨、大雨、暴雨降水概率分别为 19.3%、12.5%、3.4%、1.1%；9 月各级降水概率依次为 33.3%、8.9%、5.6%、1.1%；10 月各级降水概率依次为 31.2%、3.2%、2.2%，无暴雨发生。日最大降水为 67.2 mm，发生在 2019 年 9 月 14 日。

8—10 月小雨降水概率为 100% 的有 2 d，分别出现在 10 月 14 日、25 日；在 60% 以上的有 20 d，主要集中在 9 月中旬和 10 月中旬，其中 8 月 2 d、9 月 10 d、10 月 8 d（图 2.38）。中雨降水概率在 60% 以上的有 2 d，分别出现在 8 月 6 日和 9 月 5 日（图 2.39）。大雨及以上降水概率在 30% 以上的有 10 d，主要集中在 8 月上旬、9 月中旬和 10 月上旬（图 2.40）。

8 月平均风速 0.9 m/s，极大风速 14.0 m/s，出现在 8 月 9 日，主导风向为西南偏西；9 月平均风速 0.7 m/s，极大风速 8.6 m/s，出现在 9 月 13 日，主导风向为西南偏西；10 月平均风速 0.7 m/s，极大风速 9.4 m/s，出现在 10 月 24 日，主导风向为西南偏西（图 2.41，图 2.42）。

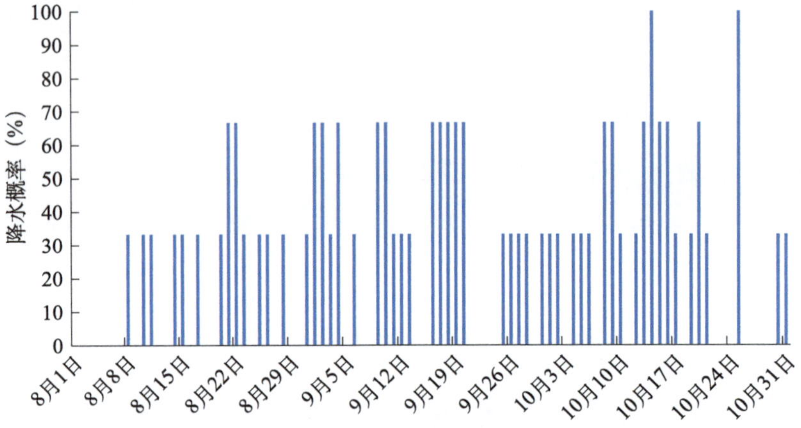

图 2.38　8—10 月陕西宾馆区域站逐日小雨降水概率

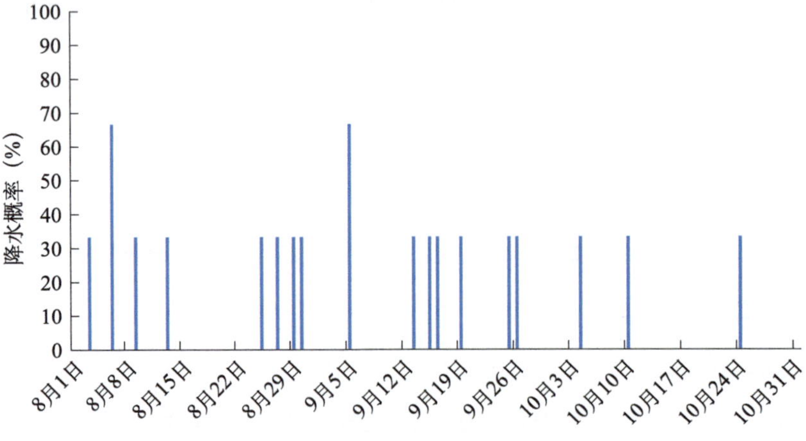

图 2.39　8—10 月陕西宾馆区域站逐日中雨降水概率

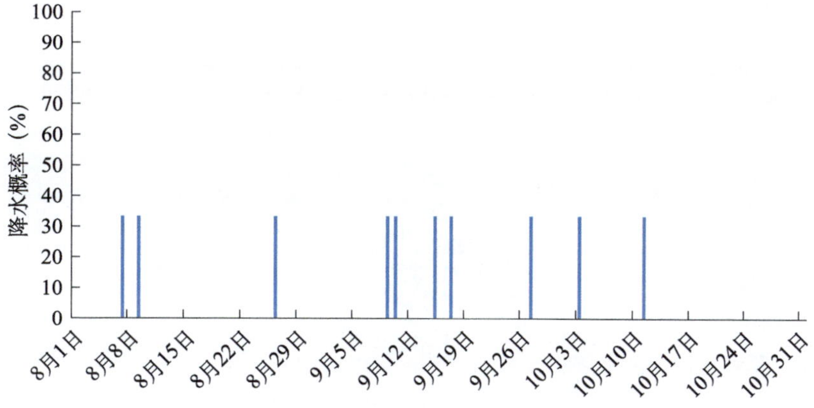

图 2.40 8—10 月陕西宾馆区域站逐日大雨及以上降水概率

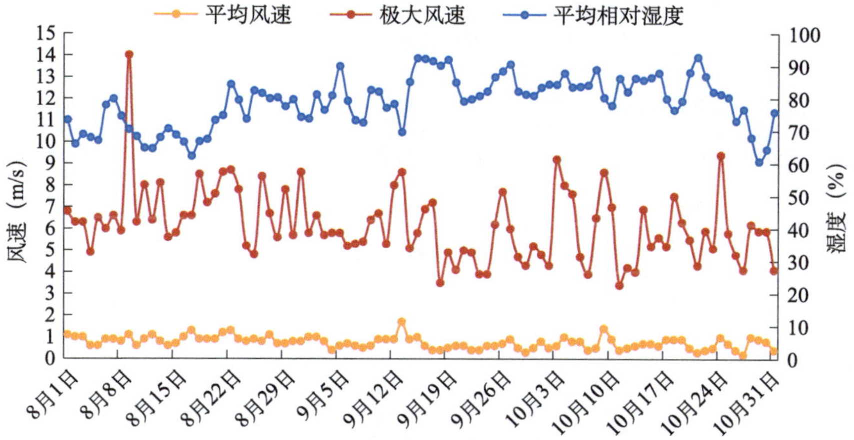

图 2.41 8—10 月陕西宾馆区域站逐日风速、相对湿度变化趋势

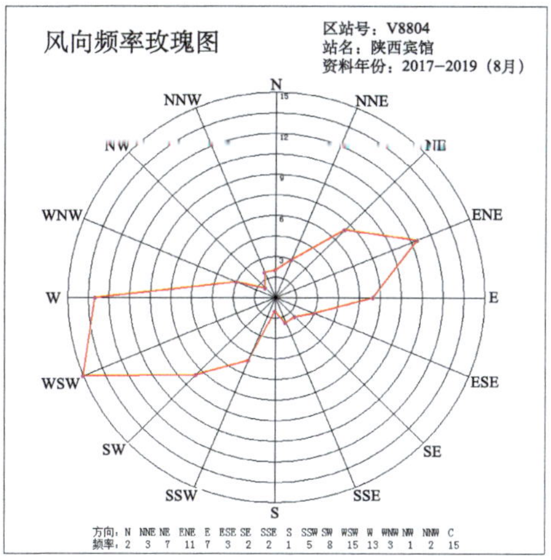

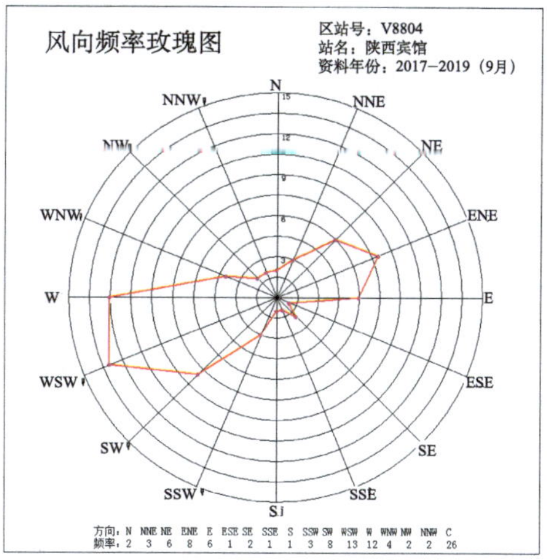

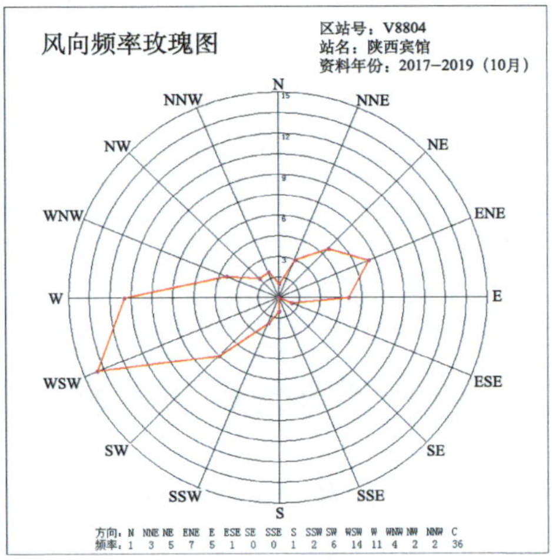

图 2.42　8—10 月陕西宾馆区域站逐月风向频率

（2）逐时气象条件分析

8 月下旬—10 月下旬各旬中 06—07 时气温最低，依次分别为 20.8 ℃、18.7 ℃、16.9 ℃、14.9 ℃、14.3 ℃、10.6 ℃、9.7 ℃；14—16 时气温最高，依次分别为 28.1 ℃、27.1 ℃、22.7 ℃、24.6 ℃、16.9 ℃、16.8 ℃、17.5 ℃（图 2.43）。

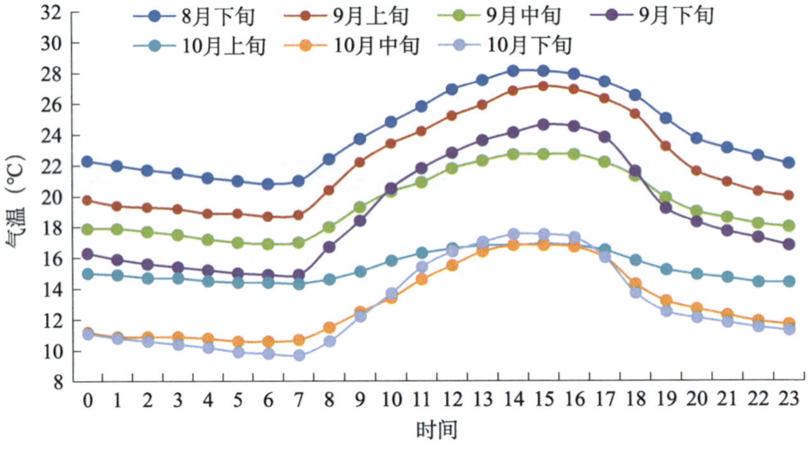

图 2.43　8 月下旬—10 月下旬陕西宾馆区域站旬逐时平均气温变化曲线

8 月下旬—10 月下旬小时最大降水量为 20.1 mm，出现在 8 月 24 日 23 时。其中，8 月下旬出现在子夜，小时最大降水量为 20.1 mm；9 月上旬出现在下午，小时最大降水量为 7.0 mm；9 月中旬出现在上午，小时最大降水量为 6.0 mm；9 月下旬出现在凌晨，小时最大降水量为 5.9 mm；10 月上旬出现在下午，小时最大降水量为 4.8 mm；10 月中旬出现在下午，小时最大降水量分别为 5.7 mm；10 月下旬出现在凌晨，小时最大降水量为 4.2 mm（图 2.44）。

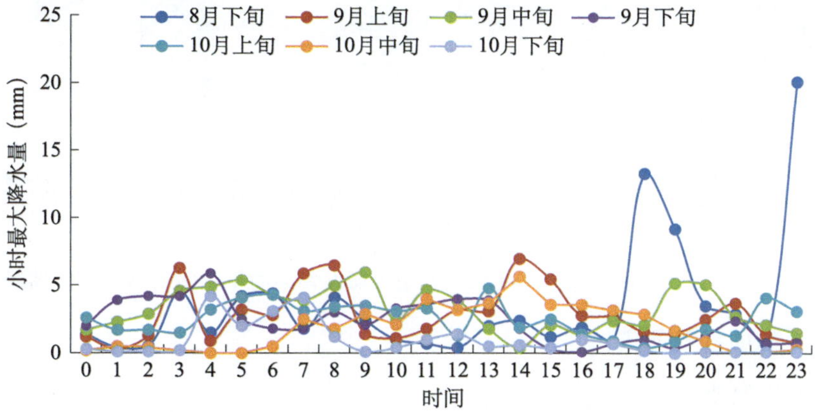

图 2.44　8 月下旬—10 月下旬陕西宾馆区域站旬逐时最大降水量变化曲线

8 月下旬—10 月下旬各旬逐时平均风速最大值多出现在 11—18 时，最小值多出现 03—07 时；8 月下旬平均风速较其他旬略偏大，10 月中旬最小，日变化中 9 月下旬风速变化最大（图 2.45）。

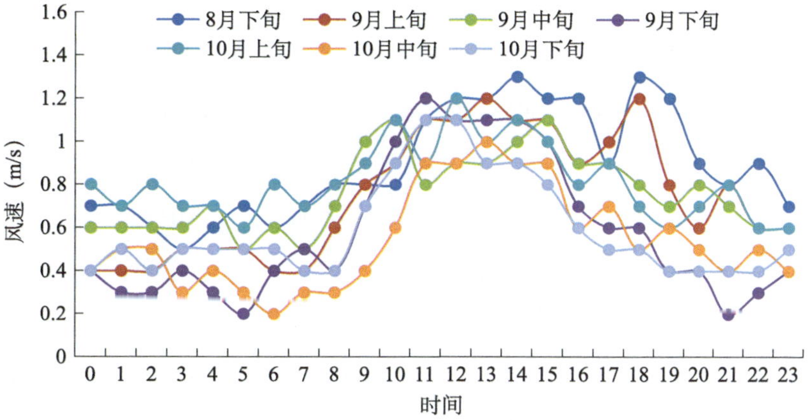

图 2.45　8 月下旬—10 月下旬陕西宾馆区域站旬逐时平均风速变化曲线

8 月下旬—10 月下旬各旬逐时平均相对湿度 14—16 时最小，04—08 时最大。10 月上旬相对湿度最大，而后由大到小依次为 10 月中旬、9 月中旬、10 月下旬、8 月下旬、9 月下旬，9 月上旬最小（图 2.46）。

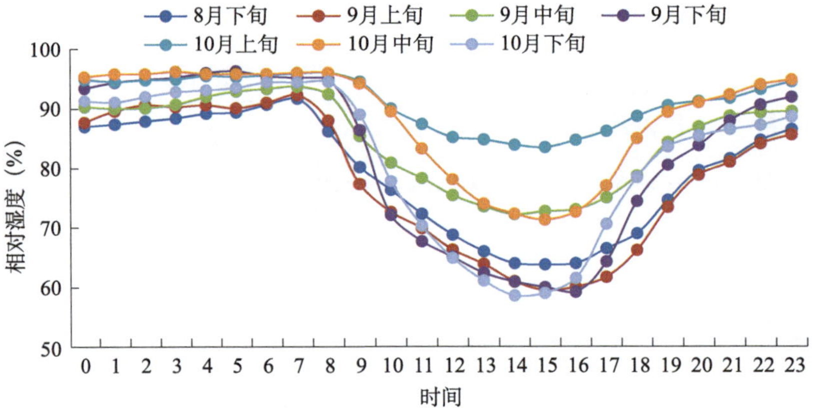

图 2.46　8 月下旬—10 月下旬陕西宾馆区域站旬逐时平均相对湿度变化曲线

（3）比赛项目气象条件适宜性分析

①基本气象要素

马术：适宜气温为 17 ～ 23 ℃，高温（34 ℃以上）会影响马儿的身体状态，适宜相对湿度为 30% ～ 60%。根据 8—10 月相关资料统计表明：8 月 19 日后无高温天气（≥ 34 ℃），9 月 2 日—10 月 2 日日平均气温在 17 ～ 23 ℃之间；期间逐日相对湿度在 70% ～ 92% 之间，逐时相对湿度结果显示 9 月上旬和下旬的下午（15—16 时）相对湿度在 60% 以下；故 9 月上旬、下旬下午为马术比赛适宜时段。

击剑：适宜气温为 13 ～ 16 ℃，高温（32 ℃以上）会影响运动员的身体状态，适宜相对湿度为 50% ～ 60%。根据 8—10 月相关资料统计表明：8 月 24 日后无高温天气（≥ 32 ℃），10 月 3—26 日日平均气温在 12 ～ 16 ℃之间；期间逐日相对湿度在 73% ～ 92% 之间，逐时相对湿度结果显示 10 月上、中旬均在 70% 以上，仅在 10 月下旬的下午（13—16 时）相对湿度在 50% ～ 60% 之间；故 10 月下旬下午为击剑比赛适宜时段。

射击：适宜气温为 15 ℃左右，高温（30 ℃以上）天气会使运动员的体内能量消耗增大，适宜相对湿度为 50% ～ 60%，适宜风速＜2 m/s。根据 8—10 月相关资料统计表明：9 月 7 日后无高温天气（≥ 30 ℃），10 月 3—9 日日平均气温在 14 ～ 16 ℃之间；期间逐日相对湿度在 80% ～ 89% 之间，逐时相对湿度结果显示 10 月上旬在 80% 以上，对运动员发挥有一定影响；日平均风速较小，8—10 月均在 0.2 ～ 1.7 m/s 之间；综合而言，10 月上旬为击剑比赛较适宜时段。

游泳：适宜气温为 17 ～ 23 ℃，适宜相对湿度为 50% ～ 60%。根据 8—10 月相关资料统计表明：9 月 2 日—10 月 2 日日平均气温在 17 ～ 23 ℃之间；期间逐日相对湿度在 70% ～ 92% 之间，逐时相对湿度结果显示 9 月上旬、下旬的下午（13—17 时）相对湿度在 50% ～ 60% 之间；故 9 月上旬、下旬下午为游泳比赛适宜时段。

越野跑：适宜气温为 8 ～ 15 ℃，适宜相对湿度为 30% ～ 60%。根据 8—10 月相关资料统计表明：10 月 3—31 日日平均气温在 11 ～ 16 ℃之间；期间逐日相对湿度在 60% ～ 92% 之间，逐时相对湿度结果显示 10 月上、中旬均在 70% 以上，仅在 10 月下旬的下午时段（13—16 时）在 60% 以下；故 10 月下旬下午为越野跑比赛适宜时段。

②高影响天气

中雨以上降水会导致地面积水，影响运动员的视线，同时使运动员体力消耗增大，技战术难以发挥，对比赛有一定的影响。根据 8 月 1 日—10 月 31 日日降水资料统计，中雨以上的降水主要集中在 8 月上旬、9 月中旬，此时段应加强防范，做好降雨应急准备。雷暴、闪电多出现在 8 月，且雷暴概率随时间推后而逐渐减小，8 月上、中旬雷暴平均概率为 14.5%，闪电平均概率为 15.8%；8 月下旬雷暴、闪电平均概率分别为 7.0%、8.4%。9 月起雷暴、闪电概率进一步减小，均在 5% 以下，对赛事影响较小。8—10 月逐月五级及以上（极大风速 8 m/s 及以上）大风出现平均概率分别为 63.6%、9.1%、27.3%，整体上 8 月下旬大风概率较高，平均为 36.4%，一天中大风多发生在 8 月下旬的 15—20 时，对赛事影响较大，比赛应尽量避开这些时间段，其余时段大风影响较小。8 月上旬到 9 月上旬，霾概率基本维持在 10% ～ 20% 之间，9 月中、下旬霾概率平均为 21.8%，10 月霾平均概率达到了 27.5%，增加明显，影响大气能见度及空气质量。8 月大雾概率较低，月末至 9 月中旬，大雾概率增加，基本维持在 5% ～ 15% 之间，影响大气能见度及空气质量，9 月下旬大雾概率略有下降，10 月起概率又呈现波动增加趋势，平均值为 11.8%，影响大气能见度及空气质量。

2.1.6　西咸新区小轮车、秦汉新城马术比赛场地（渭城区龚家湾区域站）

西咸新区小轮车、秦汉新城马术场地为小轮车和马术项目比赛场馆。渭城区龚家湾区域站为 2 要素气象站（气温、降水），其他气象要素选用所在赛区的西安国家气象站资料代替。

（1）逐日气象条件分析

8 月平均气温 27.1 ℃，平均最高气温 38.3 ℃（8 月 10 日、12 日），平均最低气温 19.7 ℃（8 月 29 日）；9 月平均气温 20.4 ℃，平均最高气温 32.3 ℃（9 月 6 日），平均最低气温 12.3 ℃（9 月 28 日）；10 月平均气温 13.9 ℃，平均最高气温 26.5 ℃（10 月 2 日），平均最低气温 4.8 ℃（10 月 27 日），基本随时间推移而降低（图 2.47）。8 月平均高温（≥ 35 ℃）日数为 16 d，最多为 23 d，最少为 10 d；9 月平均出现 1 d；10 月未出现高温日。日极端最高气温为 41.4 ℃（2019 年 8 月 15 日），日极端最低气温为 2.0 ℃（2018 年 10 月 27 日）。

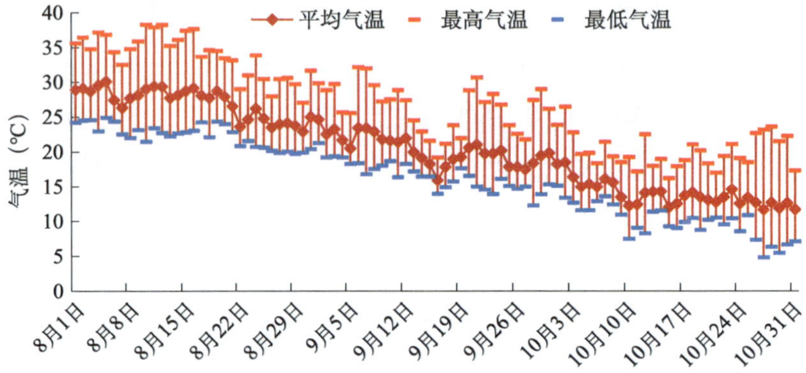

图 2.47　8—10 月渭城区龚家湾逐区域站逐日平均气温及平均最高、最低气温变化趋势

8—10 月逐月平均降水量分别为 61.5 mm、95.1 mm、60.5 mm。8 月小雨、中雨、大雨降水概率分别为 18.3%、7.5%、1.1%，无暴雨发生；9 月各级降水概率依次为 38.9%、7.8%，无大雨发生，暴雨降水概率 1.1%；10 月各级降水概率依次为 34.4%、3.2%、2.2%，无暴雨发生。日最大降水量为 61.4 mm，发生在 2019 年 9 月 14 日。

8—10 月小雨降水概率在 60% 以上的有 26 d，主要集中在 9 月上、中旬和 10 月中旬，其中 8 月 3 d、9 月 14 d、10 月 9 d，10 月 14 日小雨概率为 100%（图 2.48）。中雨降水概率在 60% 以上的有 1 d，出现在 9 月 15 日（图 2.49）。大雨及以上降水概率在 30% 以上的有 3 d，出现在 8 月 22 日、10 月 3 日、10 月 10 日（图 2.50）。

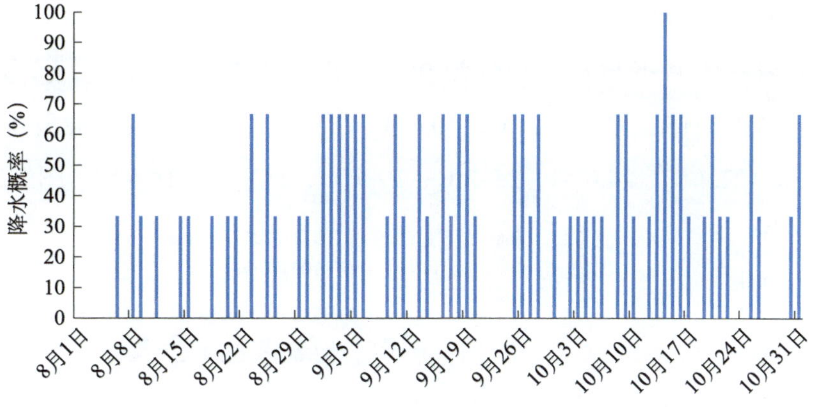

图 2.48　8—10 月渭城区龚家湾区域站逐日小雨降水概率

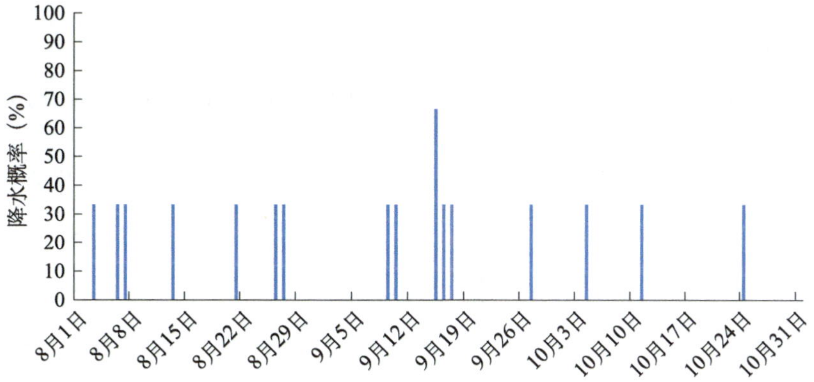

图 2.49　8—10 月渭城区龚家湾区域站逐日中雨降水概率

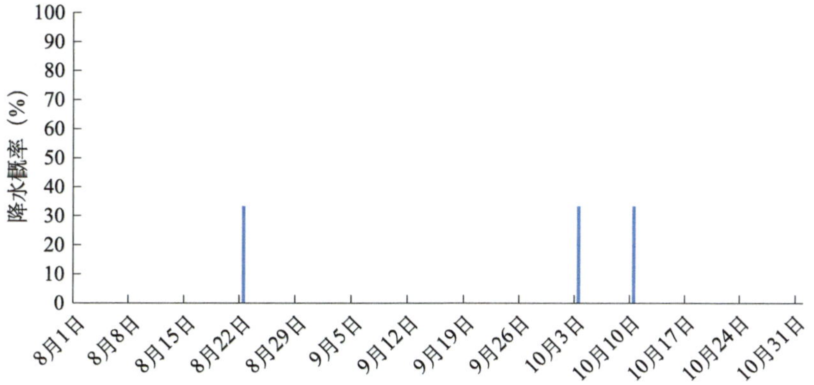

图 2.50　8—10 月渭城区龚家湾区域站逐日大雨及以上降水概率

（2）逐时气象条件分析

8月下旬—10月下旬日平均气温06—07时气温最低，依次分别为21.2 ℃、19.2 ℃、17.5 ℃、15.5 ℃、12.2 ℃、10.6 ℃、8.4 ℃，15—16时气温最高，依次分别为28.2 ℃、27.7 ℃、24.0 ℃、25.4 ℃、19.6 ℃、17.9 ℃、19.4 ℃（图2.51）。

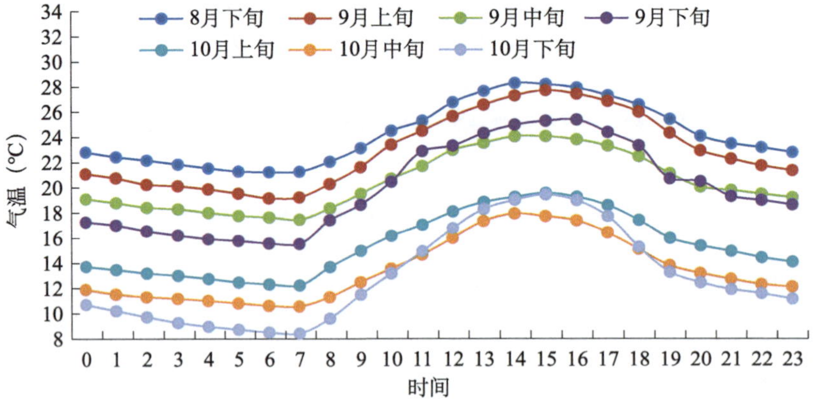

图2.51　8月下旬—10月下旬渭城区龚家湾区域站旬逐时平均气温变化曲线

8月下旬—10月下旬小时最大降水量为6.8 mm，出现在2017年9月9日14时。其中，8月下旬出现在晚上，小时最大降水量为5.6 mm；9月上旬出现在下午，小时最大降水量为6.8 mm；9月中旬出现在中午，小时最大降水量为5.4 mm；9月下旬相对较小，出现在凌晨，小时最大降水量为3.9 mm；10月上旬出现在凌晨到中午，10月中旬出现在下午，10月下旬出现在清晨（图2.52）。

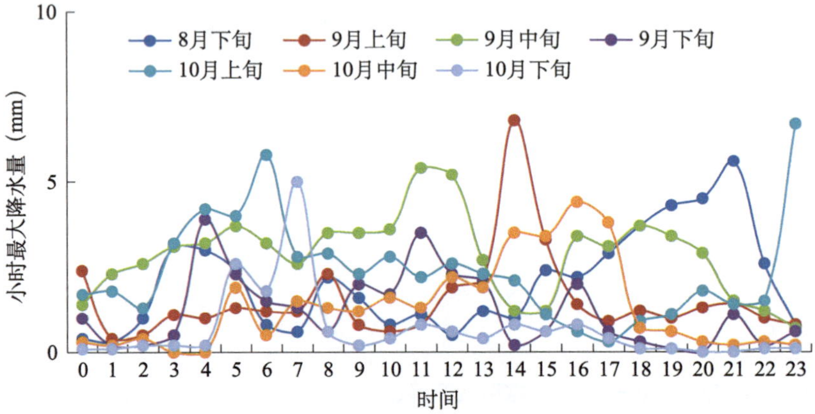

图2.52　8月下旬—10月下旬渭城区龚家湾区域站旬逐时最大降水量变化曲线

（3）比赛项目气象条件适宜性分析

①基本气象要素

小轮车、马术：适宜气温为17～23 ℃，适宜相对湿度为30%～60%。根据8—10月相关资料统计表明：9月4日后无高温天气（≥ 35 ℃），9月2日—10月2日日平均气温在17～23 ℃之间；期间逐日相对湿度在68%～82%之间，逐时相对湿度结果显示9月中旬基本维持在60%以上，其余时段下午（14—17时）相对湿度在60%以下；故9月2—10日、9月21日—10月2日下午为小轮车、马术比赛适宜时段。

②高影响天气

中雨以上降水会导致地面积水，影响运动员的视线，同时使运动员体力消耗增大，技战术难以发挥，对比赛有一定的影响。根据8月1日—10月31日日降水资料统计，中雨以上的降水主要集中在8月上旬、8月下旬—9月中旬，此时段应加强防范，做好降雨应急准备。雷暴、闪电多出现在8月，且雷暴概率随时间推后而逐渐减小，8月上、中旬雷暴平均概率为14.5%，闪电平均概率为15.8%；8月下旬雷暴、闪电平均概率分别为7.0%、8.4%。9月起雷暴、闪电概率进一步减小，均在5%以下，对赛事影响较小。8—10月逐月五级及以上（极大风速8 m/s及以上）大风出现平均概率分别为39.4%、26.1%、22.9%，整体上8月上、中旬大风出现概率较高，平均为42.2%，对赛事影响较大，其余时段大风影响较小。8月上旬到9月上旬，霾概率基本维持在10%～20%之间，9月中、下旬霾概率平均为21.8%，10月霾平均概率达到了27.5%，明显增加，影响大气能见度及空气质量。8月大雾概率较低，月末至9月中旬，大雾概率增加，基本维持在5%～15%之间，影响大气能见度及空气质量，9月下旬大雾概率略有下降，10月起概率呈现波动增加趋势，平均值为11.8%，影响大气能见度及空气质量。

2.1.7 西安东站（爱知中学区域站）

火车东站为主要交通枢纽重要场所。

（1）逐日气象条件分析

8月平均气温28.1 ℃，平均最高气温38.9 ℃（8月10日），平均最低气温

20.6 ℃（8 月 30 日）；9 月平均气温 21.4 ℃，平均最高气温 31.8 ℃（9 月 7 日），平均最低气温 10.6 ℃（9 月 18 日）；10 月平均气温 13.2 ℃，平均最高气温 25.6 ℃（10 月 2 日），平均最低气温 8.4 ℃（10 月 27 日），基本随时间推移而降低（图 2.53）。8 月平均高温（≥ 35 ℃）日数为 16 d，最多为 24 d，最少为 11 d；9 月平均发生 1 d；10 月未出现高温日。日最高气温为 41.5 ℃(2017 年 8 月 5 日)，日最低气温为 7.1 ℃（2017 年 10 月 11 日）。

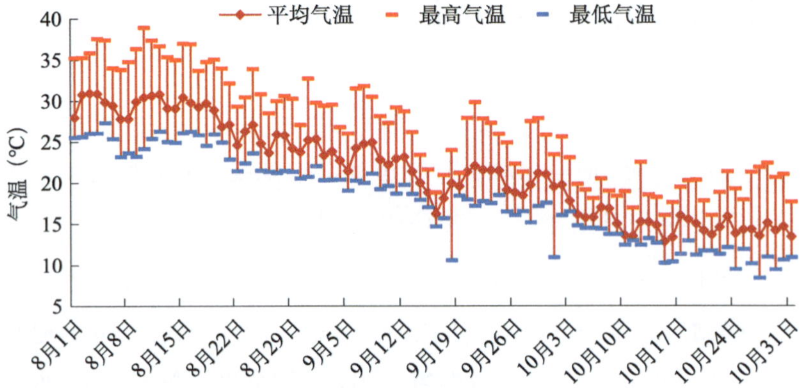

图 2.53　8—10 月爱知中学区域站逐日平均气温及平均最高、最低气温变化趋势

8—10 月逐月平均降水量分别为 114.1 mm、127.4 mm、57.5 mm。8 月小雨、中雨、大雨降水概率分别为 11.0%、14.3%、3.3%，无暴雨发生；9 月各级降水概率依次为 30.0%、8.9%、3.3%、1.1%；10 月各级降水概率依次为 26.9%、3.2%、2.2%，无暴雨发生。日最大降水量为 62.2 mm，发生在 2019 年 9 月 14 日。

8—10 月小雨降水概率在 60% 以上的有 11 d，主要集中在 9 月上旬和 10 月上旬后期—中旬前期，其中 8 月 1 d、9 月 6 d、10 月 4 d（图 2.54）。中雨降水概率在 60% 以上的有 2 d，分别出现在 8 月 26 日和 9 月 15 日（图 2.55）。大雨及以上降水概率在 30% 以上的有 8 d，主要集中在 8 月上旬、8 月下旬、9 月下旬—10 月上旬（图 2.56）。

（2）逐时气象条件分析

8 月下旬—10 月下旬各旬中 07 时气温最低，依次分别为 22.7 ℃、20.7 ℃、18.3 ℃、17.3 ℃、14.1 ℃、12.2 ℃、11.5 ℃；14—16 时气温最高，依次分别为 28.9 ℃、27.4 ℃、22.7 ℃、24.5 ℃、19.2 ℃、17.7 ℃、18.9 ℃（图 2.57）。

8月下旬—10月下旬小时最大降水量为20.5 mm，出现在8月25日00时。其中，8月下旬出现在子夜，小时最大降水量为20.5 mm；9月上旬出现在下午，小时最大

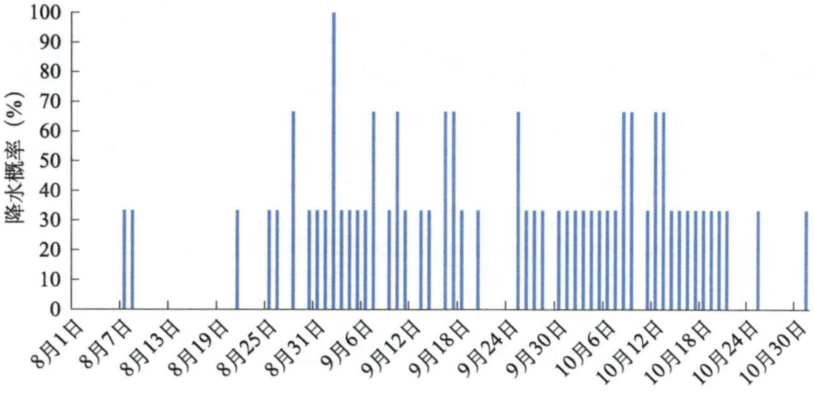

图 2.54　8—10 月爱知中学区域站逐日小雨降水概率

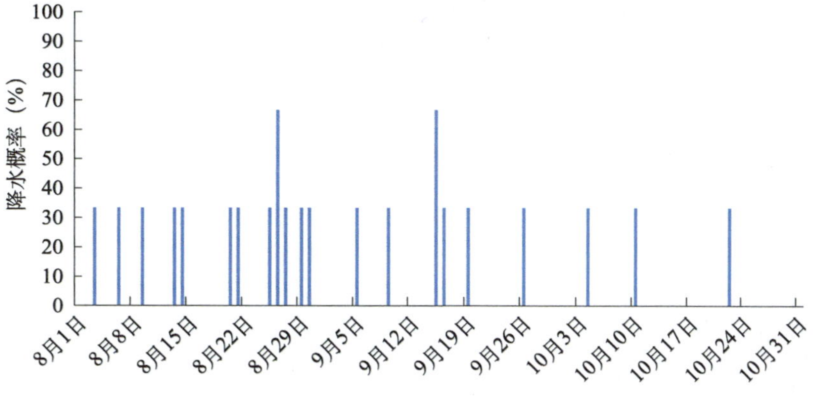

图 2.55　8—10 月爱知中学区域站逐日中雨降水概率

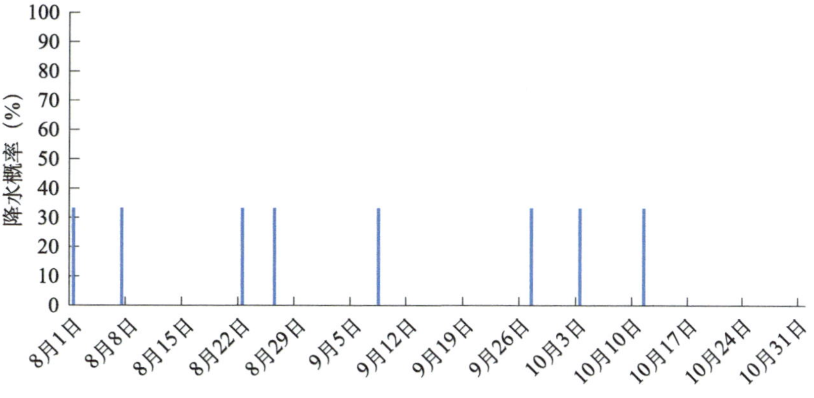

图 2.56　8—10 月爱知中学区域站逐日大雨及以上降水概率

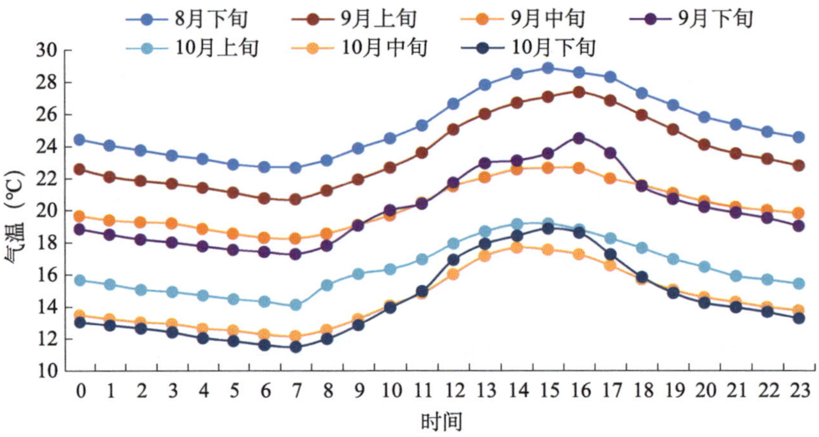

图 2.57　8 月下旬—10 月下旬爱知中学区域站旬逐时平均气温变化曲线

降水量为 6.2 mm；9 月中旬出现在上午，小时最大降水量为 5.7 mm；9 月下旬出现在凌晨，小时最大降水量为 5.3 mm；10 月上旬出现在下午，小时最大降水量为 6.8 mm；10 月中旬出现在下午，小时最大降水量为 5.1 mm；10 月下旬出现在早上，小时最大降水量为 3.0 mm（图 2.58）。

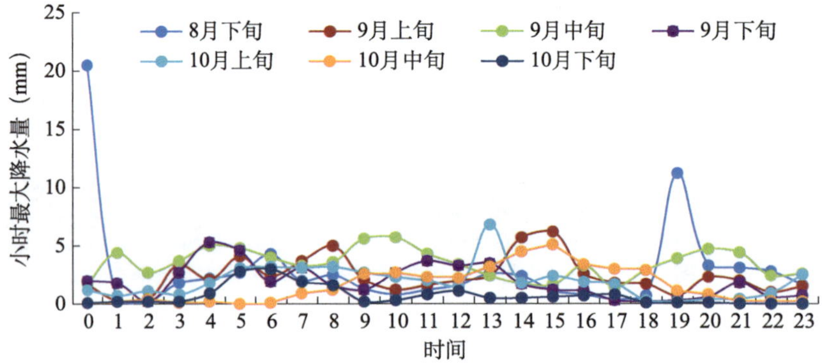

图 2.58　8 月下旬—10 月下旬爱知中学区域站旬逐时最大降水量变化曲线

2.1.8　大雁塔、大唐芙蓉园（大唐芙蓉园区域站）

大雁塔、大唐芙蓉园为市内标志性旅游重要场所。

（1）逐日气象条件分析

8 月平均气温 27.5 ℃，平均最高气温 38.2 ℃（8 月 10 日），平均最低气温 19.8 ℃（8 月 29 日）；9 月平均气温 20.7 ℃，平均最高气温 31.0 ℃（9 月 7 日），平均最低气温 13.2 ℃（9 月 28 日）；10 月平均气温 4.3 ℃，平均最高气温 25.4 ℃（10 月 2 日），平均最低气温 6.7 ℃（10 月 27 日），基本随时间推移而降低（图 2.59）。8 月平均高温（≥ 35 ℃）日数为 15 d，最多为 22 d，最少为 10 d；9 月仅出现过 1 d；10 月未出现高温日。日最高气温为 40.4 ℃（2019 年 8 月 15 日），日最低气温为 5.3 ℃（2018 年 10 月 27 日）。

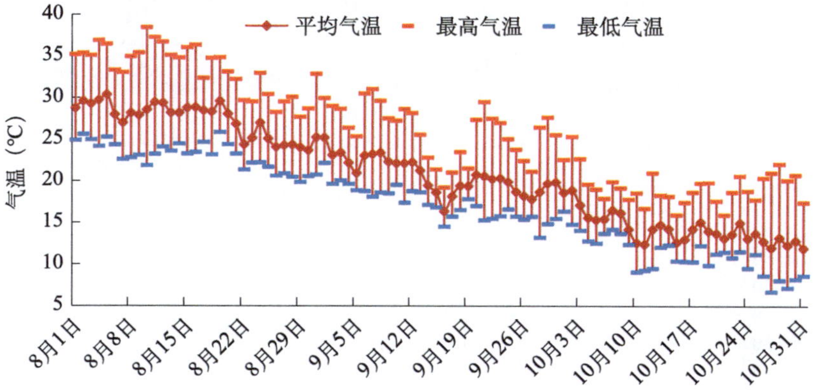

图 2.59　8—10 月大唐芙蓉园区域站逐日平均气温及平均最高、最低气温变化趋势

8—10 月逐月平均降水量分别为 112.1 mm、145.6 mm、70.2 mm。8 月小雨、中雨、大雨降水概率分别为 27.5%、11.0%、3.3%，无暴雨发生；9 月各级降水概率依次为 34.4%、8.9%、4.4%、2.2%；10 月各级降水概率依次为 43.0%、5.4%、2.2%，无暴雨发生。日最大降水量为 63.3 mm，发生在 2019 年 9 月 14 日。

8—10 月小雨降水概率在 60% 以上的有 26 d，主要集中在 8 月下旬—9 月中旬和 10 月中旬，其中 9 月 5 d、9 月 16 d、10 月 4 d（图 2.60）。中雨降水概率在 60% 以上的有 3 d，分别出现在 8 月 21 日、9 月 5 日和 10 月 4 日（图 2.61）。大雨及以上降水概率在 30% 以上的有 8 d，主要集中在 8 月下旬、9 月中旬—10 月上旬，9 月 15 日降水概率达到 60% 以上（图 2.62）。

8 月平均风速 0.8 m/s，极大风速 9.8 m/s，出现在 8 月 22 日，主导风向为东南偏南风；9 月平均风速 0.6 m/s，极大风速 8.8 m/s，出现在 9 月 13 日，主导风向为东南偏南风；10 月平均风速 0.5 m/s，极大风速 9.9 m/s，出现在 10 月 24 日，主导风向为东南偏南风（图 2.63，图 2.64）。8—10 月逐月平均相对湿度分别为 68%、79%、90%（图 2.63）。

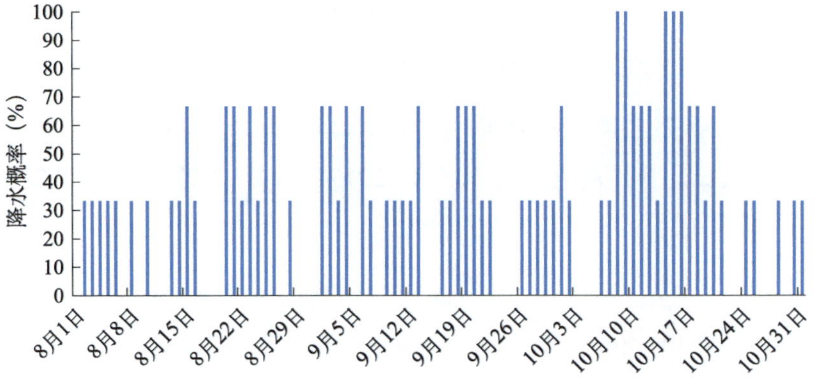

图 2.60　8—10 月大唐芙蓉园区域站逐日小雨降水概率

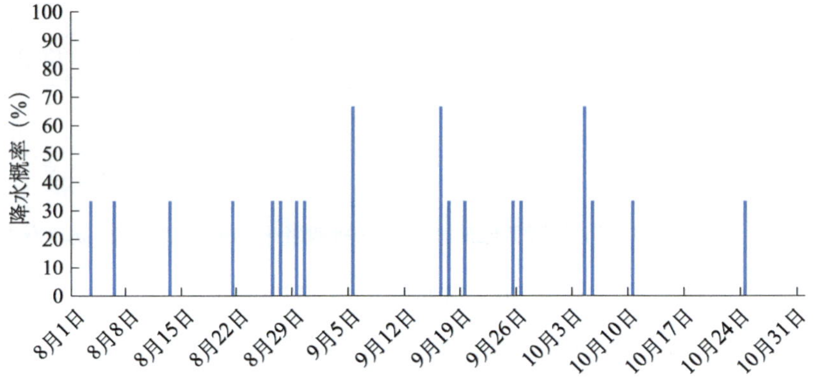

图 2.61　8—10 月大唐芙蓉园区域站逐日中雨降水概率

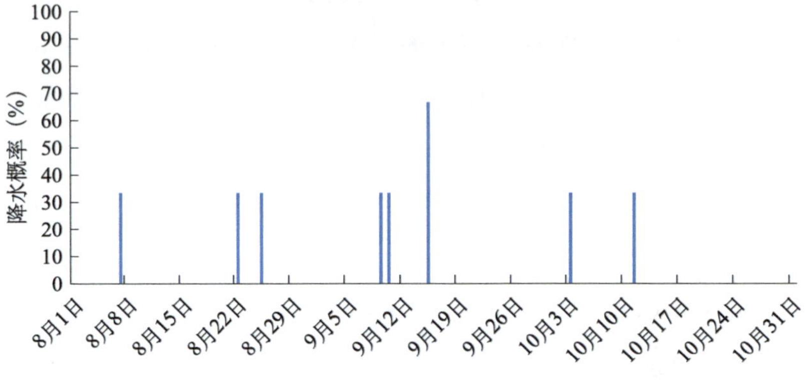

图 2.62　8—10 月大唐芙蓉园区域站逐日大雨及以上降水概率

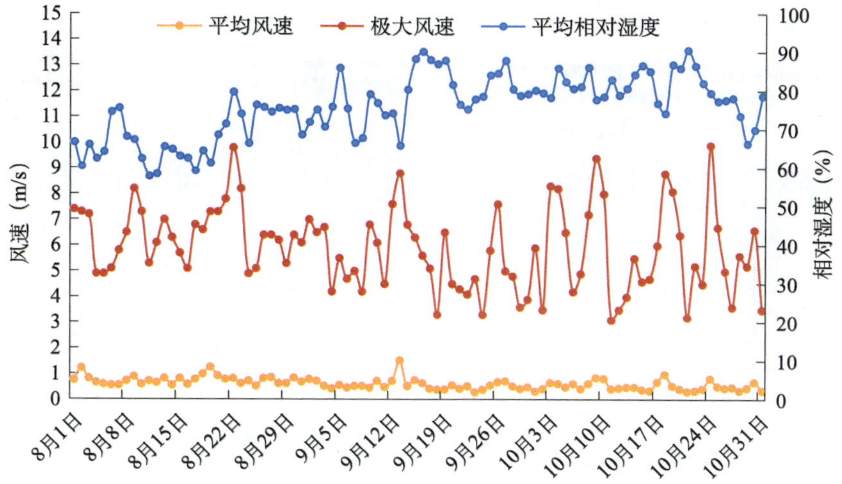

图 2.63 8—10 月大唐芙蓉园区域站逐日风速、相对湿度变化趋势

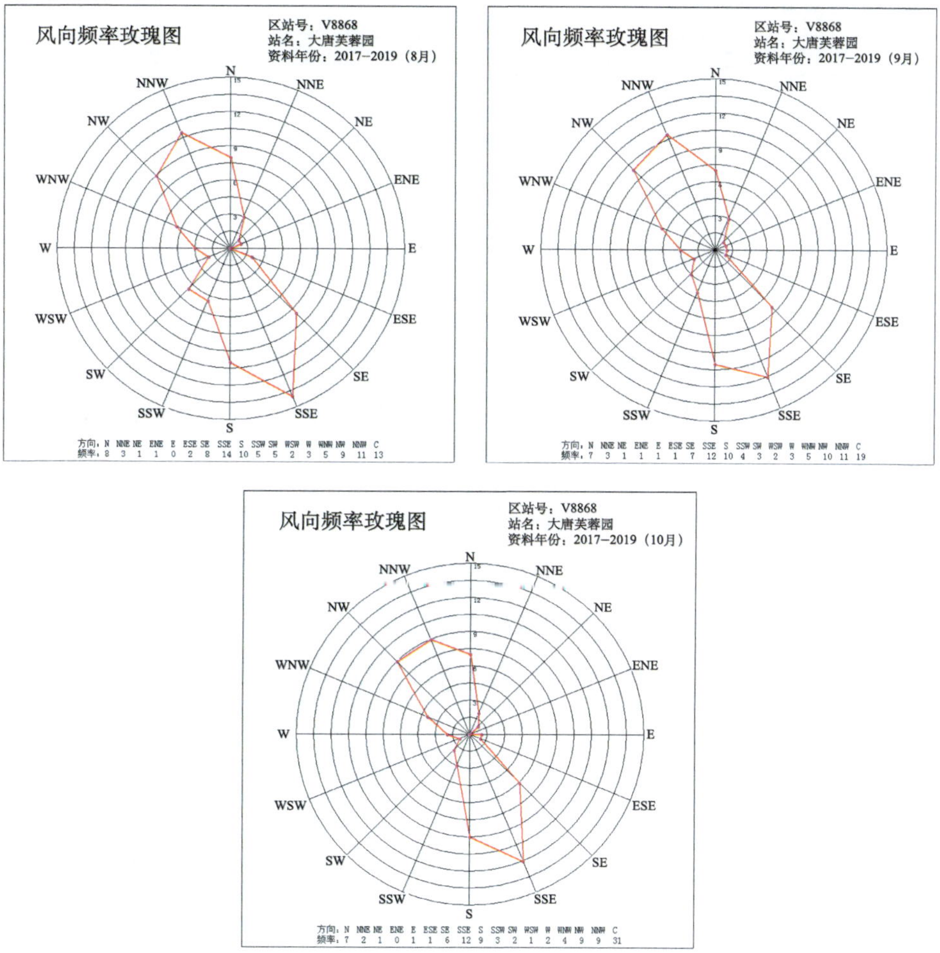

图 2.64 8—10 月大唐芙蓉园区域站逐月风向频率

（2）逐时气象条件分析

8月下旬—10月下旬各旬中05—07时气温最低，依次分别为21.3 ℃、19.8 ℃、17.6 ℃、16.3 ℃、13.1 ℃、11.4 ℃、9.7 ℃；14—16时气温最高，依次分别为26.9 ℃、26.2 ℃、23.6 ℃、25.4 ℃、19.2 ℃、17.4 ℃、18.7 ℃（图2.65）。

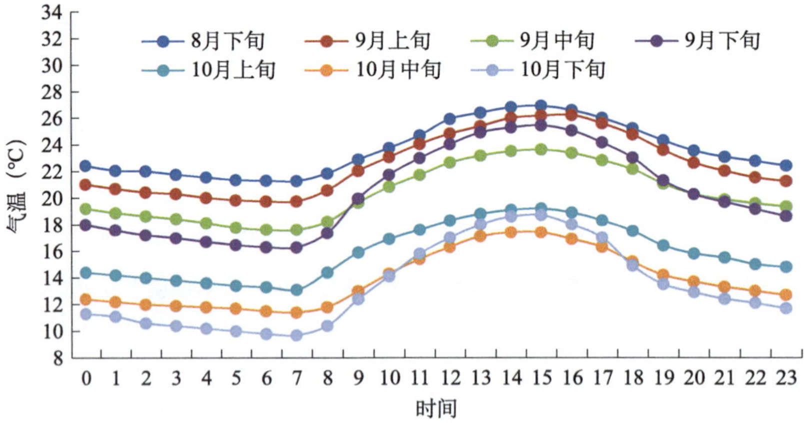

图2.65 8月下旬—10月下旬大唐芙蓉园区域站旬逐时平均气温变化曲线

8月下旬—10月下旬小时最大降水量为17.5 mm，出现在8月25日00时。其中，8月下旬出现在子夜，小时最大降水量为17.5 mm；9月上旬出现在下午，小时最大降水量为6.6 mm；9月中旬出现在早上，小时最大降水量为5.8 mm；9月下旬出现在凌晨，小时最大降水量为6.9 mm；10月上旬出现在清晨，小时最大降水量为3.9 mm；10月中旬出现在午后，小时最大降水量为5.6 mm；10月下旬出现在清晨，小时最大降水量为5.6 mm（图2.66）。

8月下旬—10月下旬各旬逐时平均风速最大值出现在12—14时，最小值出现在01—06时；8月下旬平均风速较其他旬偏大，其次为9月中旬，9月下旬最小，日变化中9月下旬风速变化最大（图2.67）。

8月下旬—10月下旬各旬逐时平均相对湿度13—16时最小，06—07时最大。9月中旬相对湿度最大，其次为9月下旬、10月下旬，8月下旬最小（图2.68）。

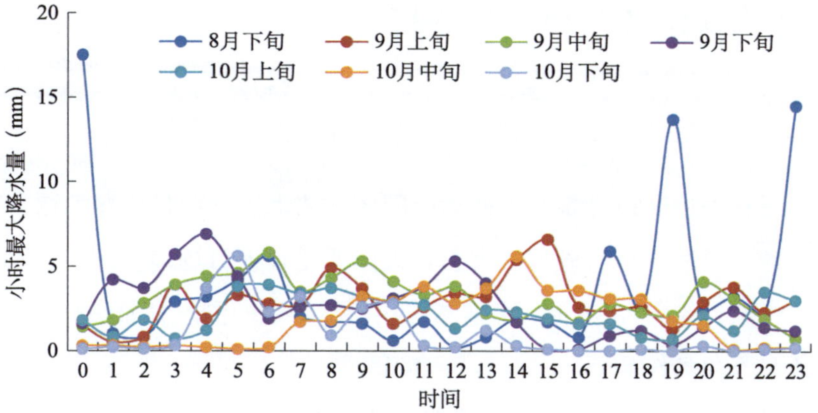

图 2.66　8 月下旬—10 月下旬大唐芙蓉园区域站旬逐时最大降水量变化曲线

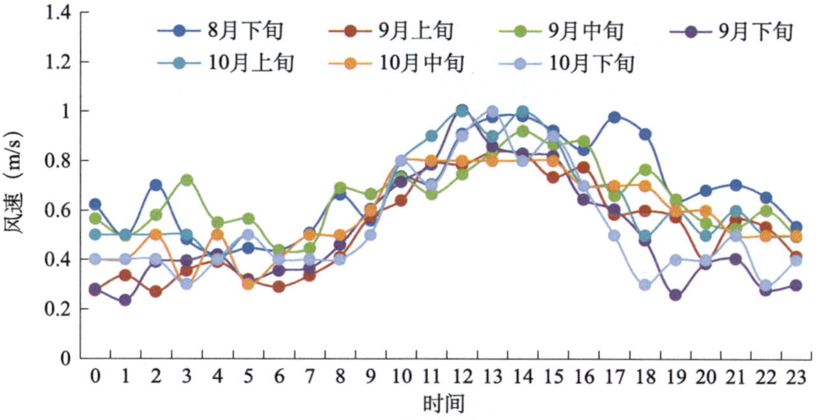

图 2.67　8 月下旬—10 月下旬大唐芙蓉园区域站旬逐时平均风速变化曲线

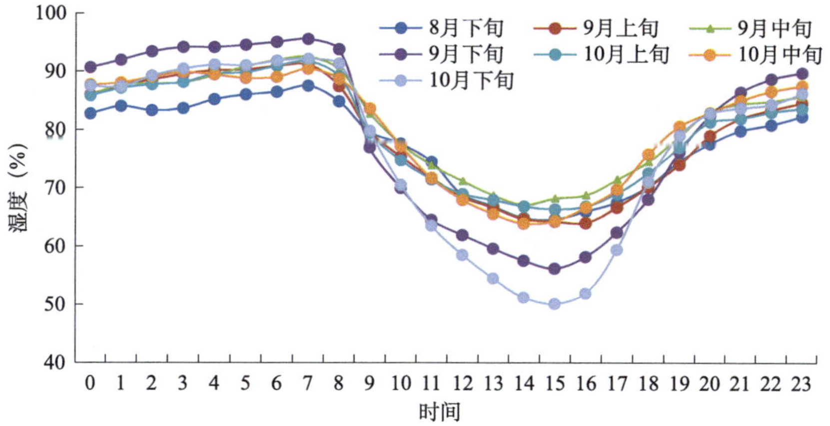

图 2.68　8 月下旬—10 月下旬大唐芙蓉园区域站旬逐时平均相对湿度变化曲线

2.2 长安赛区场馆气象条件分析

2.2.1 西北大学长安校区体育馆、足球场（郭杜区域站）

西北大学长安校区体育馆为十四运会蹦床、艺术体操项目比赛场馆，足球场为十四运会足球项目和残运会硬地滚球、盲人门球比赛项目场地。郭杜区域站为2要素气象站（气温、降水），其他气象要素选用所在赛区的国家气象站资料代替。

（1）逐日气象条件分析

8月平均气温28.1 ℃，平均最高气温38.5 ℃（8月11日），平均最低气温20.4 ℃（8月27日）；9月平均气温21.5 ℃，平均最高气温32.6 ℃(9月7日)，平均最低气温14.3 ℃(9月28日)；10月平均气温15.2 ℃，平均最高气温26.4 ℃（10月2日），平均最低气温8.7 ℃（10月27日），基本随时间推移而降低（图2.69）。8月平均高温（≥35 ℃）日数为16 d，最多为23 d，最少为10 d；9月平均出现1 d；10月未出现高温日。日最高气温为41.9 ℃（2017年8月5日），日最低气温为7.0 ℃（2017年10月10日）。

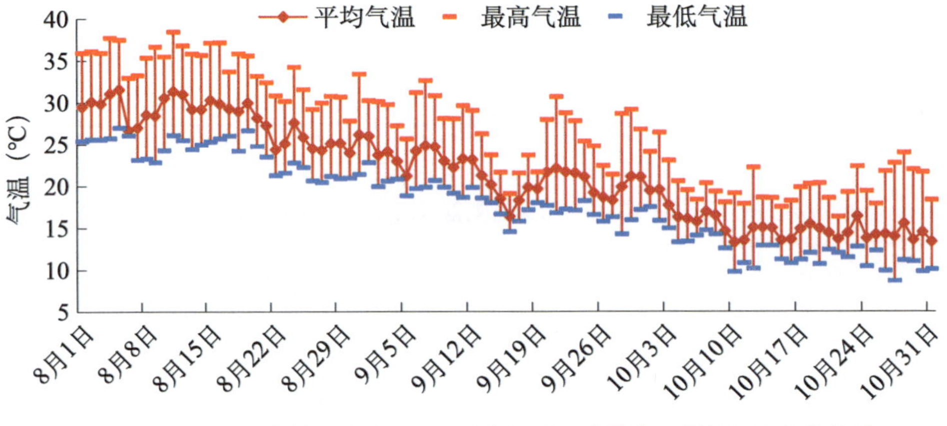

图2.69　8—10月郭杜区域站逐日平均气温及平均最高、最低气温变化趋势

8—10月逐月平均降水量分别为110.3 mm、147.9 mm、70.2 mm。8月小雨、中雨、大雨和暴雨降水概率分别为21.5%、8.6%,、2.2%、1.1%。9月各级降水概率依次为33.3%、8.9%、4.4%、2.2%。10月各级降水概率依次为30.1%、3.2%、2.2%，无暴雨发生。日最大降水量为58.3 mm，发生在2019年9月14日。

8—10月小雨降水概率在60%以上的有20 d，主要集中在8月下旬—9月中旬和 10 月中旬，其中 8 月 4 d、9 月 8 d、10 月 8 d（图 2.70）。中雨降水概率在 60% 以上的有 2 d，分别出现在 9 月 5 日和 9 月 16 日（图 2.71）。大雨及以上降水概率在 30% 以上的有 8 d，主要集中在 8 月上旬、9 月上旬—中旬（图 2.72）。

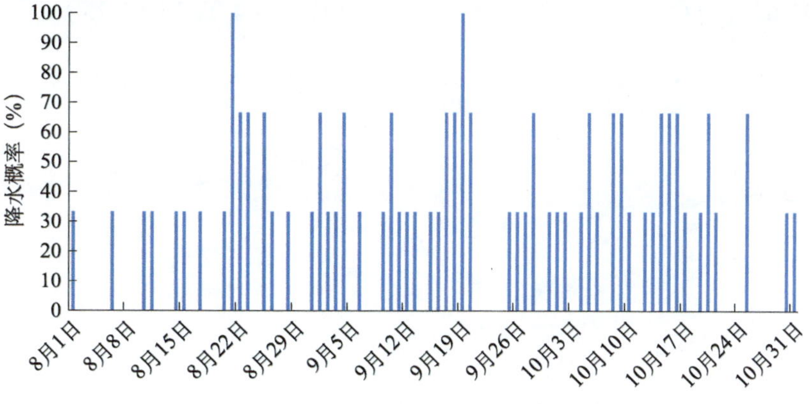

图 2.70　8—10 月郭杜区域站逐日小雨降水概率

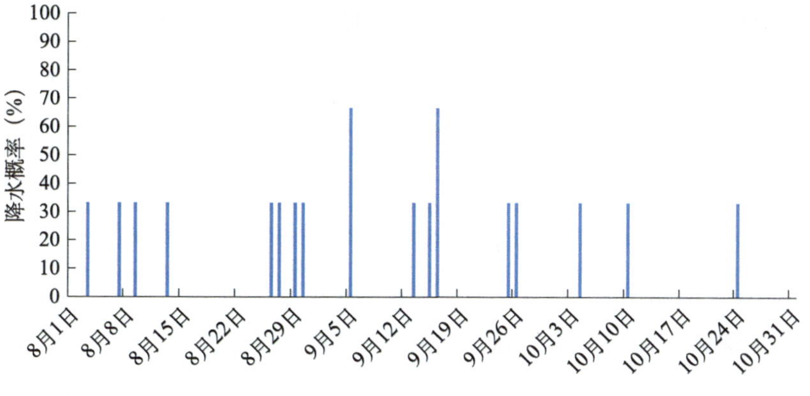

图 2.71　8—10 月郭杜区域站逐日中雨降水概率

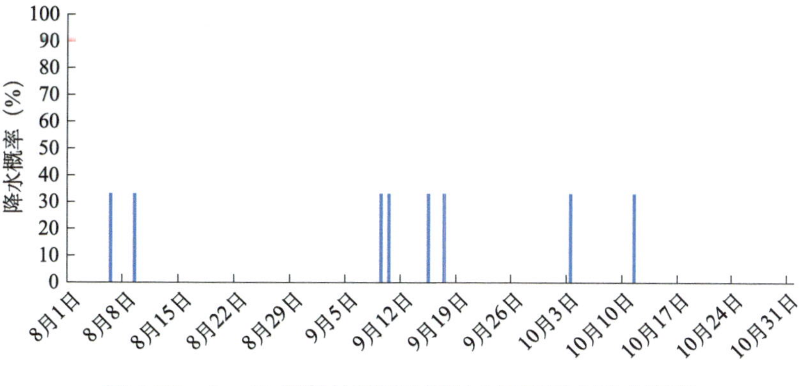

图 2.72　8—10 月郭杜区域站逐日大雨及以上降水概率

（2）逐时气象条件分析

8 月下旬—10 月下旬各旬中 06—07 时气温最低，依次分别为 22.4℃、20.6℃、18.0 ℃、17.0 ℃，14.3 ℃、11.9 ℃、11.8 ℃；15—16 时气温最高，依次分别为 29.0℃、27.6℃、23.2℃、25.5℃、20.5℃、18.0℃、19.4 ℃（图 2.73）。

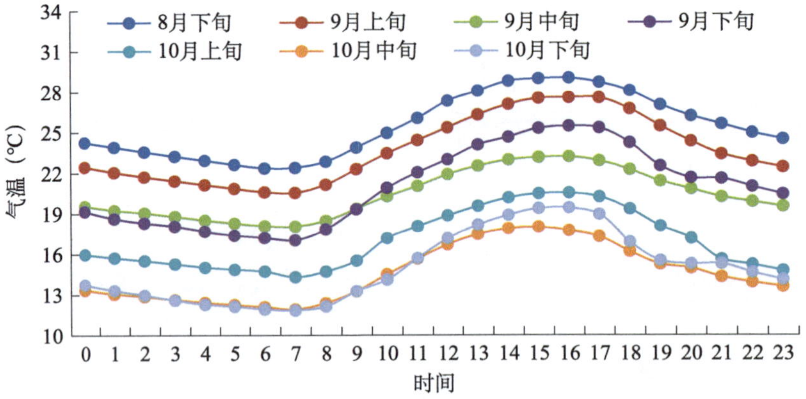

图 2.73　8 月下旬—10 月下旬郭杜区域站旬逐时平均气温变化曲线

8 月下旬—10 月下旬小时最大降水量为 18.9 mm，出现在 8 月 22 日 01 时。其中，8 月下旬出现在凌晨，小时最大降水量为 18.9 mm；9 月上旬出现在下午，小时最大降水量为 7.3 mm；9 月中旬出现在上午，小时最大降水量为 5.3 mm；9 月下旬出现在凌晨，小时最大降水量为 7.2 mm；10 月上旬出现在上午，小时最大降水量为 3.9 mm；10 月中旬出现在下午，小时最大降水量为 6.8 mm；10 月下旬出现在早上，小时最大降水量为 4.7 mm（图 2.74）。

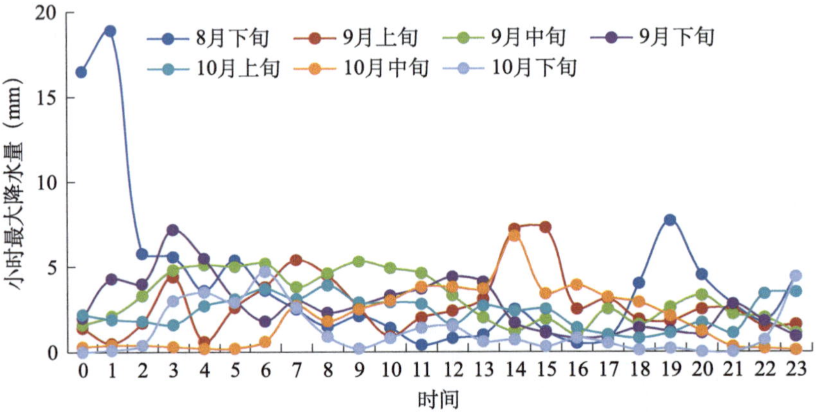

图 2.74　8 月下旬—10 月下旬郭杜区域站旬逐时最大降水量变化曲线

（3）比赛项目气象条件适宜性分析

①基本气象要素

蹦床、硬地滚球、盲人门球：适宜气温为17 ~ 23 ℃，适宜相对湿度为50% ~ 60%。根据8—10月相关资料统计表明：9月2日后无高温天气（≥ 35 ℃），9月9日—10月3日日平均气温在17 ~ 23 ℃之间；期间逐日相对湿度在75% ~ 86%之间，逐时相对湿度结果显示9月中旬基本维持在60%以上，其余时段结果显示下午（14—17时）在50% ~ 60%之间；故9月21日—10月3日下午为比赛适宜时段。

体操：适宜气温新老运动员不同，新手是17 ℃，老运动员是13 ~ 14 ℃；适宜相对湿度为50% ~ 60%。根据8—10月相关资料统计表明：9月2日后无高温天气（≥ 35 ℃），10月4—31日日平均气温在13 ~ 17 ℃之间；期间逐日相对湿度在75% ~ 85%之间，逐时相对湿度结果显示下午（14—17时）在50% ~ 60%之间；故10月4—31日下午为体操比赛适宜时段。

足球：足球的运动强度很大，历时较长，人体发热量最大。这些热量如不及时散发，积蓄在体内就会造成热病，如中暑、昏厥以至死亡。足球比赛适宜气温为18 ~ 22 ℃，高温（≥ 35 ℃）影响运动员体力，（≥ 38 ℃）严重影响运动员体力；高湿（80%以上）、低湿（30%下）不利于足球比赛。根据8—10月相关资料统计表明：8月21日以后无≥ 38 ℃的高温天气，9月2日后无≥ 35 ℃的高温天气，9月13日—10月2日日平均气温在18 ~ 22 ℃之间；期间逐日相对湿度在75% ~ 86%之间，9月14—20日逐日相对湿度在80%以上，但从逐时相对湿度资料分析来看，10—19时相对湿度均在80%以下，故9月13日—10月2日白天10点以后为足球比赛适宜时段。

②高影响大气

中雨以上降水会导致地面积水，影响足球运动员的视线，同时使运动员体力消耗增大，技战术难以发挥，对比赛有一定的影响。根据8月1日—10月31日日降水资料统计，中雨以上的降水主要集中在8月上旬、8月下旬、9月中旬，此时段应加强防范，做好降雨应急准备。8月上、中旬雷暴平均概率为16.8%，8月下旬雷暴平均概率减少，为8.2%，9月5日以后概率明显减少，在5%及以下。8月上、中旬闪电平均概率较大，为9.9%，8月下旬及以后概率明显减少，为3.1%。8—10月逐月五级及以上（极大风速 8 m/s 及以上）大风出现平均概率分别为 12.0%、7.3%、7.3%，整体上 8 月大风出现概率较大，最大为 33.3%；9 月开始减小，9 月下旬和 10 月下旬相对较大，分别为 8.0% 和 9.1%，对比赛影响较小。8 月上旬、9 月下旬以后霾出现概率相对较大，在 10% ～ 20% 之间，9 月中旬以后大雾出现概率相对较大，在 5% ～ 15% 之间，影响大气能见度及空气质量。

2.2.2 长安常宁生态体育比赛基地（韦曲区域站）

长安常宁生态体育比赛基地为十四运会和残运会射击、击剑项目比赛场地。韦曲区域站为 2 要素气象站（气温、降水），其他气象要素选用所在赛区的国家气象站资料代替。

（1）逐日气象条件分析

8 月平均气温 27.2 ℃，平均最高气温 39.4 ℃（8 月 10 日），平均最低气温 19.3 ℃（8 月 30 日）；9 月平均气温 20.7 ℃，平均最高气温 32.7 ℃（9 月 7 日），平均最低气温 13.1 ℃（9 月 28 日）；10 月平均气温 14.3 ℃，平均最高气温 25.1 ℃（10 月 2 日），平均最低气温 6.6 ℃（10 月 27 日），基本随时间推移而降低（图 2.75）。8 月平均高温（≥ 35 ℃）日数为 16 d，最多为 19 d，最少为 12 d；9 月平均高温日为 2 d；10 月未出现高温日。日最高气温为 44.9 ℃（2019 年 8 月 25 日），日最低气温为 4.3 ℃（2018 年 10 月 27 日）。

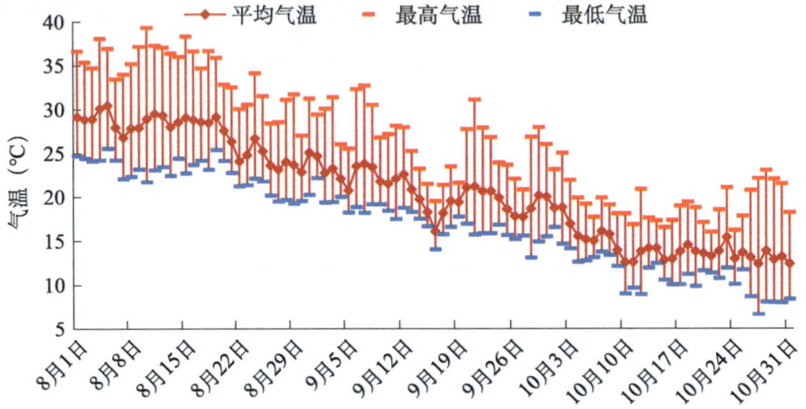

图 2.75　8—10 月韦曲区域站逐日平均气温及平均最高、最低气温变化趋势

8—10 月逐月平均降水量分别为 91.8 mm、137.1 mm、65.8 mm。8 月小雨、中雨、大雨和暴雨降水概率分别为 19.4%、3.2%、3.2%、1.1%。9 月各级降水概率依次为 36.7%、5.6%、4.4%、2.2%。10 月各级降水概率依次为 33.3%、4.3%、2.2%，无暴雨发生。日最大降水量为 67.9 mm，发生在 2019 年 9 月 14 日。

8—10 月小雨降水概率在 60% 以上的有 22 d，主要集中在 9 月中旬和 10 月上、中旬，其中 8 月 4 d、9 月 10 d、10 月 8 d，9 月 19 日降水概率为 100%（图 2.76）。中雨降水概率在 60% 以上的有 2 d，分别出现 9 月 5 日和 10 月 4 日（图 2.77）。大雨及以上降水概率在 30% 以上的有 11 d，主要集中在 8 月下旬、9 月中旬—下旬（图 2.78）。

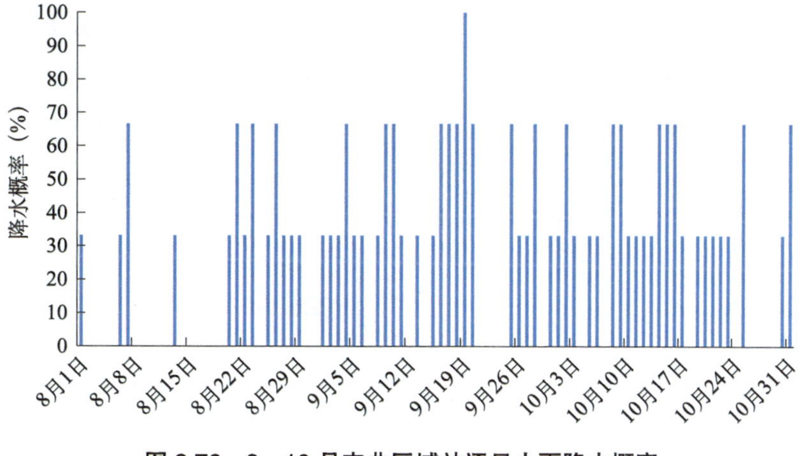

图 2.76　8—10 月韦曲区域站逐日小雨降水概率

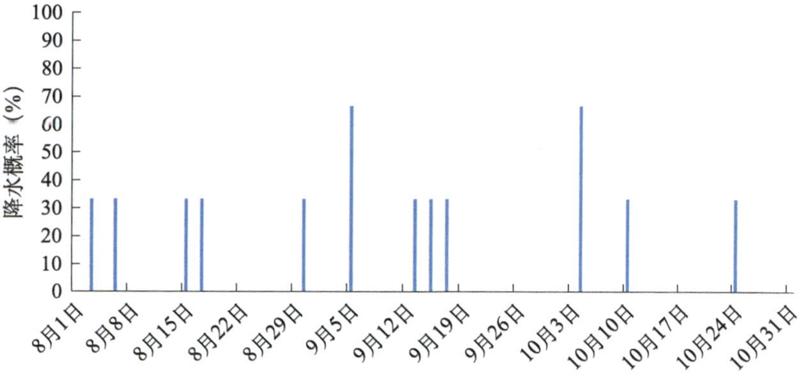

图 2.77　8—10 月韦曲区域站逐日中雨降水概率

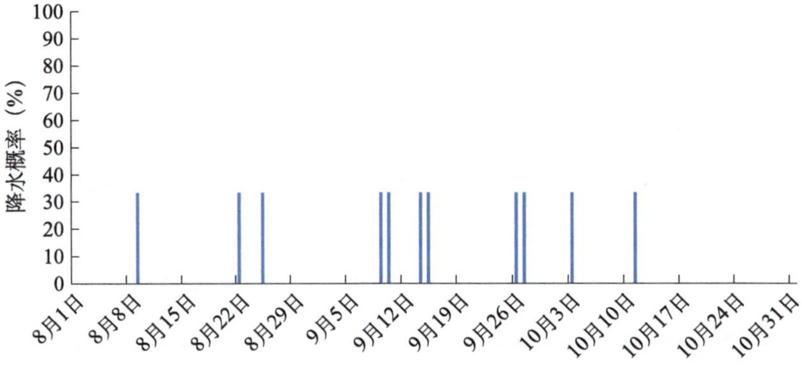

图 2.78　8—10 月韦曲区域站逐日大雨及以上降水概率

（2）逐时气象条件分析

8 月下旬—10 月下旬各旬中 06—07 时气温最低，，依次分别为 21.4 ℃、19.7 ℃、17.5 ℃、15.8 ℃、13.7 ℃、10.9 ℃、9.9 ℃；15—16 时气温最高，依次分别为 28.6 ℃、27.4 ℃、24.6 ℃、22.8 ℃、18.9 ℃、17.0 ℃、19.0 ℃（图 2.79）。

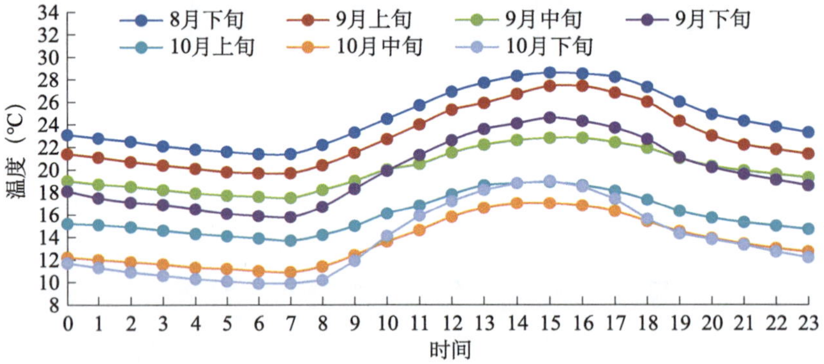

图 2.79　8 月下旬—10 月下旬韦曲区域站旬逐时平均气温变化曲线

8 月下旬—10 月下旬小时最大降水量为 34.4 mm，出现在 8 月 24 日 23 时。其中，8 月下旬出现在子夜，小时最大降水量为 34.4 mm；9 月上旬出现下午，小时最大降水量为 6.4 mm；9 月中旬降水时段比较均匀，无明显时段差异；9 月下旬出现在凌晨，小时最大降水量为 8.8 mm；10 月上旬出现在子夜，小时最大降水量为 3.9 mm；10 月中旬出现在下午，小时最大降水量为 5.5 mm；10 月下旬出现在凌晨，小时最大降水量为 4.5 mm（图 2.80）。

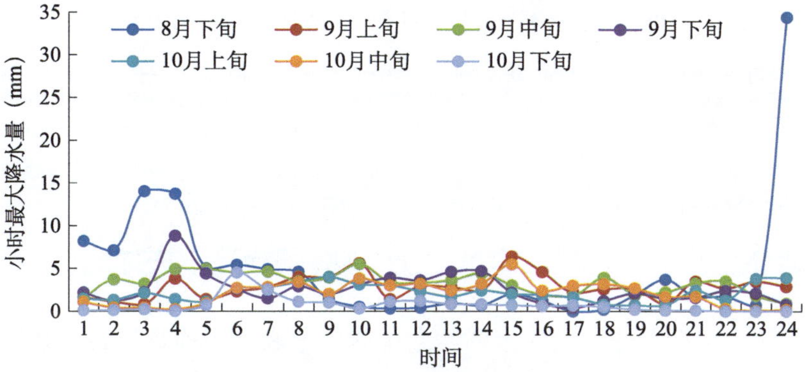

图 2.80　8 月下旬—10 月下旬韦曲区域站旬逐时最大降水量变化曲线

（3）比赛项目气象条件适宜性分析

①基本气象要素

射击、击剑：适宜气温为 13 ～ 16 ℃，适宜相对湿度为 50% ～ 60%。根据 8—10 月相关资料统计表明：8 月 19 日后无高温天气（≥ 35 ℃），10 月 4—31 日日平均气温在 13 ～ 16 ℃之间；期间逐日相对湿度在 75% ～ 85% 之间，逐时相对湿度结果显示下午（14—17 时）在 50% ～ 60% 之间；故 10 月 4—31 日下午为射击、击剑比赛适宜时段。

②高影响天气

中雨以上降水会导致地面积水，影响运动员的视线，同时使运动员体力消耗增大，技战术难以发挥，对比赛有一定的影响。根据 8 月 1 日—10 月 31 日日降水资料统计，中雨以上的降水主要集中在 8 月上、8 月下旬、9 月中旬和 10 月上旬，此时段应加强防范，做好降雨应急准备。8 月上、中旬雷暴平均概率为 16.8%，8 月下旬雷暴平均概率减少，为 8.2%，9 月 5 日以后概率明显减少，在 5% 及以下。8 月上、中旬闪电平均概率较大，为 9.9%，8 月下旬及以后概率明显减少，为 3.1%。风速是影响射击比赛的重要因素，当风速大于 4 m/s（25 m 射击项目）时，可能伴有突然的风速和风向变化，射出的子弹就会偏离靶心，对射击等项目的成绩影响较大。8—10 月逐月五级及以上（极大风速 8 m/s 及以上）大风出现平均概率分别为 12.0%、7.3%、7.3%，整体上 8 月大风出现概率较大，最大为 33.3%；9 月开始减小，9 月下旬和 10 月下旬相对较大，分别为 8.0% 和 9.1%，对比赛影响较小。根据 8 月

1 日—10 月 31 日平均风速资料统计，日平均风速大于 4 m/s 极少，平均概率仅为 1.6%。8 月上旬、9 月下旬以后霾出现概率相对较大，在 10% ～ 20% 之间，9 月中旬以后大雾出现概率相对较大，在 5% ～ 15% 之间，影响大气能见度及空气质量。

2.2.3 西北工业大学翱翔体育馆、西安秦岭国际高尔夫球场（细柳区域站）

西北工业大学翱翔体育馆为十四运会排球男子成年组项目和残运会坐式排球项目比赛场馆，西安秦岭国际高尔夫球场为高尔夫项目比赛场地。细柳站为 2 要素气象站（气温、降水），其他气象要素选用所在赛区的国家气象站资料代替。

（1）逐日气象条件分析

8 月平均气温 27.1 ℃，平均最高气温 37.7 ℃（8 月 10 日），平均最低气温 19.3 ℃（8 月 27 日）；9 月平均气温 20.7 ℃，平均最高气温 31.1 ℃（9 月 7 日），平均最低气温 12.8 ℃（9 月 28 日）；10 月平均气温 14.4 ℃，平均最高气温 25.4 ℃（10 月 2 日），平均最低气温 6.6 ℃（10 月 27 日），基本随时间推移而降低（图 2.81）。8 月平均高温（≥ 35 ℃）日数为 15 d，最多为 23 d，最少为 10 d；9 月仅出现过 1 个高温日；10 月未出现高温日。日最高气温为 40.3 ℃（2017 年 8 月 5 日），日最低气温为 4.8 ℃（2018 年 10 月 27 日）。

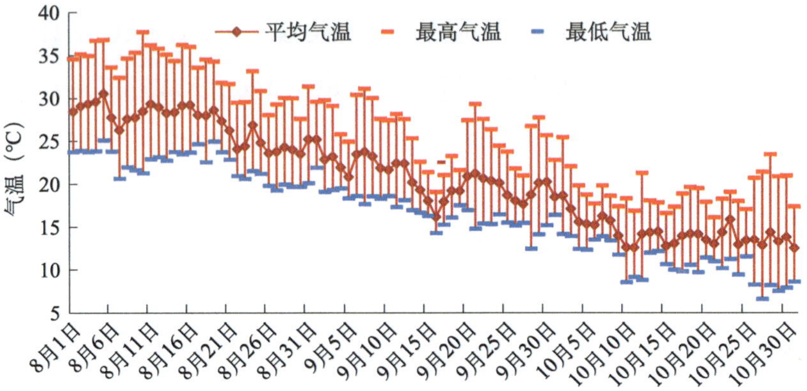

图 2.81　8—10 月细柳区域站逐日平均气温及平均最高、最低气温变化趋势

8—10 月逐月平均降水量分别为 124.9 mm、136.5 mm、63.7 mm。8 月小雨、中雨、大雨和暴雨降水概率分别为 16.5%、7.7%,、4.4%、2.2%；9 月各级降水概率依

次为 33.3%、6.7%、4.4%、1.1%；10 月各级降水概率依次为 32.6%、3.3%、2.2%，无暴雨发生。日最大降水量为 59.6 mm，发生在 2018 年 8 月 22 日。

8—10 月小雨降水概率在 60% 以上的有 20 d，主要集中在 9 月上、中旬和 10 月中旬，其中 8 月 2 d、9 月 10 d、10 月 8 d（图 2.82）。中雨降水概率在 30% ～ 60% 的有 16 d，主要集中在 8 月下旬和 9 月中、下旬（图 2.83）。大雨及以上降水概率在 30% 以上的有 10 d，主要集中在 8 月上、中旬和 9 月中旬（图 2.84）。

（2）逐时气象条件分析

8 月下旬—10 月下旬各旬中 06—07 时气温最低，依次分别为 21.5 ℃、19.6 ℃、17.4 ℃、15.7 ℃、13.6 ℃、11.2 ℃、9.9 ℃；15—16 时气温最高，依次分别为 28.4 ℃、26.7 ℃、22.7 ℃、24.4 ℃、18.7 ℃、17.2 ℃、18.6 ℃（图 2.85）。

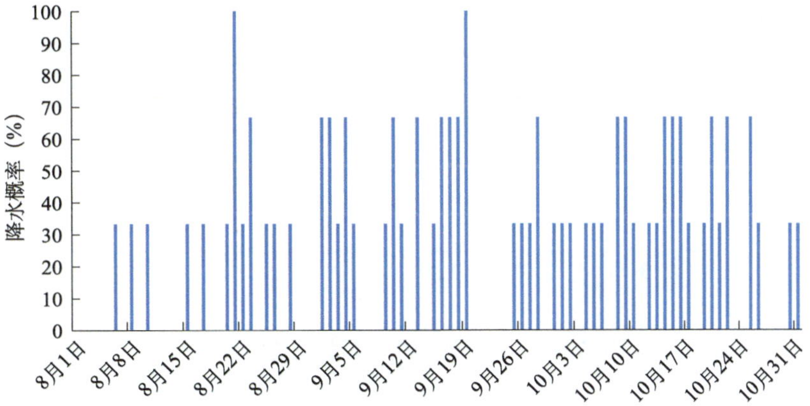

图 2.82　8—10 月细柳区域站逐日小雨降水概率

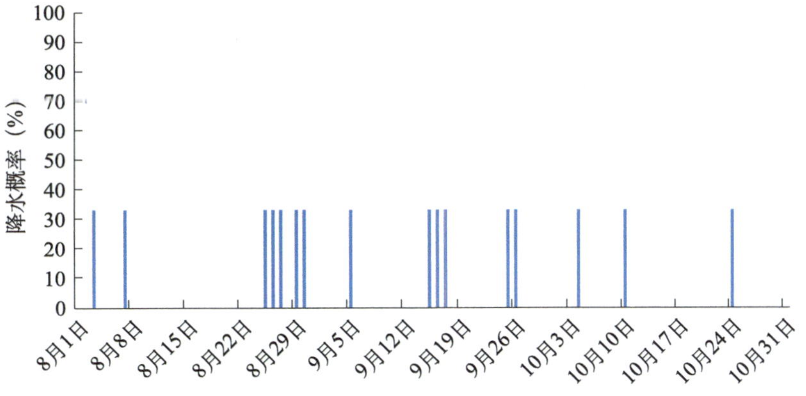

图 2.83　8—10 月细柳区域站逐日中雨降水概率

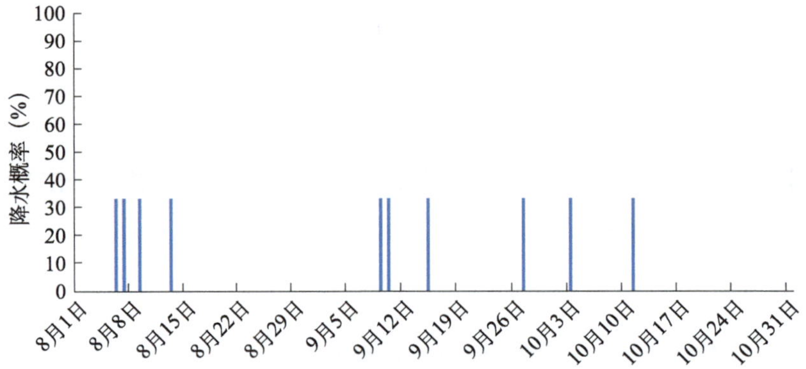

图 2.84　8—10 月细柳区域站逐日大雨及以上降水概率

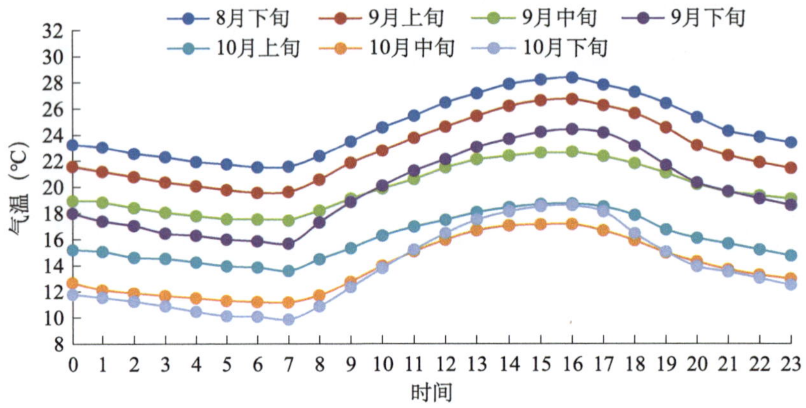

图 2.85　8 月下旬—10 月下旬细柳区域站旬逐时平均气温变化曲线

8 月下旬—10 月下旬小时最大降水量为 20.5 mm，出现在 8 月 22 日 00 时。其中 8 月下旬出现在子夜，小时最大降水量为 20.5 mm；9 月上旬出现在下午，小时最大降水量为 8.4 mm；9 月中旬出现在上午，小时最大降水量为 5.1 mm；9 月下旬出现在凌晨，小时最大降水量为 5.9 mm；10 月上旬出现在上午，小时最大降水量为 3.6 mm；10 月中旬出现在下午，小时最大降水量分别为 5.8 mm；10 月下旬出现在早上，小时最大降水量为 2.1 mm（图 2.86）。

（3）比赛项目气象条件适宜性分析

①基本气象要素

排球 / 坐式排球：适宜气温为 13 ～ 16 ℃，适宜相对湿度为 40% ～ 60%。根据 8—10 月相关资料统计表明：9 月 1 日后无高温天气（≥ 35 ℃），10 月 4—31 日日

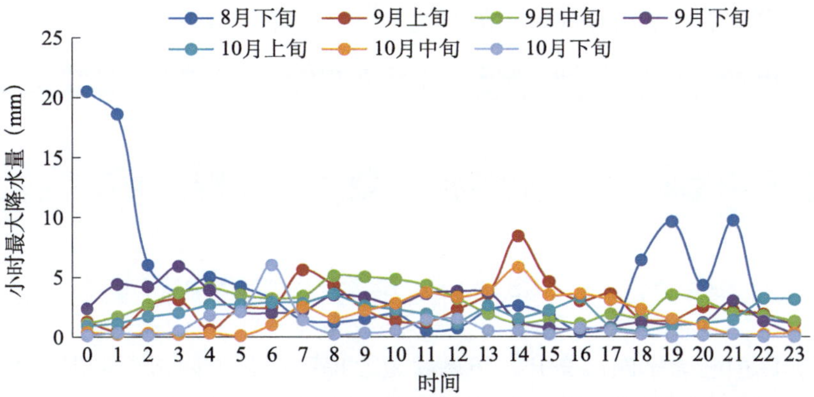

图 2.86　8 月下旬—10 月下旬细柳区域站旬逐时最大降水量变化曲线

平均气温在 13 ～ 16 ℃之间；期间逐日相对湿度在 75% ～ 85% 之间，逐时相对湿度结果显示下午（14—17 时）较适宜；故 10 月 4—31 日下午为排球比赛适宜时段。

高尔夫： 适宜气温为 17 ～ 23 ℃，适宜相对湿度为 30% ～ 60%，高温（≥ 35 ℃）影响运动员体力，（≥ 38 ℃）严重影响运动员体力；高湿（80% 以上）、低湿（30% 以下）不利于高尔夫比赛。根据 8—10 月相关资料统计表明：8 月 17 日以后无≥ 38 ℃的高温天气，9 月 2 日后无≥ 35 ℃的高温天气，9 月 2 日—10 月 3 日日平均气温在 17 ～ 23 ℃；期间逐日相对湿度在 75% ～ 86% 之间，9 月中旬逐时相对湿度基本维持在 60% 以上，其余时段结果显示仅下午（14—17 时）较适宜；故 9 月 2—10 日、9 月 21 日—10 月 2 日下午为高尔夫比赛适宜时段。

②高影响天气

中雨以上降水会导致地面积水，影响运动员的视线，同时使运动员体力消耗增大，技战术难以发挥，对比赛有一定的影响。根据 8 月 1 日—10 月 31 日日降水资料统计，中雨以上的降水主要集中在 8 月上、8 月下旬、9 月中旬，此时段应加强防范，做好降雨应急准备。8 月上、中旬雷暴平均概率为 15.1%，8 月下旬雷暴出现平均概率减少，为 7.4%，9 月 5 日以后概率明显减少，在 5% 及以下。8 月上、中旬闪电平均概率较大，为 8.9%，8 月下旬及以后概率明显减少，在 5% 及以下。8—10 月逐月五级及以上（极大风速 8 m/s 及以上）大风出现平均概率分别为 12.0%、7.3%、7.3%，整体上 8 月大风出现概率较大，最大为 33.3%；9 月开始减小，9 月下旬和 10 月下旬相对较大，分别为 8.0% 和 9.1%，对比赛影响较小。8 月上旬、9

月下旬以后霾出现概率相对较大，在 10% ～ 20% 之间，9 月中旬以后大雾出现概率相对较大，在 5% ～ 15% 之间，影响大气能见度及空气质量。

2.3 灞桥赛区场馆及重要场所气象条件分析

2.3.1 西安奥体中心、十四运村、陕西警官学院足球场（新筑街办区域站）

西安奥体中心为十四运会开、闭幕式重要场所；是十四运会击剑、排球女子成年组、游泳、跳水、体操和田径、足球、皮划艇、赛艇项目比赛场地，是残运会轮椅击剑、乒乓球项目、游泳和田径、盲人足球比赛场地；十四运村为组委会重要场所。新筑街办区域站为 2 要素气象站（气温、降水），其他气象要素选用所在赛区的国家气象站资料代替。

（1）逐日气象条件分析

8 月平均气温 28.1 ℃，平均最高气温 38.4 ℃（8 月 10 日），平均最低气温 20.2 ℃（8 月 30 日）；9 月平均气温 21.4 ℃，平均最高气温 31.2 ℃（9 月 7 日），平均最低气温 14.1 ℃（9 月 28 日）；10 月平均气温 15.1 ℃，平均最高气温 26.5 ℃（10 月 2 日），平均最低气温 7.8 ℃（10 月 27 日），基本随时间推移而降低（图 2.87）。8 月平均高温（≥ 35 ℃）日数为 16 d，最多为 25 d，最少为 10 d；9 月平均高温日为 1 d；10 月未出现高温日。日最高气温为 40.2 ℃（2018 年 8 月 8 日），日最低气温为 5.8 ℃（2017 年 10 月 27 日）。

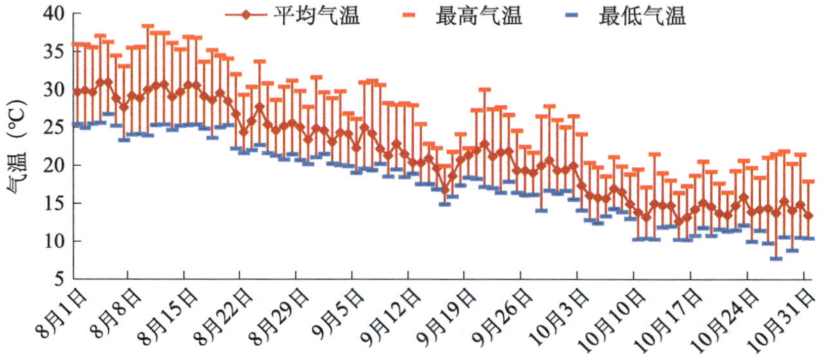

图 2.87　8—10 月新筑街办区域站逐日平均气温及平均最高、最低气温变化趋势

8—10 月逐月平均降水量分别为 71.3、118.3、65.1 mm。8 月小雨、中雨、大雨降水概率分别为 18.3%、6.5%、2.2%，无暴雨发生；9 月各级降水概率依次为 24.4%、8.9%、3.3%、1.1%。10 月各级降水概率依次为 28.0%、3.2%、2.2%，无暴雨发生。日最大降水量为 60.5 mm，发生在 2019 年 9 月 12 日。

8—10 月小雨降水概率在 60% 以上的有 15 d，主要集中在 9 月中旬和 10 月中、下旬，其中 8 月 3 d、9 月 5 d、10 月 7 d，10 月 13 日降水概率为 100%（图 2.88）。中雨降水概率在 60% 以上的有 2 d，分别出现在 9 月 5 日和 10 月 4 日（图 2.89）。大雨及以上降水概率在 30% 以上的有 7 d，主要集中在 9 月中旬—10 月上旬（图 2.90）。

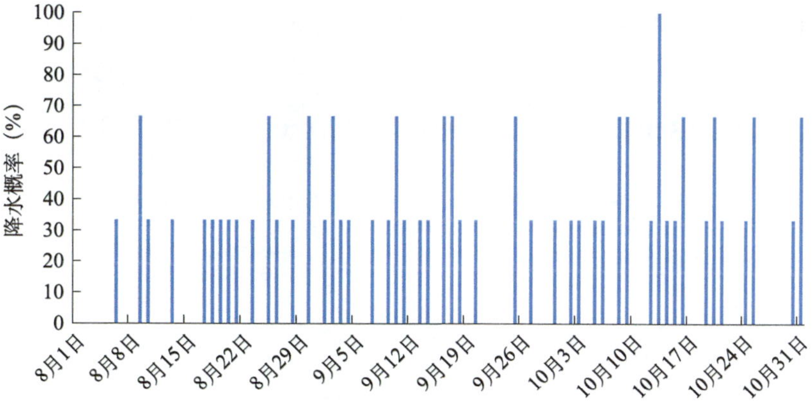

图 2.88　8—10 月新筑街办区域站逐日小雨降水概率

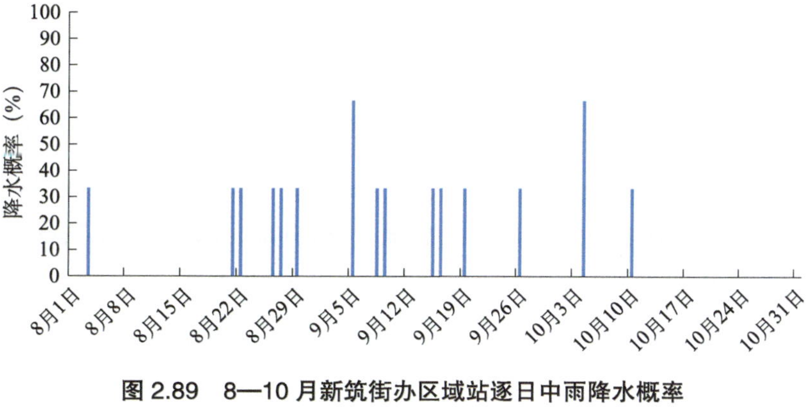

图 2.89　8—10 月新筑街办区域站逐日中雨降水概率

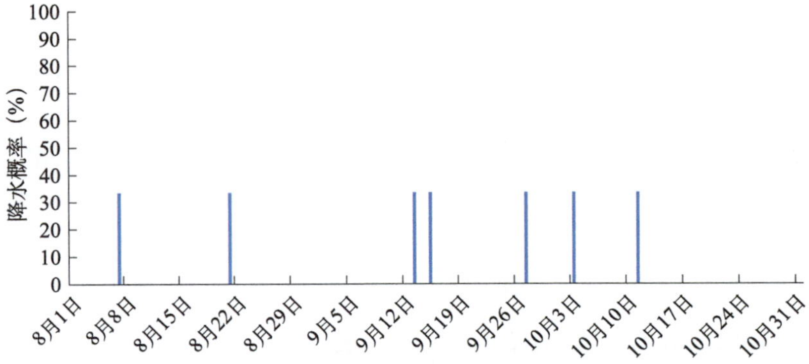

图 2.90　8—10 月新筑街办区域站逐日大雨及以上降水概率

（2）逐时气象条件分析

8 月下旬—10 月下旬各旬中 06—07 时气温最低，依次分别为 22.4 ℃、20.3 ℃、17.9 ℃、15.8 ℃，14.0 ℃、11.4 ℃、10.1 ℃；15—16 时气温最高，依次分别为 28.9 ℃、27.3 ℃、23.0 ℃、23.8 ℃、19.3 ℃、17.1 ℃、18.2 ℃（图 2.91）。

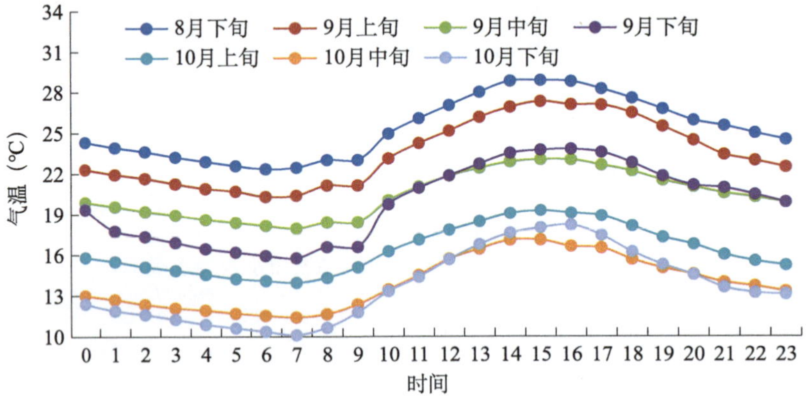

图 2.91　8 月下旬—10 月下旬新筑街办区域站旬逐时平均气温变化曲线

8 月下旬—10 月下旬小时最大降水量为 9.1 mm，出现在 8 月 26 日 20 时。其中，8 月下旬出现在晚上，小时最大降水量为 9.1 mm；9 月上旬出现在下午，小时最大降水量为 6.7 mm；9 月中旬出现在上午，小时最大降水量为 6.3 mm；9 月下旬出现在上午，小时最大降水量为 4.2 mm；10 月上旬出现在凌晨，小时最大降水量为 5.3 mm；10 月中旬出现在傍晚，小时最大降水量为 5.3 mm；10 月下旬出现在早上，小时最大降水量为 1.9 mm（图 2.92）。

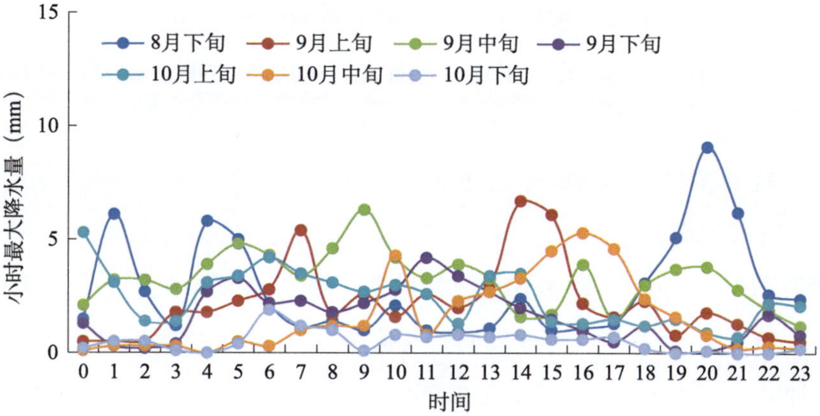

图 2.92　8 月下旬—10 月下旬新筑街办区域站旬逐时最大降水量变化曲线

（3）比赛项目气象条件适宜性分析

①基本气象要素

击剑、轮椅击剑：适宜气温为 13 ～ 16 ℃，适宜相对湿度为 50% ～ 60%。根据 8—10 月相关资料统计表明：9 月 4 日后无高温天气（≥ 35 ℃），10 月 9—31 日日平均气温在 13 ～ 16 ℃之间；期间逐日相对湿度在 68% ～ 76% 之间，逐时相对湿度结果显示下午（13—17 时）在 50% ～ 60% 之间；故 10 月 9—31 日下午为击剑和轮椅击剑比赛适宜时段。

排球、乒乓球：适宜气温为 13 ～ 16 ℃，适宜相对湿度为 40% ～ 60%。根据 8—10 月相关资料统计表明：9 月 4 日后无高温天气（≥ 35 ℃），10 月 9—31 日日平均气温在 13 ～ 16 ℃之间；期间逐日相对湿度在 68% ～ 76% 之间，逐时相对湿度结果显示下午（13—17 时）在 40% ～ 60% 之间；故 10 月 9—31 日下午为排球、乒乓球比赛适宜时段。

游泳、跳水：适宜气温为 17 ～ 23 ℃，适宜相对湿度为 50% ～ 60%。根据 8—10 月相关资料统计表明：9 月 4 日后无高温天气（≥ 35 ℃），9 月 8 日—10 月 3 日日平均气温在 17 ～ 23 ℃之间；期间逐日相对湿度在 70% ～ 82% 之间，逐时相对湿度结果显示 9 月下旬（14—17 时）、10 月上旬（13—18 时）在 50% ～ 60% 之间；故 9 月 21 日—10 月 3 日下午为游泳、跳水比赛适宜时段。

体操：适宜气温新老运动员不同，新手是 17 ℃，老运动员是 13 ～ 14 ℃；适宜相对湿度为 50% ~ 60%。根据 8—10 月相关资料统计表明：9 月 4 日后无高温天气（≥ 35 ℃），10 月 3—31 日日平均气温在 13 ~ 17 ℃之间；期间逐日相对湿度在 68% ~ 76% 之间，逐时相对湿度结果显示下午（13—17 时）在 50% ~ 60% 之间；故 10 月 3—31 日下午为体操比赛适宜时段。

田赛：适宜气温为 17 ~ 22 ℃（发挥水平最适宜的温度是 20 ~ 22 ℃），适宜相对湿度为 50% ~ 60%。据 8—10 月相关资料统计表明：9 月 4 日后无高温天气（≥ 35 ℃），9 月 8 日—10 月 3 日日平均气温在 17 ~ 22 ℃之间（9 月 8—14 日为最适宜气温时段）；期间逐日相对湿度在 70% ~ 82% 之间，逐时相对湿度结果显示 9 月下旬（14—17 时）、10 月上旬（13—18 时）在 50% ~ 60% 之间；故 9 月 21 日—10 月 3 日下午为田赛适宜时段。

径赛：适宜气温为 15 ~ 22 ℃（发挥水平最适宜的温度为 17 ~ 20 ℃），适宜相对湿度为 50% ~ 60%；中长跑比赛的适宜气温为 8 ~ 15 ℃，适宜相对湿度为 30% ~ 60%。高温（≥ 35 ℃）影响运动员体力，≥ 38 ℃严重影响运动员体力。据 8—10 月相关资料统计表明：8 月 21 日以后无≥ 38 ℃的高温天气，9 月 4 日后无≥ 35 ℃的高温天气，9 月 8 日—10 月 9 日日平均气温在 15 ~ 22 ℃之间（9 月 8—14 日为最适宜气温时段）；期间逐日相对湿度在 70% ~ 82% 之间，逐时相对湿度结果显示 9 月下旬（14—17 时）、10 月上旬（13—18 时）在 50% ~ 60% 之间；故 9 月 21 日—10 月 3 日下午为径赛比赛适宜时段。10 月 9—31 日平均气温在 15 ℃以下；期间逐日相对湿度在 68% ~ 76% 之间，逐时相对湿度结果显示下午（13—17 时）在 60% 以下；故 10 月 9—31 日下午为中长跑比赛适宜时段。

足球、盲人足球：运动强度很大，历时较长，人体发热量最大，这些热量如不及时散发，积蓄在体内就会造成热病，如中暑、昏厥以至死亡。适宜气温为 18 ~ 22 ℃，高温（≥ 35 ℃）影响运动员体力，≥ 38 ℃严重影响运动员体力，高湿（80% 以上）、低湿（30% 以下）不利于足球比赛。根据 8—10 月相关资料统计表明：8 月 21 日以后无≥ 38 ℃的高温天气，9 月 4 日后无≥ 35 ℃的高温天气，9 月 11 日—10 月 2 日日平均气温在 18 ~ 22 ℃之间；期间逐日相对湿度在 70% ~ 82% 之间，但从逐时相对湿度资料分析来看，10—23 时相对湿度均在 80% 以下，故 9 月 11 日—10 月 2 日为足球比赛适宜时段。

皮划艇、赛艇：是一项大运动量的比赛，对运动员的体能要求非常高。天气闷热，容易出汗，带走体内大量的能量，运动员身体承受的压力会更大。根据8—10月相关资料统计表明：8月21日以后无≥38 ℃的高温天气，9月4日后无≥35 ℃的高温天气，期间10—23时相对湿度均在80%以下，故9月4日后对运动员比赛影响不大。

②高影响天气

中雨以上降水会导致地面积水，影响运动员的视线，同时使运动员体力消耗增大，技战术难以发挥，甚至威胁运动员人身安全，对比赛有一定的影响。根据8月1日—10月31日日降水资料统计，中雨以上的降水主要集中在8月上旬、8月下旬、9月中旬，此时段应加强防范，做好降雨应急准备。8月上、中旬雷暴平均概率较大，分别为6.4%、5.7%；8月下旬雷暴概率明显减少，平均为2.0%；9月上旬、中旬的平均概率分别为2.1%、0.7%。9月14日—10月31日无雷暴发生。8—10月逐月五级及以上（极大风速8 m/s及以上）大风出现平均概率分别为46.3%、36.4%、27.4%，8月1日—9月19日出现概率均在50%以上，平均为73.4%，出现概率最高为8月19日、9月5日，为92.9%，对比赛有一定影响。8—9月大雾、霾概率较小，进入10月后大雾、霾出现概率相对较大，最大分别为33.3%、26.7%，影响大气能见度及空气质量。

2.3.2　阎良区富阎综合户外运动滑板场地（阎良公园区域站）

阎良区富阎综合户外运动滑板场地为攀岩、滑板项目比赛场馆。阎良公园区域站为2要素气象站（气温、降水），其他气象要素选用所在赛区的国家气象站资料代替。

（1）逐日气象条件分析

8月平均气温27.3 ℃，平均最高气温38.2 ℃（8月12日），平均最低气温19.6 ℃（8月29日）；9月平均气温21.1 ℃，平均最高气温32.0 ℃（9月6日），平均最低气温14.0 ℃（9月23日）；10月平均气温13.9 ℃，平均最高气温25.8 ℃（10月2日），平均最低气温5.7 ℃（10月27日），基本随时间推移而降低（图2.93）。8月平均高温（≥35 ℃）日数为15 d，最多为23 d，最少为10 d；9月平均高温日为 2 d；10 月未出现高温日。日最高气温为 41.0 ℃（2017 年 8 月 10 日），日最低气温为 2.5 ℃（2018 年 10 月 27 日）。

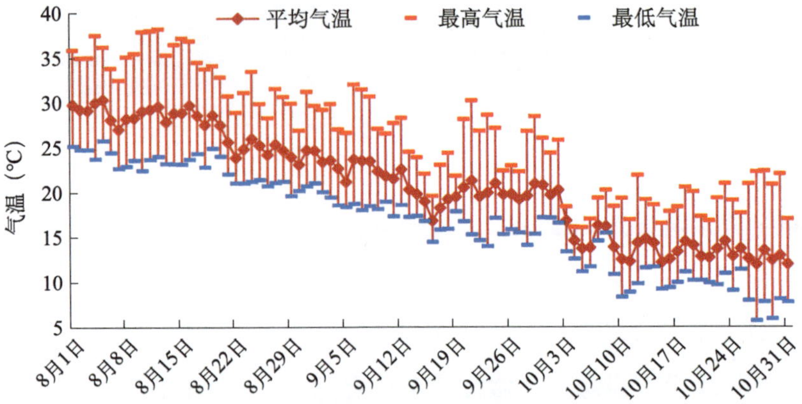

图 2.93　8—10 月逐日阎良公园区域站逐日平均气温及平均最高、最低气温变化趋势

8—10 月逐月平均降水量分别为 74.6 mm、99.9 mm、72.0 mm。8 月小雨、中雨、大雨降水概率分别为 11.8%、6.5%、2.2%，无暴雨发生；9 月各级降水概率依次为 26.7%、10.0%，无大雨发生，暴雨降水概率 1.1%；10 月各级降水概率依次为 30.1%、4.3%、1.1%、1.1%。日最大降水量为 61.7 mm，发生在 2019 年 9 月 14 日。

8—10 月小雨降水概率在 60% 以上的有 11 d，主要集中在 9 月中旬和 10 月上、中旬，其中 8 月 1 d、9 月 4 d、10 月 6 d，9 月 16 日降水概率为 100%（图 2.94）。中雨降水概率在 30%～60% 的有 19 d，主要集中在 8 月下旬和 9 月中旬（图 2.95）。大雨及以上降水概率在 30% 以上的有 3 d，主要为 8 月 6 日、8 月 22 日和 10 月 10 日（图 2.96）。

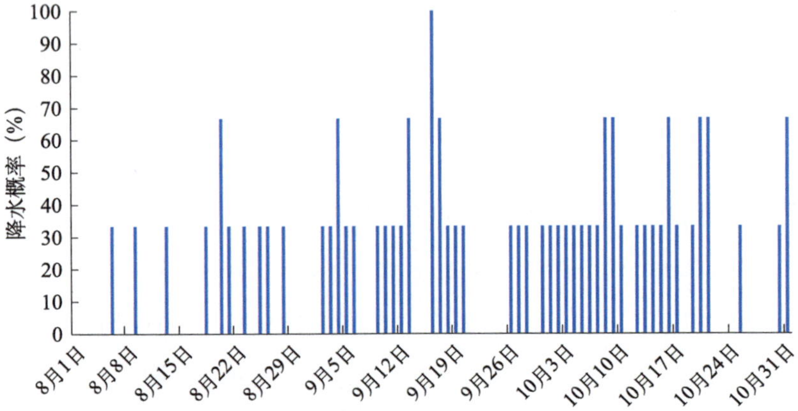

图 2.94　8—10 月阎良公园区域站逐日小雨降水概率

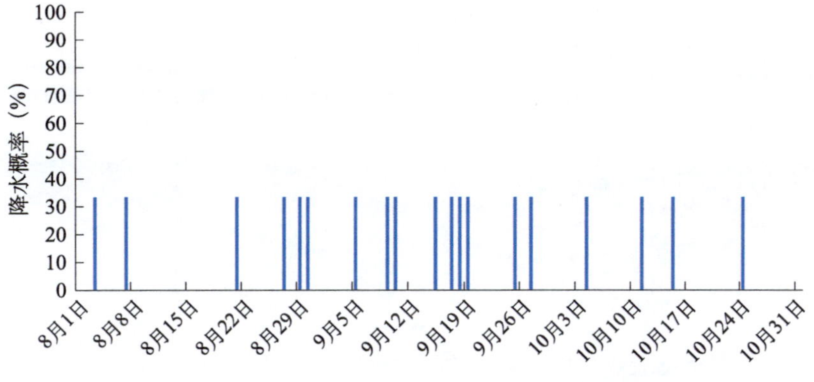

图 2.95 8—10 月阎良公园区域站逐日中雨降水概率

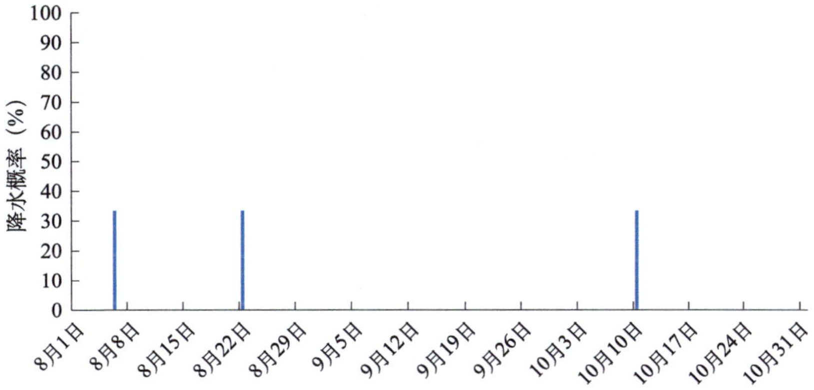

图 2.96 8—10 月阎良公园区域站逐日大雨及以上降水概率

（2）逐时气象条件分析

8 月下旬—10 月下旬各旬中 06—07 时气温最低，依次分别为 21.6 ℃、19.6 ℃、17.4 ℃、15.8 ℃、13.8 ℃、10.8 ℃、9.0 ℃；15—16 时气温最高，依次分别为 28.6 ℃、27.9 ℃、23.3 ℃、25.6 ℃、18.4 ℃、18.0 ℃、19.2 ℃（图 2.97）。

8 月下旬—10 月下旬小时最大降水量为 14.3 mm，出现在 8 月 22 日 18 时。其中，8 月下旬出现在傍晚，小时最大降水量为 14.3 mm；9 月上旬在下午，小时最大降水量为 8.0 mm；9 月中旬出现在中午，小时最大降水量为 5.6 mm；9 月下旬出现在上午，小时最大降水量为 5.9 mm；10 月上旬出现在早上，小时最大降水量为 6.2 mm；10 月中旬出现在中午，小时最大降水量为 3.6 mm；10 月下旬出现在早上，小时最大降水量为 7.1 mm（图 2.98）。

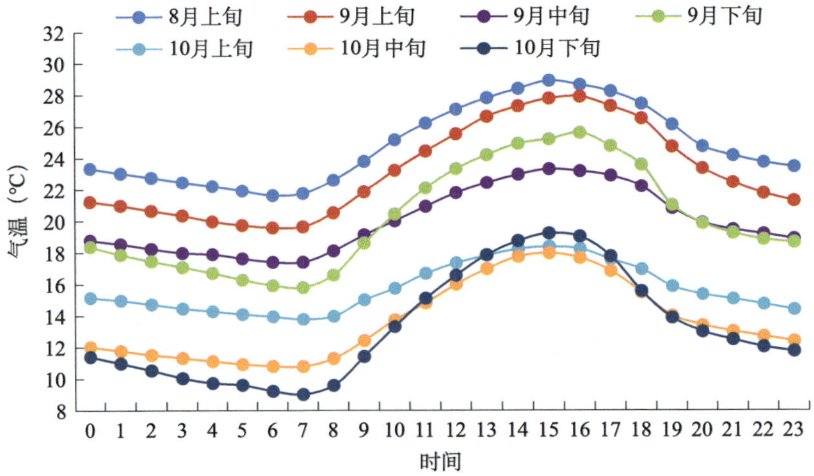

图 2.97　8 月下旬—10 月下旬阎良公园区域站旬逐时平均气温变化曲线

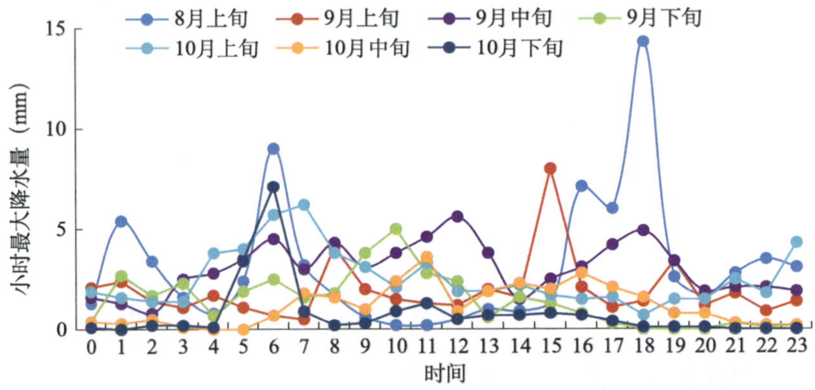

图 2.98　8 月下旬—10 月下旬阎良公园区域站旬逐时最大降水量变化曲线

（3）比赛项目气象条件适宜性分析

①基本气象要素

攀岩、滑板：适宜气温为 17 ～ 23 ℃，适宜相对湿度为 50% ～ 60%，高湿（80% 以上）人体调节机能无法发挥作用，不利于人体分泌汗液，影响运动员的耐久力发挥，不适宜攀岩、滑板比赛。根据 8—10 月相关资料统计表明：8 月 16 日后无高温天气（≥ 35 ℃），9 月 9 日—10 月 2 日日平均气温在 17 ～ 23 ℃之间；期间逐日相对湿度在 70% ～ 82% 之间，从逐时相对湿度结果显示 9 月下旬（14—17 时）、10 月上旬（13—18 时）在 50% ～ 60% 之间；故 9 月 21 日—10 月 3 日下午为攀岩、滑板比赛适宜时段。

②高影响天气

中雨以上降水会导致地面积水，影响运动员的视线，同时使运动员体力消耗增大，技战术难以发挥，对比赛有一定的影响。根据8月1日—10月31日日降水资料统计，降水主要集中8月上旬、8月下旬、9月上中旬、9月末—10月中旬，此时段应加强防范，做好降雨应急准备。8月上、中旬雷暴平均概率较大，分别为6.4%、5.7%；8月下旬雷暴平均概率明显减少，平均为2.0%；9月上旬、中旬的平均概率分别为2.1%、0.7%。9月14日—10月31日无雷暴发生。8—10月逐月五级及以上（极大风速8 m/s及以上）大风出现平均概率分别为46.3%、36.4%、27.4%，8月1日—9月19日出现概率均在50%以上，平均为73.4%，出现概率最高为8月19日、9月5日，为92.9%，对比赛有一定影响。8—9月大雾、霾概率较小，进入10月后大雾、霾出现概率相对较大，最大分别为33.3%、26.7%，影响大气能见度及空气质量。

2.4 鄠邑赛区场馆气象条件分析——西安体育学院新校区（余下区域站）

西安体育学院新校区为十四运会手球、曲棍球、橄榄球、垒球和棒球项目比赛场馆。余下镇站为2要素气象站（气温、降水），其他气象要素选用所在赛区的国家气象站资料代替。

（1）逐日气象条件分析

8月平均气温27.1 ℃，平均最高气温36.1 ℃（8月5日、10日），平均最低气温19.7 ℃（8月29日、30日）；9月平均气温20.5 ℃，平均最高气温30.1 ℃（9月7日），平均最低气温13.1 ℃（9月28日）；10月平均气温14.3 ℃，平均最高气温23.9 ℃（10月2日），平均最低气温7.4 ℃（10月27日），基本随时间推移而降低（图2.99）。8月平均高温（≥35 ℃）日数为11 d，最多为17 d，最少为5 d；9月、10月未出现高温日。日最高气温为39.4 ℃(2017年8月5日)，日最低气温为6.4 ℃（2018年10月27日和28日）。

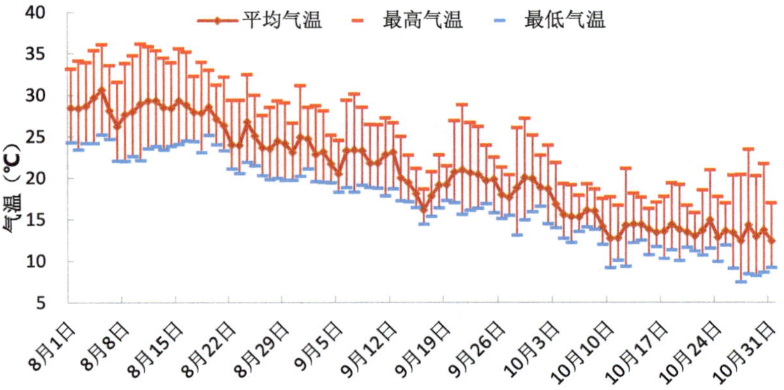

图 2.99　8—10 月余下区域站逐日平均气温及平均最高、最低气温变化趋势

8—10 月逐日平均降水量分别为 67.0 mm、137.2 mm、58.7 mm。8 月小雨、中雨、大雨和暴雨降水概率分别为 18.7%、3.3%、2.2%、1.1%；9 月各级降水概率依次为 37.8%、5.6%、5.6%、1.1%；10 月各级降水概率依次为 35.9%、1.1%、3.3%，无暴雨发生。日最大降水量为 54.7 mm，发生在 2017 年 9 月 27 日。

8—10 月小雨降水概率在 60% 以上的有 21 d，主要集中在 9 月上、中旬和 10 月上、中旬，其中 8 月 2 d、9 月 10 d、10 月 9 d，9 月 10 日、9 月 19 日和 10 月 25 日降水概率为 100%（图 2.100）。中雨降水概率在 60% 以上的有 2 d，分别出现在 9 月 5 日和 9 月 16 日（图 2.101）。大雨及以上降水概率在 30% 以上的有 10 d，主要集中在 9 月中旬和 10 月上旬（图 2.102）。

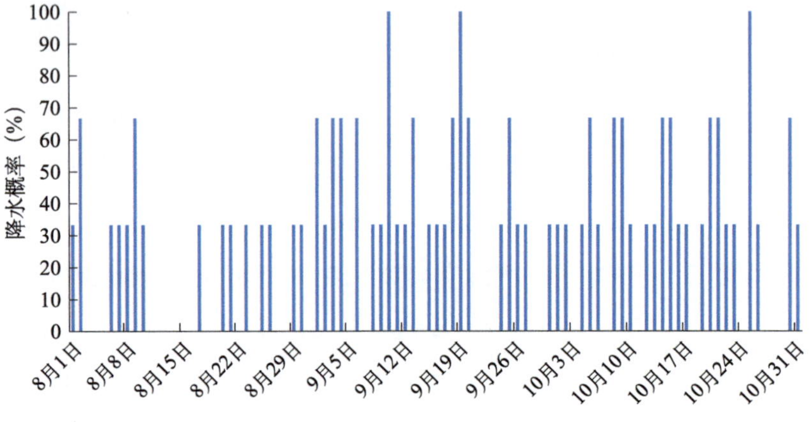

图 2.100　8—10 月余下区域站逐日小雨降水概率

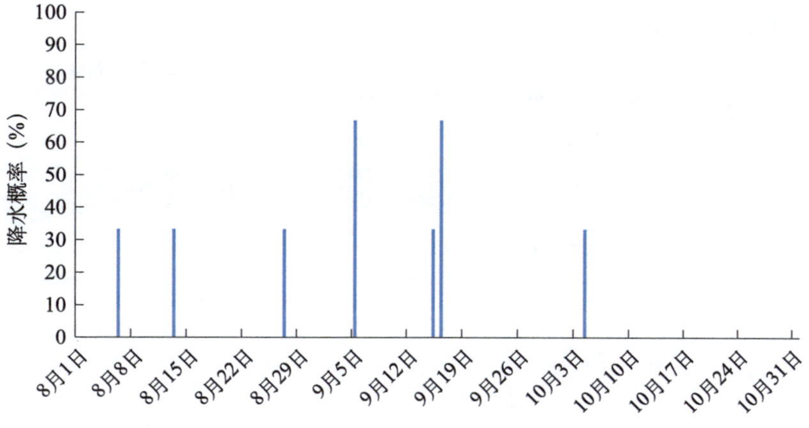

图 2.101　8—10 月余下区域站逐日中雨降水概率

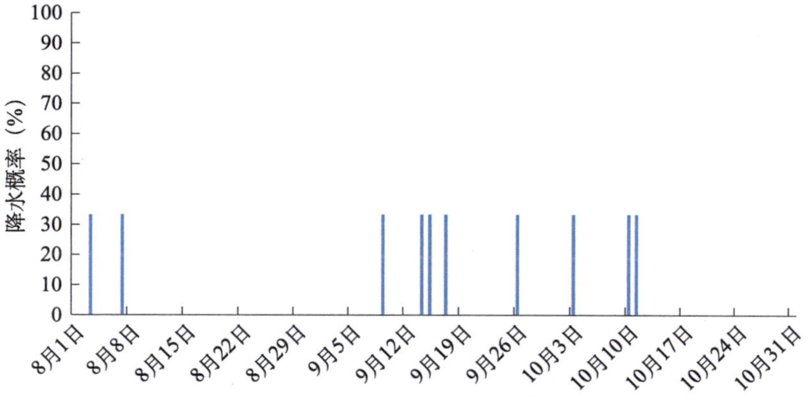

图 2.102　8—10 月余下区域站逐日大雨及以上降水概率

（2）逐时气象条件分析

8 月下旬—10 月下旬各旬中 06—07 时气温最低，依次分别为 21.6 ℃、19.5 ℃、17.1 ℃、15.9 ℃、13.8 ℃、11.3 ℃、10.1 ℃；14—15 时气温最高，依次分别为 27.9 ℃、26.0 ℃、22.3 ℃、23.9 ℃、18.5 ℃、16.9 ℃、18.3 ℃（图 2.103）。

8 月下旬—10 月下旬小时最大降水量为 13.1 mm，出现在 8 月 21 日 23 时。其中，8 月下旬出现在子夜，小时最大降水量为 13.1 mm；9 月上旬出现在下午，小时最大降水量为 7.5 mm；9 月中旬出现在早上，小时最大降水量为 5.5 mm；9 月下旬出现在凌晨，小时最大降水量为 8.0 mm；10 月上旬出现在上午，小时最大降水量为 4.6 mm；10 月中旬出现在下午，小时最大降水量分别为 4.9 mm；10 下旬出现在中午，小时最大降水量为 1.2 mm（图 2.104）。

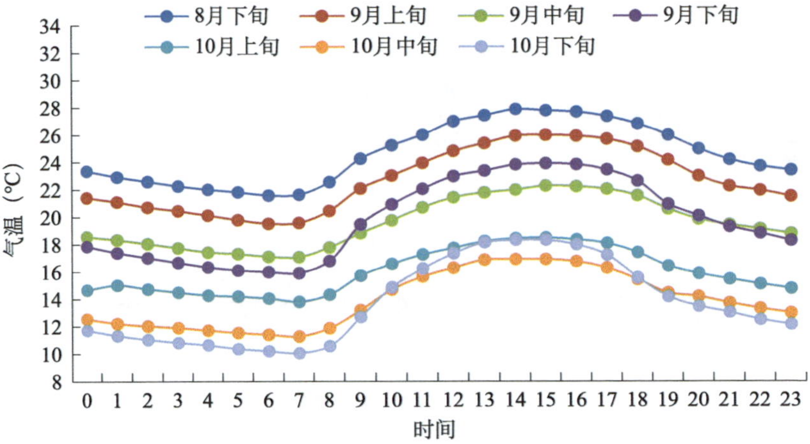

图 2.103　8 月下旬—10 月下旬余下区域站旬逐时平均气温变化曲线

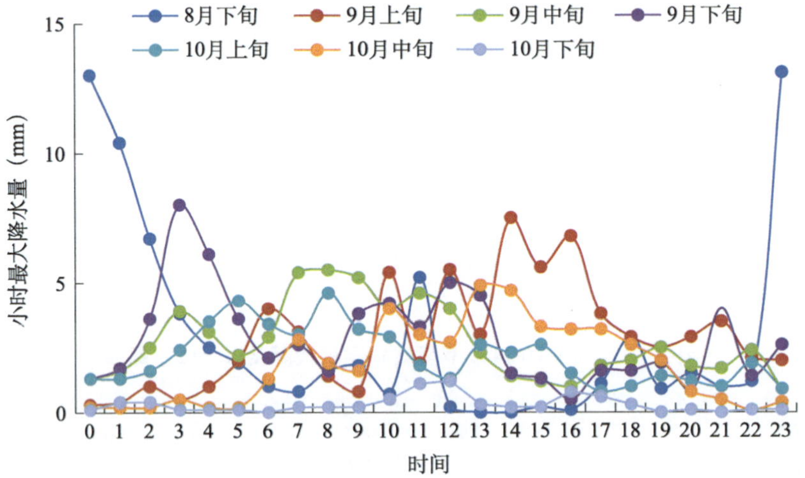

图 2.104　8 月下旬—10 月下旬余下区域站旬逐时最大降水量变化曲线

（3）比赛项目气象条件适宜性分析

①基本气象要素

手球、曲棍球、橄榄球、棒球：适宜气温为 15 ～ 20 ℃，适宜相对湿度为 50% ～ 60%，高湿（80% 以上）、低湿（30% 以下）不利于比赛。根据 8—10 月相关资料统计表明：8 月 31 日后无高温天气（≥ 35 ℃），9 月 13 日—10 月 8 日日平均气温在 15 ～ 20 ℃之间；期间逐日相对湿度在 78% ～ 82% 之间，9 月 13—29 日、10 月 3—7 日相对湿度在 80% 以上，逐时相对湿度结果显示均在 60% 以上，但 10—19 时逐时相对湿度在 60% ～ 80% 之间；故 9 月 13 日—10 月 8 日白天为手球、曲棍球、橄榄球、棒球比赛较适宜时段。

垒球：适宜气温为 10 ～ 13 ℃，适宜相对湿度为 50% ～ 60%，高湿（80% 以上）、低湿（30% 以下）不利于比赛。根据 8—10 月相关资料统计表明：8 月 31 日后无高温天气（≥ 35 ℃），10 月 21—31 日日平均气温在 10 ～ 13 ℃之间；期间逐日相对湿度在 76% ～ 80% 之间，逐时相对湿度结果显示均在 60% 以上，但 10—20 时逐时相对湿度在 60% ～ 80% 之间；故 10 月 21—31 日白天为垒球比赛较适宜时段。

②高影响天气

中雨以上降水会导致地面积水，影响运动员的视线，同时使运动员体力消耗增大，技战术难以发挥，对比赛有一定的影响。根据 8 月 1 日—10 月 31 日日降水资料统计，中雨以上的降水主要集中在 8 月下旬、9 月中旬，此时段应加强防范，做好降雨应急准备。8 月上、中旬雷暴、闪电平均概率分别为 13.3%、2.9%；8 月下旬及以后雷暴平均概率较上、中旬减少，为 6.4%；9 月起雷暴概率明显减小，9 月平均概率为 2.5%，10 月仅为 1.2%。8—10 月逐月五级及以上（极大风速 8 m/s 及以上）大风出现平均概率分别为 30.9%、21.0%、18.2%。整体上 8 月上、中旬大风出现概率较高，平均为 33.6%，8 月下旬平均为 26.0%，9 月上旬平均为 25.5%，9 月中旬及以后大风出现概率波动变化较小，基本维持在 26% ～ 36% 之间。8 月 1 日—9 月 7 日，大雾出现概率较低，基本在 5% 以下，9 月 7 日后大雾出现概率随时间推移增加，影响大气能见度及空气质量。8 月 1 日—10 月 4 日霾出现概率较小，平均为 2.9%；10 月 5—31 日霾出现概率较大，平均为 5.3%，进入 10 月后霾出现概率随时间推移增加，影响大气能见度及空气质量。

2.5 临潼赛区场馆气象条件分析——西安工程大学临潼校区文体楼（行者区域站）

西安工程大学临潼校区文体楼为十四运会空手道项目和残运会跆拳道、盲人柔道项目比赛场馆。行者区域站为 2 要素气象站（气温、降水），其他气象要素选用所在赛区的国家气象站资料代替。

（1）逐日气象条件分析

8月平均气温27.9 ℃，平均最高气温37.3 ℃（8月10日），平均最低气温20.1 ℃（8月30日）；9月平均气温21.0 ℃，平均最高气温31.3 ℃（9月6日），平均最低气温13.6 ℃（9月28日）；10月平均气温14.7 ℃，平均最高气温24.7 ℃（10月2日），平均最低气温7.5 ℃（10月27日），基本随时间推移而降低（图2.105）。8月平均高温（≥35 ℃）日数为14 d，最多为20 d，最少为8 d；9月、10月未出现高温日。日最高气温为40.2 ℃（2017年8月10日），日最低气温为5.5 ℃（2018年10月27日）。

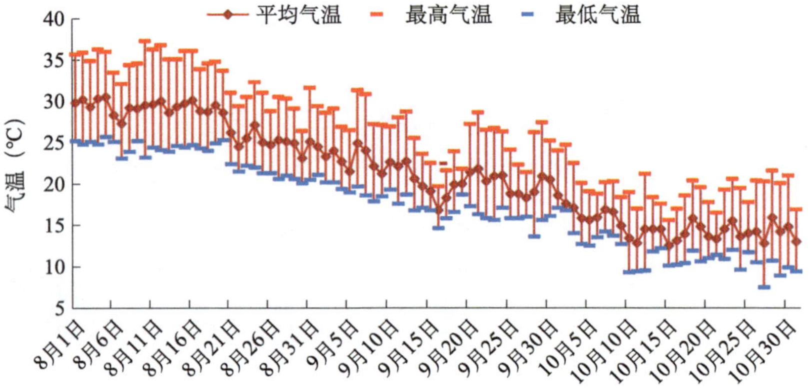

图2.105　8—10月行者区域站逐日平均气温及平均最高、最低气温变化趋势

8—10月逐月平均降水量分别为89.0 mm、123.0 mm、70.5 mm。8月小雨、中雨、大雨降水概率分别为12.9%、8.6%、3.2%，无暴雨发生；9月各级降水概率依次为30.0%、8.9%、3.3%、1.1%。10月各级降水概率依次为23.9%、5.4%、2.2%，无暴雨发生。日最大降水量为62.6 mm，发生在2019年9月14日。

8—10月小雨降水概率在60%以上的有13 d，主要集中在9月上、中旬和10月中旬，其中8月1 d、9月8 d、10月4 d（图2.106）。中雨降水概率在60%以上的有1 d，出现在10月4日（图2.107）。大雨及以上降水概率在30%以上的有8 d，主要集中在8月下旬、9月中旬和10月上旬（图2.108）。

（2）逐时气象条件分析

8月下旬—10月下旬各旬中06—07时气温最低，依次分别为22.1 ℃、20.1 ℃、17.6 ℃、16.3 ℃、13.7 ℃、11.2 ℃、11.0 ℃；15—17时气温最高，依次分别为28.4 ℃、27.0 ℃、23.0 ℃、24.5 ℃、19.2 ℃、17.4 ℃、18.5 ℃（图2.109）。

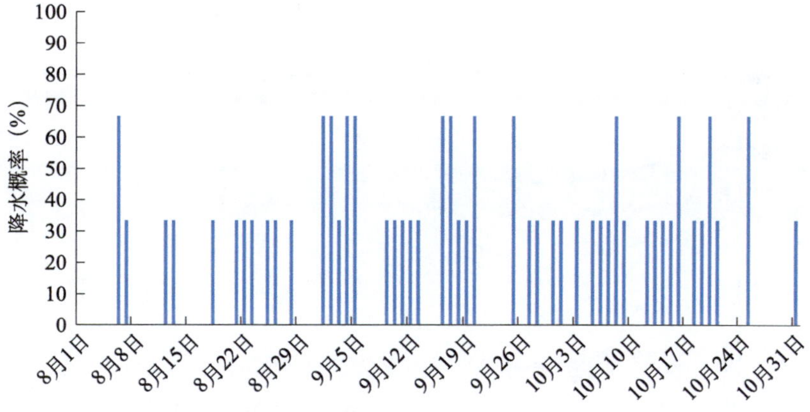

图 2.106 8—10 月行者区域站逐日小雨降水概率

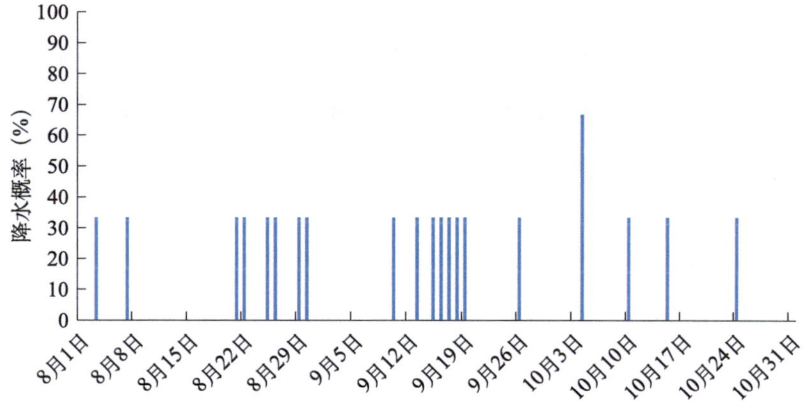

图 2.107 8—10 月行者区域站逐日中雨降水概率

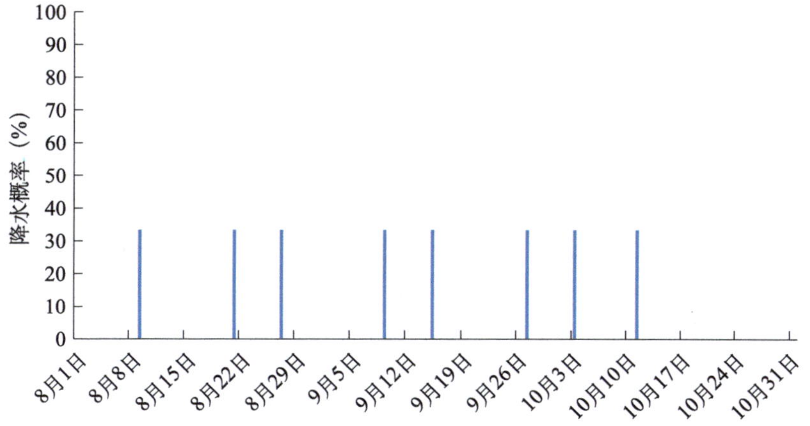

图 2.108 8—10 月行者区域站逐日大雨及以上降水概率

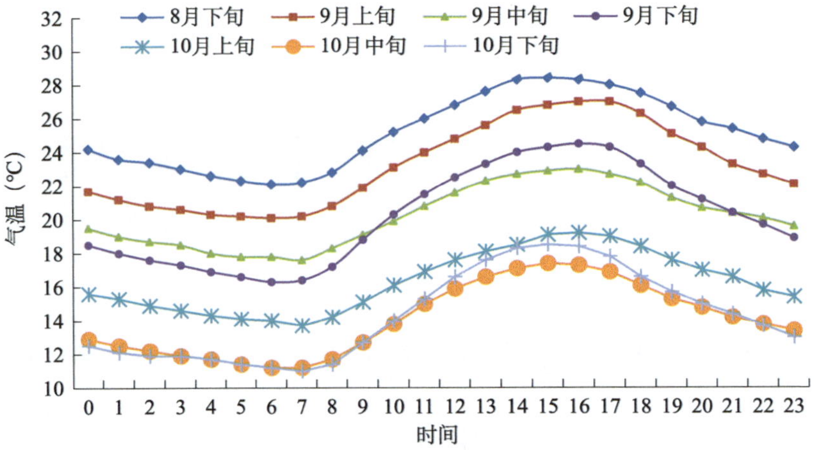

图 2.109　8 月下旬—10 月下旬行者区域站旬逐时平均气温变化曲线

8 月下旬—10 月下旬小时最大降水量为 13.3 mm，出现在 8 月 26 日 20 时。其中，8 月下旬出现在晚上，小时最大降水量为 13.3 mm；9 月上旬出现在下午，小时最大降水量为 10.6 mm；9 月中旬出现在上午，小时最大降水量为 6.3 mm；9 月下旬出现在早上，小时最大降水量为 3.6 mm；10 月上旬出现在子夜，小时最大降水量为 5.5 mm；10 月中旬出现在下午，小时最大降水量为 6.8 mm；10 月下旬出现在上午，小时最大降水量分别为 4.3 mm（图 2.110）。

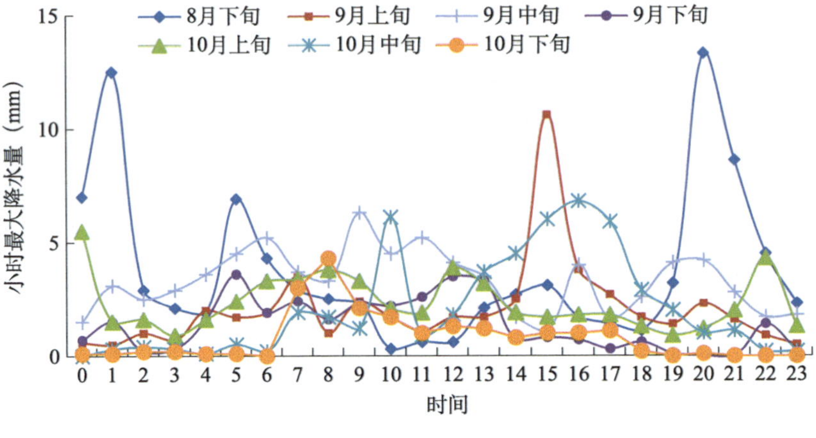

图 2.110　8 月下旬—10 月下旬行者区域站旬逐时最大降水量变化曲线

（3）比赛项目气象条件适宜性分析

①基本气象要素

空手道、跆拳道、盲人柔道： 适宜气温为 13 ～ 16 ℃；适宜相对湿度为

50% ～ 60%。根据 8—10 月相关资料统计表明：9 月 10 日后无高温天气（≥ 35 ℃），10 月 4 日—10 月 31 日日平均气温在 13 ～ 16 ℃之间；期间逐日相对湿度在 69% ～ 83% 之间，逐时相对湿度结果显示下午（15—17 时）在 50% ～ 60% 之间；故 10 月 4 日—10 月 31 日下午为空手道、跆拳道、盲人柔道比赛适宜时段。

②高影响天气

根据 8 月 1 日—10 月 31 日日降水资料统计，中雨以上的降水主要集中在 8 月下旬和 9 月中旬，此时段应加强防范，做好降雨应急准备。8 月上、中旬雷暴平均概率为 13.6%，下旬概率显著降低，平均为 8.1%；9 月、10 月雷暴概率进一步减小，9 月平均概率为 3.0%，10 月仅为 1.2%。8 月各旬闪电平均概率依次为 4.2%、1.9%、2.2%，9 月、10 月闪电概率迅速减少，9 月平均概率为 0.6%，10 月仅 0.3%。8—10 月逐月五级及以上（极大风速 8 m/s 以上）大风平均概率分别为 30.8%、20.4%、20.6%，其中 8 月上、中旬概率最高，平均为 34.7%，下旬概率迅速降低，基本维持在 30% 以下，9 月、10 月大风概率较小。8 月大雾概率较低，在 0% ～ 5% 之间；9 月大雾概率增加，在 5% ～ 15% 之间，影响大气能见度及空气质量；10 月大雾概率继续增加，波动较大，平均值为 9.1%，影响大气能见度及空气质量。10 月份出现霾的概率较高，影响大气能见度及空气质量。

附录 A 1981—2010 年赛区逐月气象要素气候标准值

表 A.1　西安市区赛区逐月气象要素气候标准值

气象要素	1 月	2 月	3 月	4 月	5 月	6 月	7 月	8 月	9 月	10 月	11 月	12 月
平均气温（℃）	0.3	3.9	9.1	15.6	20.8	25.5	27.1	25.2	20.4	14.3	7.4	1.7
极端最高气温（℃）	16.9	23.3	31.1	35.6	38.6	42.9	40.3	40.0	38.5	31.6	25.3	21.6
极端最低气温（℃）	−13.1	−10.5	−6.6	0.4	4.0	10.9	15.6	13.7	7.5	−1.7	−11.4	−14.7
降水量（mm）	7.0	10.7	26.7	36.5	55.0	64.0	99.8	85.4	93.4	59.9	20.8	6.9
日最大降水量（mm）	12.1	25.4	24.3	32.0	55.8	80.3	110.7	75.5	92.5	42.9	32.3	15.3
蒸发量（mm）	37.1	58.5	104.4	142.1	189.4	225.5	216.0	179.5	116.7	78.5	52.8	36.9
平均风速（m/s）	1.2	1.4	1.6	1.6	1.7	1.8	1.7	1.7	1.4	1.2	1.2	1.2
极大风速（m/s）	14.6	15.0	16.9	18.8	22.1	20.8	27.5	15.2	15.6	17.3	16.3	14.0
平均相对湿度（%）	64	62	62	62	63	59	68	75	77	76	72	67
日照时数（h）	93.8	100.4	127.6	152.7	177.3	183.0	178.1	164.8	121.2	104.0	100.5	91.5
气压（hPa）	979.8	976.4	972.4	967.8	964.3	959.7	958	961.6	968.5	974.6	978.2	980.7
降水日数（d）	3.5	4.2	6.3	7.6	8.3	8.4	10.2	10	11.6	9.6	5.4	3.4
小雨日数（d）	3.4	4.1	5.3	6.4	6.4	6.3	7.1	7.1	8.6	7.3	5	3.3
中雨日数（d）	0.1	0.1	1	1.1	1.5	1.5	1.9	2.2	1.9	1.8	0.3	0.1
大雨日数（d）	0	0	0	0.1	0.3	0.5	0.9	0.6	1	0.5	0.1	0
暴雨日数（d）	0	0	0	0	0.1	0.1	0.3	0.1	0.1	0	0	0
≥ 8 级大风日数（d）	0	0	0	0	0	0	0	0	0	0	0	0
雷暴日数（d）	0	0	0.1	0.6	1.4	2.1	3.1	3	0.8	0.3	0	0
闪电日数（d）	0	0	0	0	0.2	0.1	0.6	0.7	0.1	0	0	0
≥ 35 ℃高温日数（d）	0	0	0	0.1	0.9	7.8	9.5	3	0.6	0	0	0
≥ 37 ℃高温日数（d）	0	0	0	0	0.2	3.2	3.3	0.6	0.1	0	0	0
≥ 40 ℃高温日数（d）	0	0	0	0	0	0.3	0.1	0	0	0	0	0
雾日数（d）	2.2	0.7	1.2	1.2	0.8	0.2	0.4	0.7	2.2	3.2	3.6	4.2
霾日数（d）	7.7	4.6	3.4	2.3	1.1	0.7	0.8	0.4	0.9	3.3	4.8	7

表 A.2　长安赛区逐月气象要素气候标准值

气象要素	1 月	2 月	3 月	4 月	5 月	6 月	7 月	8 月	9 月	10 月	11 月	12 月
平均气温（℃）	−0.5	3.0	8.1	14.5	19.8	24.7	26.5	24.7	19.7	13.7	6.7	1.0
极端最高气温（℃）	16.8	23.1	29.3	36.3	39.3	43.3	40.6	41.4	39.3	32.3	26.0	22.3
极端最低气温（℃）	−16.3	−14.8	−8.4	−1.4	3.0	10.6	15.0	12.7	6.5	−1.9	−13.2	−17.3
降水量（mm）	7.7	12.7	29.6	48.0	63.0	84.2	109.9	92.4	109.4	70.4	23.4	6.8
日最大降水量（mm）	15.2	31.4	23.2	63.8	66.6	122.7	64.6	85.0	87.6	55.0	27.5	13.0
蒸发量（mm）	33.4	50.7	86.4	123.9	169.1	215.0	200.6	156	103	69.9	46.1	32.4
平均风速（m/s）	1.2	1.2	1.4	1.4	1.3	1.3	1.3	1.1	1.0	1.1	1.1	1.2
极大风速（m/s）	11.9	18.3	14.6	21.3	19.8	19.8	17.5	15.8	17.1	15.8	17.1	14.0
平均相对湿度（%）	69	67	69	69	68	63	71	78	80	80	76	71
日照时数（h）	124.2	121.3	149.0	174.7	199.6	201.4	201.4	176.6	139.2	120.3	125.4	122.3
气压（hPa）	974.1	970.7	966.8	962.5	959.1	954.6	952.9	956.6	963.2	969.2	972.6	974.9
降水日数（d）	3.9	4.8	7.3	8.3	9.5	9.5	11.6	11.1	12.4	10.7	5.6	3.8
小雨日数（d）	3.8	4.6	6.3	6.6	7.2	6.6	8.1	8.1	8.9	8.3	4.9	3.7
中雨日数（d）	0	0.2	1.0	1.5	1.9	2.1	2.2	2.0	2.4	1.8	0.7	0.1
大雨日数（d）	0	0	0	0.2	0.3	0.7	1	0.8	0.8	0.5	0	0
暴雨日数（d）	0	0	0	0	0.1	0.1	0.3	0.2	0.3	0.1	0	0
≥ 8 级大风日数（d）	0	0	0	0.4	0.3	0.4	0.3	0.3	0.1	0	0	0
雷暴日数（d）	0	0	0.1	0.7	1.6	2.0	4.1	3.2	1.1	0.3	0.1	0
闪电日数（d）	0	0	0	0	0	0.2	0.2	0.3	0.1	0	0	0
≥ 35 ℃高温日数(d)	0	0	0	0.1	0.9	7.6	9.3	3.3	0.6	0	0	0
≥ 37 ℃高温日数(d)	0	0	0	0	0.1	3.1	3.8	1.0	0.2	0	0	0
≥ 40 ℃高温日数(d)	0	0	0	0	0	0.3	0.2	0	0	0	0	0
雾日数（d）	3.1	1.4	1.1	1.1	0.8	0.3	0.3	0.9	1.3	3.2	3.6	5.5
霾日数（d）	10.3	8.8	7.0	4.8	2.3	2.7	4.1	4.4	4.2	5.6	6.8	8.4

表 A.3　灞桥赛区逐月气象要素气候标准值

气象要素	1 月	2 月	3 月	4 月	5 月	6 月	7 月	8 月	9 月	10 月	11 月	12 月
平均气温（℃）	0.3	3.9	9.1	15.6	20.8	25.5	27.1	25.2	20.4	14.3	7.4	1.7
极端最高气温（℃）	16.9	23.3	31.1	35.6	38.6	42.9	40.3	40.0	38.5	31.6	25.3	21.6
极端最低气温（℃）	−13.1	−10.5	−6.6	0.4	4.0	10.9	15.6	13.7	7.5	−1.7	−11.4	−14.7
降水量（mm）	7.0	10.7	26.7	36.5	55.0	64.0	99.8	85.4	93.4	59.9	20.8	6.9

续表

气象要素	1月	2月	3月	4月	5月	6月	7月	8月	9月	10月	11月	12月
日最大降水量（mm）	12.1	25.4	24.3	32.0	55.8	80.3	110.7	75.5	92.5	42.9	32.3	15.3
蒸发量（mm）	37.1	58.5	104.4	142.1	189.4	225.5	216.0	179.5	116.7	78.5	52.8	36.9
平均风速（m/s）	1.2	1.4	1.6	1.6	1.7	1.8	1.7	1.7	1.4	1.2	1.2	1.2
极大风速（m/s）	14.6	15.0	16.9	18.8	22.1	20.8	27.5	15.2	15.6	17.3	16.3	14.0
平均相对湿度（%）	64	62	62	62	63	59	68	75	77	76	72	67
日照时数（h）	93.8	100.4	127.6	152.7	177.3	183.0	178.1	164.8	121.2	104.0	100.5	91.5
气压（hPa）	979.8	976.4	972.4	967.8	964.3	959.7	958.0	961.6	968.5	974.6	978.2	980.7
降水日数（d）	3.5	4.2	6.3	7.6	8.3	8.4	10.2	10.0	11.6	9.6	5.4	3.4
小雨日数（d）	3.4	4.1	5.3	6.4	6.4	6.3	7.1	7.1	8.6	7.3	5.0	3.3
中雨日数（d）	0.1	0.1	1.0	1.1	1.5	1.5	1.9	2.2	1.9	1.8	0.3	0.1
大雨日数（d）	0	0	0	0.1	0.3	0.5	0.9	0.6	1.0	0.5	0.1	0
暴雨日数（d）	0	0	0	0	0.1	0.1	0.3	0.1	0.1	0	0	0
≥ 8 级大风日数（d）	0	0	0	0	0	0	0	0	0	0	0	0
雷暴日数（d）	0	0	0.1	0.6	1.4	2.1	3.1	3.0	0.8	0.3	0	0
闪电日数（d）	0	0	0	0	0.2	0.1	0.6	0.7	0.1	0	0	0
≥ 35 ℃高温日数(d)	0	0	0	0.1	0.9	7.8	9.5	3	0.6	0	0	0
≥ 37 ℃高温日数(d)	0	0	0	0	0.2	3.2	3.3	0.6	0.1	0	0	0
≥ 40 ℃高温日数(d)	0	0	0	0	0	0.3	0.1	0	0	0	0	0
雾日数（d）	2.2	0.7	1.2	1.2	0.8	0.2	0.4	0.7	2.2	3.2	3.6	4.2
霾日数（d）	7.7	4.6	3.4	2.3	1.1	0.7	0.8	0.4	0.9	3.3	4.8	7.0

表 A.4　鄠邑赛区逐月气象要素气候标准值

气象要素	1月	2月	3月	4月	5月	6月	7月	8月	9月	10月	11月	12月
平均气温（℃）	0.4	3.9	8.9	15.4	20.6	25.2	26.8	25.0	20.2	14.3	7.6	1.8
极端最高气温（℃）	18.5	22.9	31.5	36.7	39.8	41.9	40.0	40.1	37.7	31.9	26.1	23.6
极端最低气温（℃）	-14.5	-9.8	-5.9	0.0	4.5	10.9	14.5	13.7	7.8	-1.9	-7.8	-13.5
降水量（mm）	6.6	13.1	32.2	41.6	61.1	74.7	107.5	98.6	111.3	66.5	22.1	6.1
日最大降水量（mm）	12.7	25.2	31.5	38.8	80.9	76.6	130.4	82.4	90.7	72.5	34.4	13.3
蒸发量（mm）	27.6	43.3	75.8	111.4	150.6	177.0	166.1	133.6	86.2	57.6	39.5	27.4
平均风速（m/s）	0.6	0.7	0.8	0.9	1.0	0.9	0.9	0.8	0.6	0.6	0.7	0.6
极大风速（m/s）	10.3	10.5	11.1	19.7	14.8	14.5	12.3	11.5	10.8	10.9	10.7	10.5

续表

气象要素	1月	2月	3月	4月	5月	6月	7月	8月	9月	10月	11月	12月
平均相对湿度（%）	66	65	66	66	65	61	70	76	79	77	73	68
日照时数（h）	121.4	118.8	141.9	166.3	191.3	188.9	185.2	167.3	130.2	118.7	128.5	124.1
气压（hPa）	977.9	974.6	970.6	966.2	962.7	958.1	956.4	960.1	966.8	972.9	976.3	978.7
降水日数（d）	3.9	4.7	7.2	8.2	9.7	9.7	11.6	10.8	12.3	10.8	5.7	3.4
小雨日数（d）	3.9	4.4	6.1	6.8	7.7	7.1	8.2	7.8	8.7	8.7	5.1	3.4
中雨日数（d）	0	0.3	1.1	1.4	1.9	2.5	3.2	2.7	3.4	2.0	0.6	0
大雨日数（d）	0	0	0	0	0.1	0.1	0.2	0.3	0.2	0.1	0	0
暴雨日数（d）	0	0	0	0	0	0	0	0	0	0	0	0
≥ 8 级大风日数（d）	0	0	0	0.2	0	0	0.3	0.1	0	0	0	0
雷暴日数（d）	0	0	0.1	0.7	1.8	1.8	3.3	2.5	0.9	0.4	0.1	0
闪电日数（d）	0	0	0	0	0	0.1	0.3	0.3	0.1	0	0	0
≥ 35 ℃高温日数(d)	0	0	0	0.1	0.8	7.8	8.3	2.3	0.4	0	0	0
≥ 37 ℃高温日数(d)	0	0	0	0	0.2	3.1	3.1	0.5	0.1	0	0	0
≥ 40 ℃高温日数(d)	0	0	0	0	0	0.3	0	0	0	0	0	0
雾日数（d）	2.2	0.9	1.0	0.7	0.4	0.1	0.2	0.5	0.9	2.0	2.4	3.1
霾日数（d）	1.9	1.5	0.9	0.3	0.3	0.2	0.1	0.3	0.3	0.7	1.2	1.7

表 A.5 临潼赛区逐月气象要素气候标准值

气象要素	1月	2月	3月	4月	5月	6月	7月	8月	9月	10月	11月	12月
平均气温（℃）	−0.3	3.3	8.5	15.0	20.2	25.1	26.7	24.7	19.8	13.8	6.9	1.1
极端最高气温（℃）	17.0	23.1	30.0	35.0	39.1	42.2	40.1	40.4	38.0	32.5	24.9	22.3
极端最低气温（℃）	−14.0	−13.0	−8.8	−1.0	2.2	10.1	14.8	12.0	5.1	−3.5	−9.0	−17.0
降水量（mm）	5.8	11.0	26.0	44.0	62.1	69.8	102.6	95.8	95.8	62.9	22.1	5.8
日最大降水量（mm）	12.4	41.8	32.3	42.0	63.7	67.1	100.0	86.0	89.8	50.1	37.8	11.0
蒸发量（mm）	45.3	68.3	115.0	165.6	211.3	265.2	244.3	189.6	124.4	90.9	61.9	44.6
平均风速（m/s）	1.7	2.0	2.3	2.3	2.3	2.3	2.2	2.1	1.8	1.7	1.8	1.7
极大风速（m/s）	12.0	13.9	14.9	15.0	17.3	15.8	16.2	17.7	14.2	13.3	13.4	13.4
平均相对湿度（%）	6.3	6.1	6.3	6.4	6.5	6.0	7.1	7.7	7.9	7.7	7.2	6.6
日照时数（h）	130.8	128.0	155.0	187.0	211.5	209.9	211.4	192.0	145.4	133.1	135.0	130.0
气压（hPa）	976.5	973.2	969.2	964.8	961.3	956.8	955.2	958.8	965.5	971.5	975.0	977.3
降水日数（d）	3.6	4.1	5.8	7.8	8.3	8.6	10.7	10.2	11.5	9.6	5.4	3.3

续表

气象要素	1月	2月	3月	4月	5月	6月	7月	8月	9月	10月	11月	12月
小雨日数（d）	3.5	4.0	5.0	6.3	6.1	6.2	7.5	6.9	8.3	7.4	4.9	3.2
中雨日数（d）	0.1	0.1	0.8	1.5	2.1	2.3	3.0	3.0	3.1	2.2	0.5	0.1
大雨日数（d）	0	0	0	0	0.1	0.1	0.2	0.3	0.1	0	0	0
暴雨日数（d）	0	0	0	0	0	0	0	0	0	0	0	0
≥8级大风日数（d）	0	0	0	0.2	0.3	0.4	0.2	0.1	0.1	0.1	0	0
雷暴日数（d）	0	0	0.1	0.8	1.5	2.2	4.1	3.0	1.0	0.4	0	0
闪电日数（d）	0	0	0	0.1	0	0	0.5	0.3	0.2	0	0	0
≥35 ℃高温日数(d)	0	0	0	0.1	0.8	7.9	8.9	2.8	0.5	0	0	0
≥37 ℃高温日数(d)	0	0	0	0	0.2	3.3	3.0	0.8	0.1	0	0	0
≥40 ℃高温日数(d)	0	0	0	0	0	0.2	0	0	0	0	0	0
雾日数（d）	1.8	1.0	0.9	0.7	0.9	0.2	0.4	1.1	2.1	3.7	3.1	3.6
霾日数（d）	2.0	1.1	0.2	0.1	0	0.1	0.1	0	0	0.3	1.2	1.7

附录 B 历年赛区赛期逐日气象要素气候值

表 B.1 西安市区赛区赛期逐日气象要素气候值（1961—2019 年）

日期		平均气温（℃）	极端最高气温（℃）	极端最低气温（℃）	平均降水量（mm）	平均风速（m/s）	平均相对湿度（%）
8 月	1 日	27.4	32.8	23.1	2.2	2.0	71
	2 日	27.6	33.2	22.8	2.0	2.1	70
	3 日	27.2	32.5	22.9	3.9	2.1	72
	4 日	27.3	32.7	22.9	2.0	2.0	71
	5 日	27.3	32.6	22.9	0.9	2.0	71
	6 日	27.0	32.4	22.6	1.5	1.9	73
	7 日	26.9	32.5	22.5	1.3	1.9	72
	8 日	27.0	32.2	22.6	2.5	1.9	72
	9 日	26.8	32.1	22.6	4.3	2.1	72
	10 日	27.0	32.9	22.1	0.6	1.7	70
	11 日	27.0	32.8	22.5	1.1	1.9	70
	12 日	26.6	32.0	22.4	1.8	1.9	71
	13 日	26.6	32.4	21.9	1.5	2.0	71
	14 日	26.3	31.5	22.1	1.9	1.9	72
	15 日	25.9	31.3	21.5	3.3	1.8	73
	16 日	25.6	30.9	21.5	3.2	2.0	73
	17 日	25.2	30.2	21.4	1.6	2.0	73
	18 日	24.9	30.3	20.7	3.4	2.1	74
	19 日	24.8	30.0	20.9	2.0	1.8	74
	20 日	24.8	30.4	20.6	1.8	2.0	75

续表

日期		平均气温（℃）	极端最高气温（℃）	极端最低气温（℃）	平均降水量（mm）	平均风速（m/s）	平均相对湿度（%）
8月	21日	24.6	30.0	20.5	3.6	1.8	75
	22日	24.7	30.2	20.4	2.0	1.9	74
	23日	24.6	30.3	20.2	2.5	1.7	73
	24日	24.8	30.1	20.6	1.8	1.9	72
	25日	24.5	30.1	20.2	2.5	1.8	74
	26日	24.1	29.5	19.9	2.3	1.7	74
	27日	24.1	29.4	19.9	1.8	1.6	76
	28日	23.7	29.0	19.9	2.4	1.6	77
	29日	23.7	29.0	19.6	3.9	1.7	76
	30日	23.3	28.8	19.4	5.0	1.7	77
	31日	23.4	29.1	19.2	3.1	1.7	77
9月	1日	23.2	28.6	19.2	6.0	1.8	76
	2日	23.0	28.4	18.9	1.9	1.8	74
	3日	22.5	27.6	18.9	1.8	1.7	76
	4日	22.0	26.9	18.4	5.7	1.7	78
	5日	22.0	27.2	18.3	3.7	1.7	77
	6日	22.3	27.6	18.3	4.1	1.8	75
	7日	21.4	26.5	17.9	3.8	1.7	78
	8日	21.4	26.5	17.5	4.7	1.5	78
	9日	20.8	25.4	17.3	5.0	1.4	80
	10日	20.8	25.5	17.4	3.6	1.6	79
	11日	20.8	25.9	17.2	2.4	1.5	77
	12日	20.6	25.6	17.0	2.4	1.6	77
	13日	19.8	24.9	16.4	5.0	1.5	79
	14日	20.2	25.3	16.5	4.7	1.5	78
	15日	20.1	25.2	16.1	3.9	1.5	79
	16日	20.3	25.4	16.5	2.4	1.4	79
	17日	20.3	25.6	16.4	2.8	1.3	78
	18日	19.9	25.1	16.2	3.5	1.7	77
	19日	19.1	24.5	15.4	4.7	1.6	80

续表

日期		平均气温（℃）	极端最高气温（℃）	极端最低气温（℃）	平均降水量（mm）	平均风速（m/s）	平均相对湿度（%）
9月	20 日	19.1	24.4	15.2	2.3	1.4	79
	21 日	19.1	24.7	14.9	2.8	1.3	77
	22 日	19.2	24.6	15.3	3.3	1.6	76
	23 日	18.8	24.2	14.8	2.5	1.5	78
	24 日	18.7	24.2	14.9	2.0	1.5	78
	25 日	18.6	23.8	14.7	2.4	1.6	78
	26 日	18.4	23.3	14.8	2.5	1.8	77
	27 日	17.7	22.8	14.3	4.0	1.7	79
	28 日	17.3	22.3	13.6	2.6	1.6	78
	29 日	17.4	22.7	13.3	2.5	1.2	78
	30 日	18.0	23.2	13.8	2.4	1.4	75
10月	1 日	17.8	23.0	14.0	3.2	1.4	75
	2 日	17.2	22.5	13.4	3.7	1.7	77
	3 日	16.5	21.6	12.9	4.1	1.5	78
	4 日	16.1	21.0	12.4	3.8	1.3	79
	5 日	16.0	21.4	12.2	2.1	1.3	78
	6 日	16.1	21.1	12.3	1.9	1.1	79
	7 日	16.4	22.2	12.5	1.1	1.2	77
	8 日	16.0	21.5	11.9	0.9	1.5	76
	9 日	15.8	20.7	12.2	2.7	1.4	78
	10 日	15.7	20.8	12.2	3.1	1.6	78
	11 日	15.1	19.9	11.6	3.8	1.6	79
	12 日	14.8	19.7	11.4	3.5	1.5	80
	13 日	15.0	20.1	11.3	2.1	1.4	78
	14 日	14.8	20.2	11.0	1.2	1.4	75
	15 日	14.4	19.3	10.7	1.5	1.5	78
	16 日	14.1	19.3	10.6	2.7	1.3	78
	17 日	14.0	19.5	9.8	1.7	1.3	78
	18 日	14.1	19.4	10.0	0.9	1.5	76
	19 日	13.9	19.0	10.3	1.5	1.2	78

续表

日期		平均气温（℃）	极端最高气温（℃）	极端最低气温（℃）	平均降水量（mm）	平均风速（m/s）	平均相对湿度（%）
10月	20日	13.7	18.9	9.8	1.4	1.5	77
	21日	13.6	18.8	9.9	1.4	1.4	77
	22日	13.2	18.4	9.4	1.4	1.3	77
	23日	13.0	18.5	9.1	1.2	1.4	77
	24日	12.7	18.4	8.4	1.7	1.5	76
	25日	12.5	17.8	8.7	1.1	1.4	76
	26日	11.9	17.6	7.8	1.6	1.4	76
	27日	11.6	17.3	7.3	1.5	1.4	76
	28日	11.5	17.1	7.6	0.7	1.5	73
	29日	11.6	17.5	7.2	0.5	1.2	73
	30日	11.6	17.1	7.7	0.9	1.5	74
	31日	11.2	16.8	7.3	2.5	1.5	75

表 B.2 长安赛区赛期逐日气象要素气候值（1961—2019 年）

日期		平均气温（℃）	极端最高气温（℃）	极端最低气温（℃）	平均降水量（mm）	平均风速（m/s）	平均相对湿度（%）
8月	1日	26.9	40.2	22.1	2.7	1.5	74
	2日	27.1	39.8	21.9	1.6	1.3	72
	3日	26.7	39.5	22.0	4.4	1.4	75
	4日	26.8	41.4	21.9	1.5	1.4	74
	5日	26.9	40.6	21.9	0.8	1.4	73
	6日	26.5	39.1	21.8	2.5	1.4	75
	7日	26.6	38.3	21.8	2.0	1.5	74
	8日	26.6	37.6	21.8	1.9	1.5	74
	9日	26.4	38.6	21.7	6.1	1.5	74
	10日	26.5	39.6	21.2	0.7	1.3	73
	11日	26.4	39.2	21.4	1.2	1.5	73
	12日	26.0	38.6	21.3	1.6	1.3	75
	13日	25.9	39.5	20.9	2.5	1.5	74
	14日	25.7	39.6	21.1	2.9	1.5	74

续表

日期		平均气温（℃）	极端最高气温（℃）	极端最低气温（℃）	平均降水量（mm）	平均风速（m/s）	平均相对湿度（%）
8 月	15 日	25.3	39.7	20.6	4.8	1.3	76
	16 日	25.0	39.1	20.6	2.8	1.5	77
	17 日	24.7	38.8	20.2	2.6	1.4	77
	18 日	24.5	37.2	19.7	4.1	1.5	76
	19 日	24.4	37.6	20.1	2.4	1.2	77
	20 日	24.5	38.1	19.8	2.3	1.4	77
	21 日	24.1	38.1	19.6	2.8	1.3	77
	22 日	24.3	38.1	19.5	2.2	1.4	76
	23 日	24.1	36.9	19.5	1.9	1.3	76
	24 日	24.3	37.0	19.8	1.5	1.4	75
	25 日	24.0	36.7	19.5	3.8	1.3	77
	26 日	23.6	38.9	19.2	2.1	1.3	77
	27 日	23.7	39.0	18.9	2.2	1.2	77
	28 日	23.1	36.7	19.0	2.1	1.2	80
	29 日	23.1	37.9	18.7	4.3	1.2	79
	30 日	22.9	36.6	18.6	6.2	1.3	80
	31 日	22.9	39.0	18.4	4.1	1.3	79
9 月	1 日	22.7	38.2	18.2	7.3	1.4	78
	2 日	22.3	38.4	17.8	1.7	1.5	77
	3 日	22.1	37.6	18.1	3.1	1.2	80
	4 日	21.4	36.7	17.6	6.6	1.2	82
	5 日	21.5	39.3	17.4	3.5	1.2	80
	6 日	21.7	37.5	17.3	4.8	1.3	79
	7 日	20.9	35.2	17.2	4.9	1.4	81
	8 日	20.9	36.9	16.8	4.8	1.2	81
	9 日	20.2	36.7	16.6	6.7	1.2	83
	10 日	20.3	35.1	16.7	5.0	1.2	82
	11 日	20.3	34.0	16.3	3.1	1.1	81
	12 日	20.0	33.2	16.3	3.5	1.3	80
	13 日	19.4	33.9	15.6	5.3	1.3	82

续表

日期		平均气温（℃）	极端最高气温（℃）	极端最低气温（℃）	平均降水量（mm）	平均风速（m/s）	平均相对湿度（%）
9月	14 日	19.6	34.4	15.6	4.6	1.2	82
	15 日	19.5	35.4	15.2	3.8	1.1	82
	16 日	19.7	35.9	15.8	2.9	1.1	82
	17 日	19.7	35.5	15.6	3.5	1.2	81
	18 日	19.4	34.9	15.6	3.9	1.4	80
	19 日	18.6	33.2	14.8	5.5	1.1	82
	20 日	18.7	34.3	14.5	2.9	1.3	81
	21 日	18.4	32.5	13.9	3.3	1.1	80
	22 日	18.5	31.8	14.4	3.5	1.2	81
	23 日	18.2	32.7	14.1	2.6	1.2	81
	24 日	18.1	31.4	14.1	2.8	1.2	82
	25 日	18.0	32.6	14.0	2.9	1.2	81
	26 日	17.9	32.4	14.2	3.4	1.3	81
	27 日	17.3	30.8	13.7	4.4	1.5	81
	28 日	16.8	32.4	12.9	3.4	1.2	81
	29 日	16.9	33.3	12.7	2.8	0.9	82
	30 日	17.4	33.9	13.0	2.9	1.2	79
10月	1 日	17.2	32.7	13.3	3.8	1.3	80
	2 日	16.6	32.4	12.6	5.2	1.4	80
	3 日	16.0	32.2	12.1	4.6	1.3	82
	4 日	15.5	31.0	11.7	3.9	1.2	82
	5 日	15.3	28.1	11.4	2.6	1.1	83
	6 日	15.5	30.8	11.7	2.1	1.0	83
	7 日	15.9	30.8	12.0	1.3	1.2	81
	8 日	15.4	32.3	11.3	1.4	1.4	80
	9 日	15.2	32.1	11.4	3.0	1.1	82
	10 日	15.1	32.0	11.5	3.4	1.3	81
	11 日	14.6	28.3	11.0	4.0	1.4	82
	12 日	14.3	30.9	10.9	3.6	1.3	83
	13 日	14.5	29.4	10.7	2.3	1.4	81

续表

日期		平均气温（℃）	极端最高气温（℃）	极端最低气温（℃）	平均降水量（mm）	平均风速（m/s）	平均相对湿度（%）
10 月	14 日	14.3	29.7	10.4	1.2	1.2	79
	15 日	13.9	27.0	10.0	1.6	1.4	81
	16 日	13.8	27.3	10.1	3.2	1.2	81
	17 日	13.5	26.3	9.1	1.7	1.2	81
	18 日	13.6	25.9	9.5	1.2	1.2	80
	19 日	13.5	26.8	9.7	1.8	1.1	81
	20 日	13.1	27.7	9.2	2.0	1.3	82
	21 日	13.0	28.1	9.2	1.7	1.3	81
	22 日	12.7	27.3	8.9	1.6	1.3	80
	23 日	12.4	26.7	8.5	1.4	1.1	81
	24 日	12.2	26.3	8.0	2.3	1.5	79
	25 日	12.1	26.0	8.3	1.1	1.3	79
	26 日	11.6	25.6	7.3	1.6	1.3	79
	27 日	11.0	27.3	6.5	1.8	1.4	79
	28 日	11.0	27.3	6.8	0.9	1.5	77
	29 日	11.1	24.8	6.8	0.6	1.2	76
	30 日	11.1	24.6	6.9	1.3	1.3	77
	31 日	10.6	25.6	6.6	2.7	1.4	78

表 B.3 灞桥赛区赛期逐日气象要素气候值（2005—2019 年）

日期		平均气温（℃）	极端最高气温（℃）	极端最低气温（℃）	平均降水量（mm）	平均风速（m/s）	平均相对湿度（%）
8 月	1 日	27.4	36.9	18.2	3.3	2.9	71
	2 日	27.4	39.3	19.5	4.3	2.9	70
	3 日	27.3	37.9	19.7	3.3	2.7	70
	4 日	27.6	37.3	19.9	0.5	2.6	67
	5 日	27.5	39.1	18.4	0.3	3.0	67
	6 日	27.0	36.7	20.1	1.9	3.0	70
	7 日	26.6	37.9	17.9	2.8	2.8	73
	8 日	27.1	37.5	18.1	2.2	2.6	72

续表

日期		平均气温（℃）	极端最高气温（℃）	极端最低气温（℃）	平均降水量（mm）	平均风速（m/s）	平均相对湿度（%）
8月	9日	26.5	37.4	17.0	10.5	2.7	72
	10日	27.5	38.7	18.3	0	2.6	67
	11日	28.5	38.1	20.6	0.1	2.5	64
	12日	27.6	37.1	19.3	3.9	2.4	69
	13日	27.6	37.7	18.3	1.9	2.6	69
	14日	27.7	38.6	19.4	0.4	2.4	67
	15日	27.6	38.1	18.9	1.6	2.4	67
	16日	26.9	37.9	17.4	3.1	3.1	66
	17日	26.3	36.3	17.2	1.6	3.1	67
	18日	25.5	38.1	17.1	2.1	2.8	72
	19日	25.4	37.4	14.9	3.9	2.7	72
	20日	24.9	36.5	15.9	2.9	3.2	73
	21日	24.3	34.8	16.7	5.9	2.7	75
	22日	24.2	34.6	16.7	2.2	2.5	74
	23日	24.2	35.2	16.4	2.7	2.5	70
	24日	24.6	37.2	16.0	2.6	2.2	70
	25日	24.5	32.6	17.3	4.4	2.3	72
	26日	24.2	34.0	17.3	1.5	2.6	73
	27日	24.7	33.5	18.1	1.3	2.3	72
	28日	24.1	34.4	17.6	3.8	2.4	74
	29日	23.8	34.3	14.8	5.5	2.5	72
	30日	23.6	35.0	13.8	2.5	2.4	70
	31日	23.1	33.0	14.6	5.8	2.5	72
9月	1日	23.2	34.5	14.5	2.2	2.6	74
	2日	23.5	34.3	16.3	0.3	2.5	71
	3日	23.3	33.6	13.7	0.2	2.7	68
	4日	22.1	33.7	15.5	4.3	2.4	74
	5日	22.2	32.3	15.3	4.5	2.6	75
	6日	22.6	33.2	13.6	5.2	2.6	71
	7日	22.1	34.0	16.4	1.5	2.4	72

续表

日期		平均气温（℃）	极端最高气温（℃）	极端最低气温（℃）	平均降水量（mm）	平均风速（m/s）	平均相对湿度（%）
9月	8日	21.8	31.8	14.0	3.1	2.4	73
	9日	20.7	31.7	11.1	6.2	2.3	77
	10日	21.1	32.7	11.1	6.7	2.2	77
	11日	21.4	32.5	12.0	4.8	2.4	73
	12日	21.4	32.2	14.7	1.7	2.4	70
	13日	20.0	33.8	12.7	4.9	2.4	73
	14日	20.5	35.3	11.6	6.9	2.3	73
	15日	20.8	34.5	13.5	5.7	2.5	74
	16日	20.6	35.5	13.9	2.5	2.5	78
	17日	20.8	33.2	13.6	4.4	2.2	77
	18日	20.8	32.9	9.5	4.2	2.2	77
	19日	20.0	30.9	9.2	4.5	2.2	81
	20日	20.5	31.3	11.0	1.2	2.5	77
	21日	20.8	30.6	10.2	0.6	2.2	72
	22日	20.3	28.6	11.1	0.6	2.4	71
	23日	19.8	31.3	13.1	1.7	2.1	73
	24日	19.6	27.8	11.3	1.2	2.4	73
	25日	18.9	27.4	11.1	2.5	2.1	78
	26日	18.6	28.0	11.8	3.8	2.4	79
	27日	18.1	29.6	9.6	7.2	2.2	82
	28日	17.8	31.2	10.6	5.0	2.4	79
	29日	18.3	30.1	10.3	2.4	2.1	76
	30日	18.8	28.3	11.2	1.1	2.2	74
10月	1日	18.5	29.4	11.2	3.4	1.9	73
	2日	18.4	30.7	7.9	1.3	2.0	72
	3日	17.9	31.6	10.0	4.3	2.0	74
	4日	17.8	28.0	9.9	2.4	2.1	74
	5日	17.6	28.5	10.4	1.1	2.0	71
	6日	17.1	27.2	11.0	2.6	2.5	75
	7日	17.0	28.0	10.5	2.6	2.1	75

续表

日期		平均气温（℃）	极端最高气温（℃）	极端最低气温（℃）	平均降水量（mm）	平均风速（m/s）	平均相对湿度（%）
10月	8日	16.5	28.2	8.2	0.5	1.9	75
	9日	16.1	28.5	8.8	1.1	2.3	74
	10日	15.8	31.0	5.5	4.2	2.6	72
	11日	14.9	28.8	6.7	3.7	1.8	74
	12日	15.1	34.1	8.1	1.6	1.7	76
	13日	15.7	29.4	9.7	0.6	2.0	72
	14日	15.5	25.0	7.1	0.6	2.2	71
	15日	14.9	27.6	7.6	1.5	2.3	73
	16日	15.4	25.6	7.6	2.3	2.2	71
	17日	15.6	24.8	6.4	0.1	1.9	69
	18日	15.7	25.3	7.1	0.9	2.4	71
	19日	15.3	23.5	7.0	0.4	1.8	75
	20日	15.1	27.3	7.6	1.6	2.0	76
	21日	14.9	25.8	8.1	0.7	2.0	77
	22日	14.5	25.5	7.3	1.7	2.1	75
	23日	13.8	23.7	4.6	1.4	2.2	75
	24日	13.4	24.8	5.4	4.0	2.3	72
	25日	12.8	25.7	5.6	0.7	2.4	74
	26日	12.8	24.8	4.9	1.2	1.9	73
	27日	12.2	21.8	4.0	2.1	2.0	73
	28日	12.5	25.0	4.2	0.1	2.0	68
	29日	12.3	24.5	4.0	0.1	1.8	69
	30日	12.3	24.9	4.3	0.7	2.2	69
	31日	11.5	23.0	3.5	1.9	1.9	73

表 B.4 鄠邑赛区赛期逐日气象要素气候值（1961—2019年）

日期		平均气温（℃）	极端最高气温（℃）	极端最低气温（℃）	平均降水量（mm）	平均风速（m/s）	平均相对湿度（%）
8月	1日	27.2	38.9	17.8	1.1	2.8	73
	2日	27.2	39.4	15.6	1.1	1.7	73

续表

日期		平均气温（℃）	极端最高气温（℃）	极端最低气温（℃）	平均降水量（mm）	平均风速（m/s）	平均相对湿度（%）
8月	3 日	26.9	38.7	18.7	1.2	4.4	75
	4 日	27.0	40.1	16.3	1.2	2.0	74
	5 日	26.9	39.9	16.6	1.0	1.8	73
	6 日	26.7	38.2	17.2	1.0	2.0	75
	7 日	26.8	37.2	16.3	1.2	1.3	73
	8 日	26.8	37.9	16.8	1.2	2.3	74
	9 日	26.5	39.0	16.9	1.1	4.4	74
	10 日	26.7	39.8	15.4	1.0	0.6	73
	11 日	26.6	37.9	16.3	1.2	1.2	72
	12 日	26.3	38.0	17.7	1.1	2.4	73
	13 日	26.2	39.4	16.8	1.2	3.4	73
	14 日	26.0	39.6	17.3	1.2	2.2	74
	15 日	25.6	39.5	15.6	1.0	4.4	76
	16 日	25.4	38.7	14.8	1.2	3.1	76
	17 日	24.9	37.9	15.9	1.2	3.9	77
	18 日	24.6	38.0	13.0	1.1	3.6	77
	19 日	24.6	37.5	14.4	0.8	1.9	77
	20 日	24.6	36.8	15.2	1.2	1.8	77
	21 日	24.4	37.2	14.3	0.9	2.9	76
	22 日	24.4	38.0	15.1	1.1	2.1	76
	23 日	24.4	36.6	13.7	0.9	2.0	75
	24 日	24.5	37.4	13.5	1.0	2.2	75
	25 日	24.3	35.6	14.2	1.1	2.6	76
	26 日	23.8	37.0	14.7	1.1	2.2	77
	27 日	23.8	38.5	12.8	1.0	2.3	78
	28 日	23.4	35.8	15.0	0.9	2.6	79
	29 日	23.4	37.1	15.2	0.9	4.3	80
	30 日	23.2	36.1	14.6	0.9	5.6	79
	31 日	23.2	36.7	12.9	0.9	4.8	79
9月	1 日	23.0	36.1	14.5	1.1	6.3	78

续表

日期		平均气温（℃）	极端最高气温（℃）	极端最低气温（℃）	平均降水量（mm）	平均风速（m/s）	平均相对湿度（%）
9月	2日	22.7	36.8	12.2	1.1	2.2	77
	3日	22.3	37.5	8.3	1.0	2.2	79
	4日	21.7	34.7	9.9	0.9	5.7	81
	5日	21.8	37.7	12.9	0.9	3.7	79
	6日	21.9	36.6	11.0	1.0	4.7	78
	7日	21.3	34.3	11.4	1.0	4.5	80
	8日	21.2	35.7	12.9	1.0	4.8	80
	9日	20.6	37.2	11.7	0.9	6.8	82
	10日	20.5	34.7	10.3	1.0	4.4	82
	11日	20.6	32.8	12.8	0.9	3.2	80
	12日	20.3	32.5	10.0	0.9	3.5	79
	13日	19.7	32.0	12.5	0.9	5.9	82
	14日	19.9	33.8	11.2	0.8	4.6	81
	15日	19.8	33.8	9.4	0.8	3.8	82
	16日	20.0	35.2	10.2	0.9	2.6	82
	17日	20.1	34.5	10.3	0.8	3.7	80
	18日	19.7	34.9	8.8	1.1	4.0	80
	19日	19.0	33.6	7.5	0.9	6.2	81
	20日	18.9	34.4	9.6	0.9	2.9	80
	21日	18.8	31.6	10.0	0.8	3.0	80
	22日	18.9	32.3	9.9	0.9	3.7	80
	23日	18.6	31.9	10.0	0.8	2.4	80
	24日	18.5	30.1	8.2	0.8	2.7	81
	25日	18.4	31.0	6.4	0.8	3.0	81
	26日	18.1	31.0	6.0	0.8	3.7	81
	27日	17.7	31.0	7.8	1.2	4.2	80
	28日	17.2	32.7	8.1	1.0	3.6	81
	29日	17.4	33.5	7.2	0.8	3.1	80
	30日	17.7	34.7	5.2	0.8	2.6	79
10月	1日	17.6	34.3	7.7	0.9	4.3	78

续表

日期		平均气温（℃）	极端最高气温（℃）	极端最低气温（℃）	平均降水量（mm）	平均风速（m/s）	平均相对湿度（%）
10月	2日	17.1	31.9	5.9	1.0	5.0	79
	3日	16.4	31.7	5.2	0.9	4.5	81
	4日	16.0	30.7	4.8	0.8	4.4	81
	5日	15.9	28.5	8.3	0.7	2.8	81
	6日	16.0	30.9	7.9	0.8	1.8	82
	7日	16.4	29.7	7.4	0.8	1.4	80
	8日	15.9	30.4	6.3	0.9	1.1	79
	9日	15.6	30.9	0.9	0.8	3.2	81
	10日	15.5	31.1	3.9	0.9	2.8	80
	11日	15.0	27.5	5.1	1.0	3.2	81
	12日	14.7	29.0	4.8	0.9	3.5	82
	13日	14.9	28.4	3.8	1.0	2.1	80
	14日	14.7	29.8	4.0	0.8	1.5	79
	15日	14.4	26.6	4.3	1.0	1.6	80
	16日	14.2	27.1	2.4	1.0	2.9	79
	17日	14.0	26.8	3.1	0.8	1.7	79
	18日	14.1	27.1	3.9	0.8	1.2	78
	19日	13.9	27.4	5.1	0.8	1.5	80
	20日	13.6	28.5	3.9	0.9	1.8	80
	21日	13.5	28.4	3.7	1.0	1.6	80
	22日	13.3	27.5	–0.1	0.8	1.8	78
	23日	13.0	26.2	–1.4	0.9	1.4	79
	24日	12.7	26.4	–0.6	1.0	1.9	78
	25日	12.6	25.9	–0.4	0.9	1.2	78
	26日	12.0	25.6	1.0	1.0	1.4	78
	27日	11.6	27.6	1.4	1.1	1.5	77
	28日	11.5	28.0	0.1	1.0	0.7	76
	29日	11.6	25.4	–1.9	0.9	0.5	76
	30日	11.7	25.1	0.1	1.0	1.2	76
	31日	11.2	25.5	1.0	1.0	2.1	76

表 B.5　临潼赛区赛期逐日气象要素气候值（1961—2019 年）

日期		平均气温（℃）	极端最高气温（℃）	极端最低气温（℃）	平均降水量（mm）	平均风速（m/s）	平均相对湿度（%）
8月	1 日	27.2	32.6	22.4	2.7	2.3	73
	2 日	27.4	33.1	22.3	2.2	2.3	73
	3 日	27.0	32.4	22.2	5.2	2.3	75
	4 日	27.0	32.5	22.1	1.6	2.2	73
	5 日	26.9	32.1	22.1	0.6	2.3	73
	6 日	26.5	32.1	22.0	2.1	2.2	75
	7 日	26.8	32.4	22.0	1.2	2.3	73
	8 日	26.8	32.3	22.0	1.8	2.4	73
	9 日	26.6	32.0	22.0	6.5	2.5	74
	10 日	26.8	32.7	21.4	1.3	2.1	72
	11 日	26.7	32.4	21.8	1.3	2.2	72
	12 日	26.3	31.6	21.5	2.6	2.2	73
	13 日	26.2	32.0	21.1	2.4	2.3	73
	14 日	25.8	31.2	21.3	3.0	2.1	75
	15 日	25.5	31.1	20.8	2.6	2.2	76
	16 日	25.3	30.8	20.8	2.9	2.3	75
	17 日	25.0	30.2	20.7	2.3	2.4	75
	18 日	24.7	30.0	20.1	3.5	2.5	76
	19 日	24.5	29.9	20.2	3.0	2.3	76
	20 日	24.6	30.1	20.0	2.7	2.5	76
	21 日	24.4	29.7	19.8	4.5	2.3	76
	22 日	24.5	30.1	19.6	1.6	2.1	76
	23 日	24.2	30.1	19.3	2.4	2.1	76
	24 日	24.4	29.9	19.6	1.4	2.2	75
	25 日	24.1	29.8	19.5	2.9	2.2	77
	26 日	23.9	29.6	19.4	2.8	2.1	76
	27 日	23.9	29.2	19.3	1.9	2.0	77
	28 日	23.5	28.8	19.3	2.7	2.0	79
	29 日	23.4	28.8	18.9	4.5	2.1	78
	30 日	23.0	28.7	18.7	5.1	2.0	79

续表

日期		平均气温（℃）	极端最高气温（℃）	极端最低气温（℃）	平均降水量（mm）	平均风速（m/s）	平均相对湿度（%）
8月	31日	23.1	28.8	18.4	3.4	2.1	78
9月	1日	22.9	28.3	18.5	5.6	2.2	78
	2日	22.6	28.1	18.0	1.7	1.9	76
	3日	22.2	27.4	18.1	2.3	2.0	78
	4日	21.7	26.8	17.6	5.0	2.0	80
	5日	21.8	27.1	17.4	3.9	2.1	79
	6日	22.0	27.6	17.3	4.2	2.1	77
	7日	21.1	26.4	17.1	3.4	2.1	81
	8日	21.0	26.4	16.6	4.8	1.9	80
	9日	20.6	25.5	16.5	4.9	2.0	81
	10日	20.6	25.4	16.8	3.5	2.2	79
	11日	20.5	25.8	16.3	2.3	1.7	79
	12日	20.2	25.6	16.2	2.6	1.8	80
	13日	19.6	24.7	15.7	5.4	1.8	81
	14日	19.9	25.3	15.7	4.8	1.9	80
	15日	19.7	25.1	15.2	4.3	1.9	82
	16日	19.9	25.3	15.7	2.5	1.7	81
	17日	19.9	25.4	15.6	3.1	1.8	80
	18日	19.6	25.0	15.5	3.8	2.0	78
	19日	19.0	24.3	14.8	5.4	2.0	79
	20日	19.0	24.4	14.7	2.3	1.9	79
	21日	18.7	24.6	14.0	3.2	1.9	79
	22日	18.8	24.6	14.5	3.4	1.9	79
	23日	18.4	24.3	14.0	2.1	1.8	80
	24日	18.4	24.1	14.1	1.9	1.9	79
	25日	18.3	23.8	14.0	2.2	2.0	79
	26日	18.2	23.2	14.0	2.6	2.1	78
	27日	17.6	22.9	13.7	3.9	2.0	80
	28日	16.9	22.4	12.9	2.8	2.0	80
	29日	17.0	22.6	12.5	2.3	1.7	80
	30日	17.5	23.1	12.8	2.8	1.7	78

续表

日期		平均气温（℃）	极端最高气温（℃）	极端最低气温（℃）	平均降水量（mm）	平均风速（m/s）	平均相对湿度（%）
10月	1日	17.5	22.9	13.4	3.3	1.8	76
	2日	16.9	22.5	12.6	3.8	2.0	78
	3日	16.3	21.5	12.1	3.5	2.0	78
	4日	15.8	21.1	11.7	3.2	1.8	79
	5日	15.5	21.2	11.2	2.2	1.6	80
	6日	15.8	21.3	11.3	1.9	1.5	80
	7日	16.2	22.1	11.7	0.8	1.7	77
	8日	15.8	21.6	11.0	1.0	1.8	77
	9日	15.6	20.8	11.3	2.3	1.8	77
	10日	15.4	20.8	11.3	3.4	2.1	78
	11日	14.8	20.0	10.9	4.6	1.9	80
	12日	14.5	19.9	10.8	3.5	1.8	81
	13日	14.9	20.0	10.7	1.8	2.0	77
	14日	14.6	20.1	10.2	1.2	1.9	75
	15日	14.1	19.4	9.6	1.5	1.9	78
	16日	14.0	19.5	9.9	2.5	1.9	77
	17日	13.7	19.6	8.9	1.6	1.8	77
	18日	13.7	19.6	9.0	1.0	2.1	76
	19日	13.7	18.9	9.6	1.5	1.8	78
	20日	13.5	19.0	9.0	1.4	1.9	78
	21日	13.4	18.9	9.3	1.5	1.9	77
	22日	12.7	18.2	8.6	1.5	1.7	78
	23日	12.5	18.2	8.5	1.0	2.0	77
	24日	12.2	18.3	7.5	1.7	1.8	77
	25日	12.1	17.8	7.7	1.2	2.0	76
	26日	11.5	17.6	6.9	2.0	1.8	77
	27日	11.2	17.3	6.4	1.7	1.8	76
	28日	11.2	16.8	6.7	0.6	1.9	74
	29日	11.2	17.5	6.3	0.7	1.8	73
	30日	11.5	17.0	6.7	0.9	1.8	73
	31日	10.8	16.7	6.4	2.3	2.1	74